Esche · *Der Hase im Rausch*

EBERHARD ESCHE

Der Hase im Rausch

EULENSPIEGEL VERLAG

ISBN 3-359-00978-9

2., korrigierte Auflage

© 2000 Eulenspiegel · Das Neue Berlin Verlags GmbH & Co. KG
Rosa-Luxemburg-Str. 39, 10178 Berlin
Umschlagentwurf: Jens Prockat, unter Verwendung eines Privatphotos
Bildnachweis: Bark (S. 255), Gisela Brandt (S. 99, 201), Pepita Engel
(S. 152), H. Fiebig (S. 174 Mitte), Gudrun Greiner (S. 331), Gisela
Harich (S. 267, 268), Köfer (S. 174 unten), Kolbe (S. 125),
Dietlind Krönig (S. 113), Schlegel (S. 81), Frank Splanemann
(S. 46, 205, 211), Klaus Winkler (S. 116) und privat.
Nicht in jedem Fall konnte die Urheberschaft geklärt werden.
Wir bitten, berechtigte Ansprüche beim Verlag anzumelden.
Druck und Bindung: Wiener Verlag, Himberg

Für Esther und Jonathan.
Meine Tochter und meinen Sohn.

ZU EINIGEN GRÜNDEN, WESHALB ICH MONARCHIST WERDEN MUSSTE.

Le Roi est mort. Vive le Roi.
Le Théâtre est mort. Vive le Théâtre.

Wenn in Frankreich ein König starb, wurde ein Fenster geöffnet und aus dem Sterbezimmer heraus in die Straßen von Paris hinein gerufen: Der König ist tot. Es lebe der König. Das konnte jeder hören. Ich rufe aus den deutschen Theatern heraus, in die Straßen ihrer ungezählten Hauptstädte hinein: Das Theater ist tot. Es lebe das Theater. Doch keiner hört mir zu.

Die Monarchie hatte den schönen Vorteil, daß sie sich nicht durch Neuwahlen belästigen lassen mußte. Sie fand statt dessen den neuen König in der Familie. Der König ist tot! Es lebe der König! Solch ein System war praktisch, und die Korruption hielt sich in staatserhaltenden Grenzen.

Nun aber sind die Könige wirklich tot, und den Theatern fehlt der Gönner und damit die Parole: Vive le theatre. Denn statt der Könige bestimmen am Theater nun die Daimler-Benze*, Die Gnadenreichen.* Oder die Deutsche Bank, *Die Huldvollen.* Oder die Dresdner Bank, *Die Sympathischen.* Oder die Bayerische Vereinsbank, *Die Uneigennützigen.* Oder wie die Namen deutscher Schrotthändler auch heißen mögen. Bleiben wir der Einfachheit halber bei Einem für Alle. Bleiben wir bei den *Gnadenreichen.*

Die Gnadenreichen verkaufen Autos. *Die Gnadenreichen*

spielen eine Königsrolle in der Welt. Das einzige, was ihnen bei dieser Rolle fehlt, ist der König. Wie sich leicht beweisen läßt: Könige leisteten sich Theater. Weil Könige im allgemeinen (wir überspringen den Vater von Friedrich dem Großen, F. W. I., der Gründe hatte, sparsam zu sein) Luxus liebten. Theater ist Luxus. *Die Gnadenreichen* lieben auch Luxus, aber nur in Karossen. Sie lieben nicht Luxus in deutschen Köpfen. In den luxuriös eingerichteten Chefetagen der heutigen Königsrollenspieler, die versuchen, sich durch Nadelstreifen und schlechtes Englisch – aber mit ausgezeichnetem amerikanischen Dialekt – unauffällig zu machen, wird nur zum Teil noch deutsch gesprochen. An deutschen Theatern ausschließlich. Die deutschen Theater leben von der deutschen Sprache und die deutsche Sprache von ihren Theatern. Wo sonst konnte man, zumindest bis vor kurzem, das beste Deutsch hören, jenes, das von deutschen Dichtern geschrieben wurde?

Aber mit Theater läßt sich kein Geschäft machen, kein kleines und kein großes. Theater kann zwar als Bedürfnisanstalt benutzt werden – dennoch, es kostet Geld, es bringt keines ein. Die paar Groschen Abendeinnahme gehören nicht der Vorstellungswelt *Der Gnadenreichen* an. Wenn man Nutzen nach Immobilienpreisen, Wertanlagen, Börsenkursen, Steuervorteilen, Bilanzen, Pleiten, Pech und Pannen mißt, ist Theater nutzlos. Und *Die Gnadenreich*en hassen das Nutzlose. Sonst hießen die Leute ja Rolls Royce. Wären diese Leute von diesem Hasse nicht so besessen, wären sie nicht so attraktiv. In Draculas Blutgier liegt seine Anziehungskraft. Das einzige Nutzlose, was *Die Gnadenreichen* nicht hassen, ist die Reklame.

Nun würde sich ja das Theater, die alte Hure, auch für Reklame hinlegen, und das tut es schon fleißig. Für wen hat es sich noch nicht hingelegt in seiner langen Geschichte, die nun wirklich länger ist als die von Daimler-Benz? Sein Überleben hat das Theater auch dem Hinlegen zu verdanken, und diese Bretterknaller-Technik versucht es wieder und wieder, es legt sich sogar für untrinkbare Biermarken auf den Rücken und spreizt die Beine. Aber für das heutige Überleben ist diese Technik überaltert, Pornos sind im Fernsehen einfach schmucker. Weiter: Intrigantinnen der 2. Ebene kriechen in gehobene Klubs, buhlen um persönliche Anerkennung, mutig mißachtend die Vergeblichkeit ihres Bemühens, in übergeordneten Ärschen Platz zu finden. Diese sind längst geschlossen. Denn auch ein übergeordneter Arsch hat einen solchen über sich und klemmt seinerseits in Anspannung, in diesen hineinzukommen, seine Backen zu. Vergeblich! Dieser ist ebenfalls geschlossen. Aus dieser Himmelsleiter oder – irdisch ausgedrückt – Gesamtgesellschaftskonstellation heraus erklären sich die großen Trauben, oder soll man sagen »Neuen Menschenschlangen«, die vor geschlossenen Pforten stehen. Fast möchte man Volksbewegung im Stillstand dazu sagen oder einfach schlechtes Theater.

Theater ist kein Massenereignis. Theater ist eine Peep-Show für Eliten. Und die Theater müssen begreifen, daß sie ihr Überleben nicht vom Massenfick abhängig machen dürfen. Was sie auch immer für obszöne Bewegungen machen, bei der herrschenden Stimulanz-Schwemme, dem Gefühlsprothesentum, werden sie nicht mehr wahrgenommen.

Als es das Fernsehen noch nicht gab, zeigten sich die Politiker, um sich sehen zu lassen, gerne in den Theatern. Das Publikum mochte das, und es konnte Vergleiche anstellen zwischen oben und unten. Hautnahe Vergleiche zwischen zwei Darstellungen. Die Politiker schienen das zu ertragen, ja, sie mußten es suchen. Heute suchen sie ihr Plätzchen im

Fernsehen, heute brauchen sie das Theater nicht mehr, denn das Fernsehen gibt ihnen ein Millionenpublikum und schirmt sie gleichzeitig davon ab.

Als in Amerika ein Präsident im Theater erschossen wurde, gingen die Nachfolger des Erschossenen einfach nicht mehr hin. So endete das amerikanische Theater. Man kann sagen, es starb im Kindbett. Da aber die amerikanischen Präsidenten jenes Instrument, welches sie »Hautnähe« nannten und bisher im Theater suchten, nicht missen mochten, gewöhnten sich amerikanische Präsidenten nach dem Verlust des Theaters an die Straße. Man kann sagen, daß Amerikas wirtschaftlicher Aufstieg aus dem kulturellen Abstieg entstand. Und auf der Straße stehen die Präsidenten dieses großen Landes nun in gewissen Regelmäßigkeiten und drücken mit Inbrunst Hände. Die Hände der Straße. Sie drücken die Hände ihrer verkleideten Leibwächter. Und wieder und wieder. Das sind Events! (Das Modewort Event ist nicht in der Rechtschreibautomatik meines guten und alten Computers enthalten. Statt dessen zeigt er alternativ zu Event »Elend« an.) Und da sich europäische Politiker liebevoll an Amerika orientieren, sehen wir die Folgen in den europäischen Theatern.

Dennoch, noch bekommen die deutschen Theater Subventionen. Auch *Die Gnadenreichen* leisten sich Sponsorengelder. Ja, wenn es sein muß, sogar für Theaterbaracken. Dann sprechen Berliner Kulturfunktionäre von Leuchttürmen. Und es sitzen in den Zentralen zum Beispiel *Der Huldvollen* noch vereinzelt Menschen mit Kultur. Die dem Theater nicht übelwollen. Die dem Namen *Huldvoll*, unter dem sie dienen, versuchen Ehre zu machen. Und mit Anstand tragen, daß man sie schon hinter nicht mehr vorgehaltener Hand altmodisch nennt. Als würden sie das Theater statt für eine humanistische Einrichtung, was es ist, für eine Mode halten. Solche Menschen gibt es noch. Bei den *Huldvollen*. Oder bei den *Uneigennützigen*. Vielleicht auch einen bei den *Gnadenreichen*. Doch an der Grundwahrheit kommen sie alle nicht vorüber: Alle die Genannten brauchen Kunden. Die Theater brauchen Könige.

Die Gnadenreichen üben sich in Bescheidenheit, hüllen sich in einen Schafspelz und nennen in ihrer Wolfssprache den Kunden König. Ich erinnere mich: Echte Könige haben auch gelogen, aber nie so klein. Doch der Kunde, vom Werbefernsehen gebildet, fällt auch auf die plattesten Lügen herein. Schließlich leben wir in einer Demokratie. Die so viele Vorteile hat, mit der einen Ausnahme: Ihr fehlt der König. Aber gibt es nicht doch noch welche? Schließlich leben in der Demokratie ja auch Menschen! Und unter Menschen müßte sich doch immer mal wieder ein König finden. Mir wäre es schnuppe, ob der nun Präsident oder Bürovorsteher heißt, auf den Namen lege ich mich nicht fest. Hauptsache, dieser Mann ist kein Demokrat.

Ich fürchte mich vor Demokraten. Nicht, weil die nur Fußball lieben, sondern weil sie sich vor dem Theater fürchten. Der Kunstsinn des Demokraten wird nicht vom Kunstwerk, sondern vom Marktwert bestimmt. Und der ist schwankend. Heute Baselitz, morgen Kiefer, der Unterschied zwischen grüner Kacke und blauer Kacke. Und der beste Intendant ist heute einer, der schwankend jede Meinung hat. Demokraten sind Gleichmacher. Sie halten alle für ihresgleichen und nur sich selbst für besser, heimlich. Ich weiß, von wem ich spreche, so etwas habe ich seit Jahrzehnten an meinem Theater studieren dürfen. Der Fisch stinkt vom Kopf her. Auch dieses Ergebnis meines Studiums ist nicht neu.

Da fragt man sich schon, weshalb man so lange studiert, um am Ende das rauszukriegen, was man am Anfang schon gewußt hat.

Nein! Das ist nicht wahr, etwas habe ich doch rausgekriegt: Es sind gar nicht die bösen Imperialisten, es sind die guten Intendanten, welche die Theater in Grund und Boden wirtschaften, indem sie die Rolle des Königs als Demokrat spielen. Hierin sind sie ihren Geldgebern ähnlich, die Wissen und Glauben auf das Schönste vereinen können: Sie *wissen,* Spenden ist steuergünstig, und *glauben,* Spenden ist nobel. Dieser Ablaßhandel befreit sie von der Seelenqual, sich darum kümmern zu müssen, was für ihr Geld geboten wird. So lassen sie den Spendennehmer, den armen Theaterleiter, allein. Allein in der Freiheit. Es scheint, daß Erich Honeckers dämlicher Spruch vom VIII. Parteitag der SED im Jahre 1971 »er kenne keine Tabus mehr«, womit er verriet, daß er keine Ahnung von Kunst hatte, heute volle Wirksamkeit erreicht hat. Unter diesen tabulosen Zuständen drehen die Intendanten, um Witterung aufzunehmen, »wohin geht der Trend?«, solange den Kopf um sich selbst, bis sie sich durch Dauerdrehen des Halses selbst erwürgt haben.

Leider ist das nur bildlich gesprochen. Die Wahrheit des Alltags sieht so aus: Hat man sich ihrer als Intendant entledigt und durch einen neuen Blender, neudeutsch: Manager ersetzt, inszenieren sie Oper. Da können sie soviel Unfug treiben, wie sie wollen, denn die Oper ist nicht umzubringen.

Doch vergessen wir diese hochbezahlten Statisten der Kulturwirtschaft. Sie sind ja nicht das eigentliche Problem beim Untergang der Theaters. Das Problem ruft ein Staat hervor, der sich anschickt, sich für kleine Summen zu verkaufen.

Über Könige läßt sich vieles sagen, und wahrlich nicht nur Gutes, aber eines kann man nicht: Ihnen nachsagen, daß sie Krämerseelen gewesen seien. Die Könige sind tot.

Die Könige gehen fort, und mit ihnen gehen die letzten Dichter. Ohne Autoritätsglauben kann auch kein großer Dichter emporkommen. Die öde Werkeltagsgesinnung der modernen Puritaner verbreitet sich schon über ganz Europa, wie eine graue Dämmerung, die einer starren Winterzeit vorausgeht.

Das sagt der Dichter Heinrich Heine.

Doch noch ist nicht Winter. Es ist erst Herbst, und die Theater singen noch. Zwar höre ich keine Nachtigallen mehr, natürlich nicht, die kommen ja erst im Frühjahr wieder, und das nächste Frühjahr kommt. Da bin ich sicher. Im Herbst hören wir nun mal nur das Krächzen der Krähenschwärme, im Herbst ist das so. Bloß dauert dieser Herbst so lange. Und je länger er dauert, desto schlechter werden die Theater. Sie krähen bloß noch. Die Frage bleibt, wie soll daraus einmal wieder Theater der Welt werden? Dann die nächste Frage: Wo bleiben die jungen Nachtigallen? Meine Frau, meine Tochter, mein Sohn und ich haben einen Garten. In dem Garten gibt es Nachtigallen, und da kann man hören, daß bei den Nachtigallen die jungen den Gesang von den alten lernen. Wenn die alten schlecht singen, singen auch die jungen schlecht. Wenn aber die alten schweigen, schweigen dann auch die jungen? Und dann die Frage: Was mache ich so lange? Ich nehme das Theater eben immer noch ernst, daß diese Fragen für mich zum Anstand gehören. Soll ich den drohenden Niedergang des Theaters, bis zur Ankunft des Großen Unbekannten, von außen abwarten?

Das sind so viele Fragen. Und ich weiß keine rechte Antwort, außer der einen: Wenn ich mich bis zum Frühjahr vom Theater fernhalte, hätte ich Zeit, ein paar Geschichten aufzuschreiben und verbringe die Zeit nicht nutzlos mit so-vor-sich-hin-warten. Und so führe ich den liebenswürdigen Leser, dem gegenüber ich und mein Verleger nicht dankbar genug sein können, daß er dieses Werklein erstanden hat, in jenen Teil meines Lebens, welcher sich einst am Theater begab, und in eine Zeit, als die Theater noch Geist hatten und in der Welt etwas galten.

Bei diesem Teil meines Lebens will ich die Beschreibungen belassen, weil der andere Teil keine Sau etwas angeht. Folglich lohnt sich der Kauf des Büchleins nur für Leser, die ein Blick hinter die Kulissen des Theaters werfen wollen, aber nicht hinter die Wohnungstür meines Zuhauses.

Damit habe ich deutlich gemacht, daß dieses Buch kein säuisches Buch werden wird. Wohl aber handelt es von Säuen, die im falschen Garten ackern. Natürlich behalte ich mir vor, den Säuen falsche Namen zu geben oder sie gar namenlos zu machen.

Von den Säuen zurück zu den Königen. Ich stamme leider nicht aus vornehmem Hause. Wäre es so, wäre es mir lieber, andererseits sage ich mir: Die Reichen sind auch nicht immer glücklich, und wer arbeitet, ist immer der Dumme. Beides mischt sich in meiner Herkunft. Welche in gewisser Weise auf Strümpfen daherkommt. Erst geräuschlos, später auffallend.

Da war einmal ein Johann Esche. Er wurde als Sohn eines Schwarzfärbers am 3. Mai 1682 in Köthensdorf bei Taura im sächsischen Lande geboren und endete als Begründer der sächsischen Textilindustrie. Doch bevor es soweit kam, gab ihn sein Vater, dem damaligen Gesindezwang folgend, als Kleinknecht in den Dienst des Lehnsherrn Antonius II. von Schönberg. Dort erhielt er, bei freiem Essen und Wohnen, 5 bis 6 Taler Lohn, jährlich. Das reichte dem Johann Esche nicht, und er arbeitete sich erst weg, dann hoch. Er wurde Leibkutscher und saß hoch auf dem Bock, dem Kutschbock, während sein Herr in der Chaise etwas hinter ihm unter ihm saß. Diese übergeordnete Rolle brachte ihn bald vorwärts. Nach Dresden. Denn in Dresden gab es Strümpfe. Für uns heute ist ein Strumpf ein Strumpf und nichts besonderes, außer: er ist teuer, und das ist nicht selten. So möchte man es fast nicht glauben, daß es einst Zeiten gab, da war der Strumpf selten *und* teuer. Darum nun ein kurzer Abriß der Geschichte der verschiedenen Strümpfe, in Klammer Bas de Chausses.

Um schneller auf meine Lebenserinnerungen am Theater zurückzukommen beginne ich die Geschichte der Strümpfe nicht in der ägyptischen Frühgeschichte, sondern mit der Geschichte der Strumpfhose, die aus Leder oder Wollenzeug gemacht, am Wams oder Leibgurt befestigt oder an dem unteren Teil der Hose angenäht war. Solche von den Beinkleidern getrennten, gestrickten Strümpfe sollen erst im 16. Jahrhundert und zwar zuerst in Spanien in Gebrauch gekommen sein. Heinrich VIII. von England besaß, wohl bestückt mit Frauen, nur ein einziges Paar gestrickter seidener Beinkleider, die man *tricots* nannte und die er aus Spanien zum Geschenk erhalten haben soll und die damals noch als seltenes Prachtstück galten.

Man will das gerne glauben, wenn man sich die Beine Heinrich des Achten dabei vorstellt. Und Jakob I., mehr von mickrigem Beinwerk, der Sohn Maria Stuarts, soll bei seiner Krönung 1603 gar keine gehabt haben, was einem angesichts seiner pickeligen Spinnenbeine hätte leid tun können, wenn er sich nicht welche vom Herzog von Buckingham hätte pumpen können, um, wie er sagte, vor dem französischen Gesandten nicht wie ein gemeiner Kerl zu erscheinen.

Angeblich wurde die Strumpfstrickerei schon 1564 durch William Ridex, oder auch Rieder genannt, in England eingeführt. Aber Genaues weiß man nicht. Vielleicht stimmt nur, daß der Mann William hieß. Mehr weiß man von einem anderen William. Weil der in einer Liebesgeschichte die Hauptrolle spielt. Dieser andere William liebte ein armes Mädchen, welches sich und seine Familie durch das Strumpfstricken mit der Hand ernährte. Unser zweiter William, der auf den vollen Namen William Lee hörte, war Kandidat der theologischen Fakultät zu Cambridge. Er wollte das Herz des Mädchens gewinnen und – befreite ihre Hände. Er erfand eine Maschine, welche den Vorgang des Handstrickens in ein mechanisches System brachte. Das allerdings bedeutete viel. Während das geliebte Mädchen, von der wir aus Sympathie annehmen müssen, daß es nicht nur ein gutes Mädchen, sondern auch eine gute Handstrickerin war, in einer Minute 100 Maschen fertigen konnte, tat das die Maschine in der gleichen Zeit mit 600 Maschen. Es spricht für die Liebesfähigkeit von Lee, daß ihm das nicht genügte, und er wuchs in seiner Liebe zu dem Mädchen über sich hinaus. Er ging in sich und beschloß, seine Leistungssteigerung in die Maschine umzusetzen. Er setzte um und verbesserte seine Maschine. Diese schaffte schließlich 1500 Maschen. So ward der mechanische Wirkstuhl erfunden. Der Strumpf, ein Ergebnis der Menschenliebe.

Ob das alles wirklich wahr ist, weiß ich natürlich nicht. Wirklich, also real, heißt schließlich nur das, was uns in der

Erfahrung als gegeben entgegentritt, und so haben es mir meine Großeltern väterlicherseits erzählt. Wer glaubt seinen Großeltern nicht? Jedenfalls, dieser William Lee wurde der Erfinder des ersten mechanischen Webstuhls, auch Strumpfstuhl genannt. Das weiß man verbürgt.

Weniger verbürgt ist, ob er das arme Mädchen gekriegt hat, für das er seine Erfindung gemacht hatte. Wiederum verbürgt ist, daß er nicht reich wurde. In England kam er nicht an. Selbst Elisabeth, die große Königin, hatte mehr Vorliebe für einen anderen William, den dritten William unserer Geschichte; das war kein Maschinenmensch, sondern ein Dichter, und er hieß William Shakespeare. Denn dem zweiten William, dem William Lee, soll die Königin das Patent für seinen Strumpfstuhl verweigert haben mit der Bemerkung: Aus dem kämen doch keine seidenen Strümpfe heraus.

Ob das wahr ist? Ich persönlich gestatte mir da Zweifel.

Wenn eine Königin Dichter erkennen kann, und das ist nachgewiesen bei Elisabeth I., dann muß sie nicht zwangsläufig verhindert sein, industrielle Vorteile für ihr Königreich zu entdecken.

Wie dem auch war, unser William Lee wanderte aus. Er ging nach Frankreich, wurde dort anerkannt und starb. Seine Erfindung, die er den Franzosen hinterließ, nützte der französischen Industrie, die weitgehend in kalvinistischer Hand war. Bis die Deutschen mal wieder, wie so oft in ihrer Geschichte, Bedarf an Ausländern hatten. Gewöhnlich warteten die Deutschen auf ihre Ausländer so lange, bis einerseits durch Kriege ihre eigene Bevölkerung auffallend geschrumpft war und andrerseits ihre Nachbarnationen diese Schrumpfungen durch Selbstverstümmelung auffüllen konnten.

Der Dresdner Franzose, der Besitzer des einzigen mechanischen Strumpfstuhls in Sachsen, den mein Urahn, der Johann Esche aufsuchte, war nicht aus freien Stücken in Dresden, sondern aus wirtschaftlichen. Schon damals nannten Flüchtlinge wirtschaftliche Gründe politische Gründe und gaben sich ideologisch. Man bezeichnete das aber anders und sagte *religiös* dazu.

Nämlich: Ein französischer König, Heinrich IV., hatte einst, bevor er ermordet wurde, ein Edikt erlassen. Das Edikt von Nantes. Dieses Edikt garantierte den Hugenotten (die hatten, wie just erwähnt, die französische Textilindustrie in der Hand) ihr Eigentum. Sie bekamen also die staatliche Garantie verliehen. Doch fast 100 Jahre später hob das ein anderer französischer König, Ludwig XIV., wieder auf. Dieser hatte nichts gegen die Textilindustrie. Ihm schien sie so wichtig wie die französische Dichtkunst, was er mit Molière bewies. Aber er wollte die Industrie für sich selbst haben. Er führte also eine Art moderner Enteignung durch. Er enteignete die Hugenotten. Ludwig XIV. führte der Staatskasse dadurch 3 1/2 Millionen Louisdor zu, das sind heute 6 Milliarden Mark. Eine schöne Summe. Leider sollte er diese durch ausbleibende Steuereinnahmen wieder verlieren. Was uns der Erkenntnis nahe bringt, daß nicht jede Enteignung eine gute Enteignung ist. Es sei denn, sie arbeitet wirtschaftlich. Ich verliere mich. Das *Sich-verlieren* ist bei revolutionären Eingriffen, die Enteignungen nun mal darstellen, für das betroffene Individuum eine oft übliche Folge, und so verlor sich unser Strumpfwirker als Enteigneter mit vielen anderen seiner hugenottischen Glaubensbrüder. Sie verstreuten sich. Ein Teil davon landete in den deutschen Ländern und er selbst in Dresden. Als Ausländer. Möglicherweise fast gleichzeitig mit dem längst verstorbenen Shakespeare.

Bislang war dieser Dichter in Sachsen unbekannt geblieben. Doch als in England die Hugenotten, die aber da Puritaner hießen, gesiegt hatten, verboten sie Shakespeare und schlossen die Theater. Die erste historische Großtat der Bourgeoisie, als sie die Weltbühne betrat war – Theaterschließen! Ich komme in der Folge auf das Schließen zurück.

Wenn es aber keine Theater mehr gab, entstand die Frage, wohin mit den Schauspielern? Die Antwort war leicht gefunden.

Die Schauspieler hatten einen ordentlichen Beruf zu lernen. Sollten sie sich aber weigern, vom Spielen abzulassen, gab man ihnen in guter bürgerlicher und demokratischer Manier die Alternative, das Schafott zu wählen. So ergab sich für die Schauspieler wieder einmal die einmalige historische Chance, entweder Charakter zu zeigen oder auszuwandern.

Und – es wanderten welche aus! Ein nicht seltener Fall von Charakteransicht in der Geschichte der Schauspielkunst.

Gleichviel, wichtig daran ist letztendlich nur: Shakespeare kam so auf das Festland. Zum Beispiel auch nach Dresden. Das war gut für die deutsche Theaterkunst. Manchmal hat die Reiselust ja auch was Gutes. Wenn auch anzumerken ich nicht unterdrücken kann, daß diese Republikflucht auf rein berufliche Gründe zurückzuführen war.

Zurück zum Strumpfstuhl: In England war er weg, und die Deutschen hatten noch keinen, aber dafür den hinlänglich erwähnten Franzosen in Dresden, den der Johann Esche im Auftrag seines Herrn, Herr Antonius II. von Schönburg, aufsuchte, um ein Paar Strümpfe zu kaufen.

Ich gebe zu, daß Johann Strümpfe kaufen sollte. Soweit waren wir schon einmal. Aber ohne die europäische Geschichte zu streifen, lohnt sich für mich die Ahnenforschung nicht. Und darüber hinaus muß ich den Leser von Anfang an an meine Gewohnheiten gewöhnen, in Ausflügen zu erzählen. Ich meine, solche Ausflüge bringen ihm ja auch etwas.

Also, Johann fuhr nach Dresden, kaufte Strümpfe, brachte die Strümpfe seinem Herrn und bat diesen um nochmalige Bewilligung eines Besuches in Dresden. Der Herr von Schönburg fand diesen Anfall von verstärkter Reiselust und Antrag auf ein zweites Visum etwas absonderlich und fragte ihn nach Gründen. Johann begründete: Seine Zeichnung wäre noch nicht ganz fertig. Diesen Grund verstand der Antonius nicht, und Johann begründete den Grund: Er habe nach seinem ersten Dresdner Besuch aus dem Gedächtnis heraus den mechanischen Webstuhl des Franzosen nachgezeichnet, doch fehlten ihm noch einige Details, darum bäte er seinen Herren um Besuchswiederholung – um das Ganze abkupfern zu können.

Antonius von Schönburg – wie wir nun bemerken, offensichtlich kein Dummer – gestattete. Johann reiste und klaute – seine fehlenden Details. Er brachte, zurückgekehrt, seine Zeichnung zur Vollendung und baute nach dieser seinen ersten Strumpfwirkstuhl. Der gelang, und dem ersten folgten mehr, und bald fanden wir in der Gegend von Limbach, Unterfrohna, Oberfrohna und später in Chemnitz eine blühende Landschaft, versehen mit Textilindustrie.

Wir sehen an diesem familiären Beispiel, daß jede gute Tat, im kapitalistischen Sinne, mit einer kriminellen Handlung beginnt.

Die Kirche gab ihren Segen, und bei einer Limbacher Kirchturmspitzenreparatur ein Jahrhundert später fand man in einer darin verborgenen Kapsel ein Schriftstück aus dem Jahr 1745, in welchem zu lesen stand: *Sonderlich haben wir dieses Ortes Güte zu rühmen, die sich einige Jahre daher durch eine gesegnete Strumpf-, Seiden- und Wollen-Fabrique veroffenbart hat, welche unter Direktion Herrn Johann Esches, eines angesessenen, wackern unbetrüglichen und dienstfertigen Mannes sich angefertigt hat und bis dahero mit göttlichem Segen glücklich fortgesetzt worden, also, daß sich bei und neben uns, ja über Meilen weit, außer uns mit Wirken, Spinnen, Nähen sehr viele Menschen beiderlei Geschlechts davon profitieren und ihr Brot verdienen. Dieser Herr, 63 Jahre alt, ist ein Sohn Hanns Eschens, des letzten Schwarzfärbers in Limbach.* Und Georg Brühl, der Chemnitzer Kunsthistoriker, schreibt 1991 in einem von der Bayerischen Vereinsbank herausgegebenen Bändchen »Jugendstil in Chemnitz. Die Villa Esche von Henry van de Velde«: *1747 arbeitete man in Limbach bereits an 31, in Oberfrohna an 3 und in Köthensdorf an 5 Strumpfwirkstühlen. 1764 waren 80 Strumpfwirkstühle in Limbach in Betrieb. Für jeden Strumpfwirkstuhl mußten 4 Groschen Zins und 8 Groschen Schatzgeld an den Gutsherrn bezahlt werden. In dieser Zeit verarbeitete Esche bereits jährlich für 30 000 Taler Seide. Dies beweist, daß Esche nicht nur über mechanische Talente verfügte, sondern auch im Bereich des Kommerzes hervorragende Kenntnisse haben mußte. 1744 wurde er bereits als Fabrikant verzeichnet und als Herr tituliert. Letzteres Vorrecht stand bis dahin außer dem Adel nur den Lehrern zu. Am 30. Januar 1752 starb Johann Esche in Limbach als »Erbangesessener, alter Wohlangesehener Werter Einwohner«.*

Soweit Georg Brühl. Die Esches vermehrten sich und teilten sich, und die einen wurden reich und die andern nicht. Wann sich mein Teil meiner Vorfahren von dem anderen Teil meiner Vorfahren teilte, das weiß ich nicht. Ich weiß nur, daß der reichere Teil nicht mein Teil wurde. Das habe ich auch nie behauptet und natürlich immer bedauert, und so bin ich gezwungen, meine Geschichten selbst aufzuschreiben, statt sie gegen Honorar von anderen aufschreiben zu lassen. Was den Vorteil hat, daß der geliebte Leser Selbstgelogenes vor seinen Augen hat und nicht das Gegenteil davon.

Natürlich könnte ich das mit den Ahnen noch viel genauer herauskriegen, aber, ich muß gestehen, es interessiert mich nicht sonderlich und noch viel weniger den Leser. Denn wer an Wurzelfindung interessiert ist, ist das gewöhnlich nur an der eignen. Außerdem: Eingangs hatte ich versprochen, nur den Teil meines Lebens zu erzählen, der am Theater spielt. Daß ich das schon zu Beginn meines Werkes nicht beachtet habe, zeigt, daß sich später vielleicht noch Ausrutscher einschleichen könnten. Ich weiß das nicht, schließlich bin ich noch nicht am Ende. Wohl aber am Ende der Eschigen Familiengeschichte. Doch am Beginn der Gründe, weshalb ich Monarchist werden mußte.

OPA ARNO.

Einst lebte ich in Berlin-Friedrichshagen. Einer selbständigen ethnographischen Einheit bei oder zu Berlin. »Ethnographie ist die Disziplin, in der man sich ohne ausgeprägte theoretische Erkenntnisinteressen der Beschreibung primitiver Gesellschaften widmet« (Lexikon), beschreibende Völkerkunde demnach. Und seinerzeit geschah es, daß sich in mir ein starkes Interesse für das Volk entwickelte; für das Volk schlechthin, also schlechthin für alle, also für die gesamte Menschheit. So daß Begriffe wie: »Die Schaffung der allseitig gebildeten sozialistischen Persönlichkeit« und »Auf dem Wege zur gebildeten Nation« und »Werktätige, erstürmt die Höhen der Kultur« mir wie milliardenfache Leuchtfeuer vor meinen gläubigen Augen standen. Getreu der Entdeckung Friedrich Engels' folgend, daß die kleinste Zelle des Staates die Familie sei, verabsäumte ich nicht den regelmäßigen Besuch des Friedrichshagener Fußballstadions. Die zum Ballspiel zu benutzende Fläche des Stadions entsprach den Weltregeln, in welchen, meines Wissens, die Anzahl der Zuschauerränge nicht festgelegt ist. Friedrichshagen hatte keine. Auch keine Zuschauer. Bis auf die Treuen. Also wenige. Es waren dies Gestalten, wie sie im Nibelungenlied am Vorabend der endgültigen Niederlage der Mannen um König Gunther an König Etzels Hof beschrieben sind: im düsteren Hagen und dem Sänger Volker, wachhaltend vor der Halle der niedergemetzelten Nibelungen. Alte Hürden, könnte man heute sagen. Ihre Treue zur SG

Friedrichshagen, so hieß der Verein, bewies sich in der Unverdrossenheit, mit der sie die Niederlagen der Mannschaft hinnahmen. Und die SG Friedrichshagen verlor jedes Spiel. Dessen ungeachtet äußerte sich die Charakterstärke der alten Friedrichshagener in diesem Menschheitssatz: »Wieder mal viel Pech gehabt, heute!«

Ein Gedicht, welches ich von Opa Arno hörte, lautete:
»Alle Räder stehen still,
wenn dein starker Arm es will.«
Diesen kleinen, harmlosen Vers vom Dichter Herwegh merken wir uns einmal, setzen ihn vorerst in keinen Bezug zum eben zitierten »Menschheitssatz« und kommen später auf ihn zurück, während wir uns jetzt der Titelfigur und damit der zweiten Hälfte meiner Familienforschung in Liebe nähern.

Mein Opa Arno Haepe wurde 1873, genau 374 Meter über dem Meeresspiegel, in der kleinen Stadt Hartenstein, die im sächsischen Erzgebirge liegt, an der Staatsbahnlinie Werdau-Aue, und zum Besitztum der Fürsten von Schönburg zählte, geboren. Und zwar im »Weißen Roß«, einem Hotel und Restaurant mit Ballsaal für Gesellschaften und Vereine und einer Asphaltkegelbahn, welches alles seinen Eltern gehörte, die ihn aber bei einem der ersten Bankkräche des industriellen Zeitalters statt als Erben als Vollwaise zurückließen. Die sich des nun elternlosen Kindes annehmenden, ebenfalls wohlhabenden Pflegeeltern verabschiedeten sich beim folgenden Bankkrach aus gleichem Anlaß von Opa, und Opa wurde Sozialdemokrat.

Opa Arno war mittelgroß, ging sehr gerade und trug sonntags zu seinem schwarzen Hut immer einen schwarzen Ulster. Seine Augen waren groß und blaugraugrün mit roten Pünktchen darinnen, sein Schnauzbart nur grau, und mit seinem runden Kopfe ähnelte Opa Otto von Bismarck. Doch Bismarck hatte ein paar Haare mehr. Und obwohl mein Opa ein sehr starker Mann war, wirkte Bismarck stattlicher. Dieser Eindruck von unterschiedlicher Stattlichkeit kann jedoch auch an der Kleidung gelegen haben. Denn Opas Anzug wurde im Konsum gekauft. Es ist nicht bekanntgeworden, daß Bismarck das auch tat.

Es gab noch ein paar Unterschiede zwischen den beiden: So hatte Bismarck politisches Genie. Opa hatte Charakter. Bismarck hatte zeitweilig politischen Erfolg, Opa keinen. Dafür liebte er den August Bebel und den Wilhelm Liebknecht und die Sache des Sozialismus. Und dann unterschieden sich die beiden, der Reichskanzler und der Prolet, natürlich auch beruflich.

Arno Haepe machte 1903, inzwischen war der Reichskanzler 5 Jahre zuvor gestorben, seinen Meister und arbeitete seitdem als Schlosser bei der Firma Schelter & Giesecke, einer Gießerei, welche in Leipzig-Plagwitz lag und von Opa *Die Bude* genannt wurde. Kam er, obwohl ein fleißiger Arbeiter und guter Meister, von der Arbeit voll Zorn nach Hause, und das geschah so selten nicht, erleuchtete er *Die Bude* zu dem Satz: »Die Scheißbude soll brennen!« Auch dieses »Gedicht« habe ich mir gemerkt, obwohl es sich nicht so schön reimt wie das vom Dichter Herwegh. Wahrscheinlich habe ich es mir auch deshalb gemerkt, weil es zu den großen Momenten meines kleinen Lebens gehörte, in denen ich Opa sprechend erleben konnte. Denn Opa war sehr einsilbig. Opa sprach eigentlich gar nicht. Zu Weihnachten, meinen Geburtstagen und ähnlich Überflüssigem kam er zu Besuch, aber immer nur bis zur Haustür. Jahr für Jahr die gleiche Begegnung. Es klingelte, ich lief hinunter, öffnete die Haustür, die nicht verschlossen war. Opa stand im schwarzen Hut und Ulster auf der Straße. Er kußkratzte mir die Wange, der Kuß roch nach Tabak, raschelte mir 20 Reichsmark in das Händchen und murmelte: »Gib's nich deiner Mutter.« Dann verschwand er mit seinem Kürassierschritt im Abend Leipzig-Kleinzschochers.

Ich nenne das Kürassierschritt, obwohl ich noch nie einen Kürassier habe laufen sehen. Ich glaube auch, daß Kürassiere überhaupt nicht laufen, wie könnten sie, da sie ja stets zu Pferde sitzen. Hätten sie das Laufen dennoch versucht, hätte das mißglücken müssen, denn ihr Brustpanzer, der Küraß, nach dem sie hießen, war viel zu schwer, man sie deshalb auch schwere Reiter nannte. Außerdem gab es zu meiner Kinderzeit gar keine Kürassiere mehr, es gab sie nur noch in meiner Phantasie, die ich aus einem Bismarck-Album nährte, welches mir mein anderer Opa, der aus der Esche-Linie, geschenkt hatte. Da gab es Kürassiere in blitzender Wehr, weißgekleidet, Adlerhelm und silbernem Küraß. Ja, selbst den letzten Kaiser sah man da so abgebildet. Ich war ein Kind, und die Weltironie war mir noch unbekannt, sonst hätte ich bemerken müssen, daß ich mir einerseits wünschte, mein Opa solle wie der Kaiser laufen, und andererseits doch wußte, daß Opa den Kaiser haßte. Opa war Sozialist, der Kaiser nicht. Opa war ein so überzeugter Sozialist, daß man, verglich man ihn mit einem heutigen Sozialisten, Kommunist dazu sagen müßte. Und Opa hatte auch gar keinen Kürassierschritt, Opa Arno lief wie ein Proletarier. Aber eben nur sehr viel edler. Opa hatte den aufrechten Gang im Klassenkampf gelernt. Dennoch bleibe auch ich beharrlich. Ich bleibe bei den Kürassieren. Ich finde bei meinem Opa noch heute eine Ähnlichkeit mit

Kürassieren, zumindest im übertragenen Sinne, denn Küraß leitet sich vom lateinischen *corium* her, das heißt dickes Fell, und das hatte mein Opa. Brauchte er schließlich auch, da er im Klassenkampf dauernd verlor.

Aber zurück zum aufrechten Gang: Also, diesen edlen Schritt unter dem weichen schwarzen Hut und langen Ulster schlug er an, wenn wir sonntags bei Gräsers zum Mittagessen eingeladen waren, bei Suppen-Gräser.

Wir sind jetzt in den erweiterten Familienverband gelangt, und ich bin gezwungen, bevor ich die Geschichte von Opa Arno weitererzähle, die Leipziger Örtlichkeiten und einen Teil der in ihnen weilenden weiteren Familienmitglieder in Kürze zu beschreiben.

Ich beginne mit dem Glück, daß ich zwei Omas und zwei Opas hatte. Und das war ein Glück, denn ich fühlte mich von allen vieren geliebt. Da meine Mutter stets auf Arbeit war und mein Vater schon lange tot, haben diese großen vier mir bei der Menschwerdung, ich will damit sagen, bei der Entwicklung der Liebesfähigkeit, sehr geholfen.

Die Eltern meines verstorbenen Vaters Fritz Esche hießen Karl Louis und Hedwig und wurden Vater und Mutter genannt, die Eltern meiner Mutter hießen Arno und Minna und wurden Opa und Oma genannt. Karl Louis Esche, von dem ich das Bismarck-Album hatte, war ein kleiner Reisevertreter in den großen Stahlwaren und gehörte somit schon zu jenen gehobenen Kreisen, die man im neidischen Volke mit den Worten schmäht: »Die denken wohl, die sind was Besseres.« Beide Paare, die Esches und die Haepes, wohnten, nimmt man Opas Kürassierschritt als Zeitmesser, 13 Minuten Fußweg voneinander entfernt, die Haepes in Leip-

Meine Familie von rechts nach links: Fritz Esche, Minna Haepe, Arno Haepe, Margarethe Esche, Frieda Gräser, Kurt Gräser, Hedwig Esche, Karl Louis Esche, vorn Annemarie und ich. Von da komme ich her

Gruppenbild aus meinem ersten Theater-Engagement, dem Kindergarten. Zweiter Reiter von links.

*Mit meiner Tochter Esther
bei Freunden
in der Steiermark.*

Mit meinem Sohn Jonathan.

zig-Kleinzschocher, die Esches in Leipzig-Schleußig. Beide Stadtteile wurden durch den Fluß Elster getrennt. Opa Arno nannte Schleußig Protzendorf, Opa Karl Louis sprach den Namen Kleinzschocher nicht einmal aus, und so wird man schnell Verständnis dafür finden, das meine vier Großeltern die Elster, zwecks gegenseitiger Besuche, fast nie überschritten. Ich vermute, die Ausnahmen wurden gebildet bei der Trauung meiner Eltern, bei meiner Geburt und beim frühen Tode meines Vaters. Da sah man sich gezwungen, denn alle meine Großeltern waren wohlerzogene Leute. Wenn jemand den die alten Haepes und die alten Esches trennenden Fluß Elster regelmäßig überschritt und so die einzige Verbindung zwischen diesen nicht verfeindeten, doch sich gegenseitig konsequent ignorierenden Parteien herstellte, war ich das, beider Teile Enkel.

Meine Mutter Margarethe verdiente nach dem Tode ihres Mannes unser beider Brot als Krankenschwester und schlief, in der Kriegszeit, da, wo sie arbeitete, im Lazarett. Ich schlief, wenn nicht zu Hause, mal bei den Haepes und mal bei den Esches. Bei beiden gerne, doch am liebsten bei den Haepes. Die nahmen mich weniger wichtig.

Es müßten jetzt 100 Jahre her sein, daß Arno Haepe meine Oma, eine geborene Wehmann, Minna, Häuslerstochter aus Leipzig-Schönau, heiratete. Sie gebar ihm 5 Kinder. 3 Mädchen und 2 Jungen, Martha, Frieda, Margarethe, Erich und Arno.

So viele Namen, jetzt höre ich auf; soviel in Kürze, anderswo mehr. Drum weiter mit dem Kürassierschritt.

Sonntags waren wir oft bei Gräsers eingeladen. Bei Suppen-Gräser. Tante Frieda war meiner Mutter Schwester und Onkel Kurt ihr Mann. Und während einst die gesamte Familie Haepe sonntags, auch zur Kriegszeit – sofern sich

Glieder derselben nicht umständehalber zeitweilig in der Sowjetunion oder anderen europäischen und afrikanischen Ländern aufhielten – bei Opa und Oma zum Mittag aß, versammelte sich die Restfamilie nun nach Kriegsende bei Tante Frieda und ihrem Mann. Onkel Kurt war nach dem Krieg zu Wohlstand gekommen, und zwar durch Ersatzpfeffer und Trockensuppen in Tüten. Daher der Name Suppen-Gräser. Doch ist das eine andere Geschichte, die ich ein anderes Mal erzähle. Ich unterbreche nicht und bleibe bei dem Kürassierschritt.

So liefen wir nun zu Gräsers, vom Leipziger Westen in den Leipziger Süden, nach Connewitz. Durch das Scheibenholz, einen Parkgürtel mit Galopprennbahn, war das ein hübscher Weg von einer dreiviertel Stunde. Gemeinsam verließen wir das Haus in der Gießerstraße und waren schon nach zwei Minuten Laufzeit getrennt, denn natürlich gab Opa das Tempo vor, und das habe ich schon beschrieben. Nach zirka fünf Minuten war das folgende Bild entstanden: Vorne Opa, hinten Oma, in der Mitte ich. Schon nach zehn Minuten Laufzeit betrug der Abstand zwischen den Ehepartnern, von mir aus gesehen, 20 Meter nach vorn und 20 Meter nach hinten. Es war für mich schon damals nicht ganz leicht, die Mitte zu halten. Mit der Laufzeit wurde der Abstand nicht kleiner, natürlich nicht, zumal Opa zulegte, während Oma ihr Tempo hielt. Oma war keineswegs gebrechlich, im Gegenteil. Da sie dauernd über Krankheiten klagte, zeigte sich der Umstand, daß sie die Gesündeste der ganzen Familie war, als berechtigte Vermutung. Nein, Oma hatte ebenfalls etwas Besonderes im Gang. Im Gegensatz zu ihres Mannes Kürassierschritt hatte Oma Minna einen Entengang, sie watschelte; man kann diesen Spezialgang noch heute an mir studieren, und so erklärte sich auf höchst natürliche Weise ihr Zurückbleiben. Ich hatte aber beide lieb, und so versuchte ich das Auseinanderlaufende zusammenzuhalten, indem ich Opa einholte (mit Kürassierschritt) und auf Oma zeigte, um ihn zu bremsen, mich dann auf Oma zurückfallen ließ (im Entengang) und auf Opa zeigte, um so die Oma zu beschleunigen. An keinem der vielen Sonntage, die wir zu Gräsers liefen, ist mir jemals eine Vereinigung der kleinsten Engelsschen Zelle gelungen, und jeden Sonntag waren beider Erwiderungen die gleichen. Hinten murmelte Oma: »Kerle!« Vorne knurrte Opa: »Weiber!« Dennoch brachten mir meine vergeblichen Vereinigungsgänge einen Vorteil, ich begann das Laufen zu lernen, einmal als Ente, einmal als Kürassier.

Die Verabredung.

Opa beeindruckte mich immer. Sicher ist das ein Grund, weshalb unter meinen Kindheitserinnerungen die meisten von ihm handeln.

Beginne ich mit der weltumspannendsten. Es war Krieg. Man stand schon in der Nähe von Moskau, also war ich 8 Jahre alt. Ein strenger Winter. Opa hatte mich zu einer Verabredung auf den Abend verpflichtet. Im Garten der Großeltern, der in Leipzig-Schönau lag, eine Stunde Fußmarsch von Leipzig-Kleinzschocher entfernt, wuchs an Omas Geburtshaus ein Wein mit blauen Trauben. Sie waren klein wie Rosinen und süß wie das Gesicht eines blasenden Trompeters, wenn er den Biß in eine Zitrone beobachten muß.

Diese Trauben hatte Opa im Herbst geerntet, gepreßt und trotz des Hohngelächters und hämischer Familienbemerkungen auf Flaschen gezogen. Da Zucker eine Rarität war, glaubte Opa dem Problem mit einer Mischung aus Rohzucker und Süßstoff begegnen zu können. Mit den interessant geschwungenen Röhrchen über den gedrungenen Hälsen standen die gebauchten Flaschen in der Küche. Die Küche war klein, die Ballonflaschen groß, die Maische stank, und Oma schimpfte. Opa knurrte zurück, und der Wein blieb in der Küche.

Endlich kam der Tag der Verkostung. Es war ein wunderlicher Tag: Opa wurde gesprächig. Ich war davon so berührt, daß ich nur wahrnahm, daß er sprach, nicht, was er sprach. Aber tatsächlich sprach er, vor sich hin, auch zu mir und – sogar mit Oma. Ich war ein fröhliches Kind, ließ mich sofort von Opas Redelust anstecken und glaube noch heute, daß ich meinen ersten Rausch schon vor meiner ersten Verkostung gekriegt hatte.

Die Verkostung war die versprochene Verabredung zwischen Opa und mir. Männer stehen zu ihrem Wort. Ein Mann geht seinen Weg. Der Weg führte in die Stube. Die Stube roch nach Mann. Unter einem braunen Blätterhimmel nahmen wir Platz. Die Stubendecke bestand aus Blättern. Von Wand zu Wand hatte Opa viele Drähte gespannt, und auf die Drähte waren seine im Garten geernteten Tabakblätter gespießt. Auf dem Tisch stand eine Kanne. Die Kanne war aus emailliertem Blech. Früher wurde sie zum Milchholen gebraucht, als die Tage der Milch vorüber waren, wurde sie zum Holen der Wurstsuppe benutzt, und nun war sie mit Wein gefüllt. Vor mir stand eine Tasse, und Opa schenkte ein. Es war ein großer Moment.

Es blieb bei dem Moment, denn es öffnete sich die Tür, Oma erschien; ihre schwarzen Augen zornig auf ihren Mann gerichtet, verbot sie den Ausschank an Minderjährige. Opa knurrte, Oma knurrte. Da gab er nach und hieß mich in der Küche eine neue Tasse mit Wasser füllen. Ich tat, wie mir geheißen. Oma kehrte als Siegerin in die Küche zurück. Ich hörte sie murmeln: »Kerle.«

Wieder nahm ich ihm gegenüber Platz, er roch an meiner Tasse, knurrte: »Weiber«, trank die Hälfte des Wassers aus und füllte mit Wein nach. Als es im Zimmer dunkel geworden war, hatte sich dieser Vorgang bereits mehrere Male wiederholt. Plötzlich befanden wir uns auf der Straße. Es war bitter kalt, der Schnee knirschte, der Himmel war ohne Wolken, und der Mond war rund. Ich fragte, wieso der Mond einen Kreis hätte. Er antwortete, es wäre ein Kreis, aber der hieße Hof und wäre ein Zeichen für kommende Kälte.

Fester faßte ich seine warme Hand. Das Trottoir war glatt. Opa sagte immer Trottoir. Er hatte im Ersten Weltkrieg 2 Jahre vor Verdun gelegen. Ich sah an seinem Ulster empor über seinen Hut hinaus und fragte, wieso die Sterne nicht herunterfielen. Opa sagte, weil sie nicht wüßten, wohin sie fallen sollten. Ich sagte: »Auf die Erde«. Er: »Die ist zu klein.« Ich: »Für die kleinen Sterne?« Er schwieg. Ich guckte wieder zum Mond. »Warum ist der Mond rund?« – »Weil er eine Kugel wie die Erde ist.« So etwas hatte ich noch nie gehört. Ich war sehr erschrocken. Ich blickte aufs Trottoir, es schien sich gleichzeitig zu heben und zu senken. Ich kicherte: »Wenn die Erde rund wäre, müßten wir ja runterfallen.« Da sagte Opa den Weltsatz: »Das können wir nicht, weil die Erde sich dreht.« Kichernd schwanden mir die Sinne.

Durch Opa wurde ich dreisprachig.

Diese Geschichte beginnt mit Mätzschkers Festsälen. Dem nichtsächsischen Leser wird die Häufung von *tzsch* schon aufgefallen sein. Der Leipziger nimmt das gelassener, er lebt schon sehr lange damit, schon seit der Wendenzeit. Schon seit 2000 Jahren, als das Dorf noch Libzi hieß, welches sich von dem slawischen Wort lipa (deutsch: Linde) herleitet und durch nichts auszeichnete, außer daß es inmitten einer sumpfigen, von Hochwasser bedrohten Landschaft auf der einzig vorhandenen Bodenerhebung lag. Bodenerhebungen oder kleinere Hügel, wovon es in der weitgestreckten Leipziger Tieflandbucht nicht viele, aber noch einige mehr gibt, nennt man in Leipzig heute noch Warzen. Wiederitzsch, Delitzsch, Leutzsch, Stüntz, Stötteritz, Ötzsch, Gautzsch, Eutritzsch, Großzschocher und Kleinzschocher sind nur einige der später einverleibten Dörfer, die wiederum ebenfalls zumeist auf Warzen gegründet waren.

Ich selbst, obschon gebürtiger Warzener, habe noch heute gewisse Schwierigkeiten mit den vielen Häufungen von Zischlauten, auch wenn das *z* im *zsch* eigentlich gar nicht ausgesprochen wird. Doch reicht es mir zum Beispiel schon, daß ich nicht nur *Esche* heiße, sondern auch *Schauschbieler* bin, der auf einer *Schauschbielerschule schdudiert* hat. Doch klingt dieses siebenfache *Sch...* immer noch etwas weniger zischig, als wenn ich *Etzsche* hieße, der *Zschauzschbieler* wäre, der auf einer *Zschauzschbielerzschule zschdudiert* hätte und in *Deutzschland* lebte. Das wäre erst eine *Zscheiße*. Nein, lieber kehre ich zum Beginn zurück und berichte, was Mätzschkers Festsäle mit meiner Dreisprachigkeit zu tun haben.

Meine Großeltern wohnten, ich wiederhole mich jetzt aus Lustgründen, in Kleinzschocher und zwar in einer Straße ohne erhebliche Zischlaute, in der Gießerstraße Ecke Siemensstraße in der 2. Etage. Der Blick aus den Fenstern fiel auf einen Schmuckplatz. Ein Schmuckplatz ist in Leipzig so eine Art Sitzmöglichkeit für Außerirdische, das meint Leute, die heute außerhalb des irdischen Berufslebens herumsitzen und offensichtlich an der Stadtnatur einen Gefallen gefunden haben und dafür von den letzten herumstreunenden Werktätigen beneidet werden. Damals bot der Schmuckplatz alten Frauen viel Möglichkeit zum Tratschen.

Hinter diesem Kleinst-Erholungs-Zentrum rechterhand, in Sichtweite, lagen »Mätzschkers Festsäle«. Sie waren für mich auch deshalb bedeutsam, da stets, wenn ich mit Oma an ihnen vorüberlief, Oma seufzte und sagte: »Ach ja.« Ich glaubte zu wissen, was das Seufzen bedeutete, denn hier hatten einst meine Eltern ihre Hochzeitsfeier gehabt. Nun aber war es ein Kriegsgefangenenlager geworden, denn der 2. Weltkrieg war ins Laufen gekommen. Das meint: erst einmal ins Vorwärtslaufen.

Wenn Opa von der *Bude* kam – und in dieser Zeit des Vorwärtslaufens kam er von Sprung zu Sprung immer knurriger nach Hause –, wartete ich meist schon im Treppenhaus auf ihn. In der Wohnung angekommen, legte Opa seine abgeschabte, ehemals schwarze Aktentasche, in der sich die nun geleerte, silberne nierenförmige Brotbüchse befand, in der Küche ab, zog die Schuhe aus, und zusammen gingen wir ins Wohnzimmer.

Ich hatte in die geöffneten Fenster inzwischen 2 Kissen gelegt, auf die stützten wir nun unsere Ellenbogen und schauten zuerst zum Himmel, um zu sehen, ob die Schwalben hoch oder niedrig flogen. Daraus schlossen wir auf das kommende Wetter. Es war der Moment, auf den ich mich den ganzen Tag im voraus freute: mit Opa zusammen aus dem Fenster gucken.

Und dann kamen sie. Zuerst waren es Polen. In einer langen Kolonne kamen sie aus Richtung *Bude* und zogen unten am Haus vorüber in Richtung »Mätzschkers Festsäle«. Das einzige polnische Wort, das mir bekannt war, rief ich ihnen zu. Ich war, ich sagte es schon, ein fröhliches Kind und rief: »Polacken.« Opa knurrte, stieß mich unsanft in die Seite und sagte: »Laß das.« Ich war betroffen, fühlte mich im Recht, sagte man doch zu der unweit gelegenen, kurz nach dem 1. Weltkrieg von polnischen Arbeitern gebauten Eisenbahnbrücke, auch in Opas Beisein: Polackenbrücke. Opa sagte, das wäre etwas anderes, und so schauten wir fortan jeden Abend hoch zu den Schwalben und schweigend hinunter auf die ersten Zeugen der deutschen Siege. Das war im Herbst 1939.

Ein Jahr später hatte sich die Farbe der vorüberziehenden abendlichen Kolonnen geändert. Es kamen die Franzosen. Und Opa sagte, ich solle »Bonjour Messieurs« rufen. Was ich tat, und die Poilus winkten zurück. Schnell brachte mein Französischlehrer mir noch das »merci beaucoup« bei, und ich hatte meine erste Fremdsprache gelernt. Anfangs machte ich noch Fehler und rief das merci beaucoup zuerst und das Bonjour Messieurs zuletzt. Doch nach wenigen Nachmittagen hatte ich die richtige Reihenfolge gelernt, und Opa schien zufrieden.

Noch im gleichen Jahre konnte ich, mit fortschreitenden Kriegserfolgen, meine Sprachkenntnisse erweitern. Es kamen die Engländer. Opas Fremdsprachenkenntnisse rührten aus den Schützengräben von 1916 vor Verdun. Es stellte sich nun als Nachteil heraus, daß seinem Regiment damals nur Franzosen gegenüber lagen und keine Engländer. Aber einen Gruß konnte er mir doch beibringen, den lernte ich auch und setzte ihn in Praxis: »Good Day, Tommy!« Freundlich winkten die Engländer Abend für Abend zu uns hoch. Ja, ich bildete mir schließlich ein, daß nicht nur wir auf sie warteten, sondern auch sie auf uns.

Dann kamen die Russen. Die deutschen Siege hatten ihren

Höhepunkt erreicht. Ich unterstelle, doch glaube ich es fest: Opa wußte, daß das Ende eingeläutet war. Und so wurde ich also der 3. Fremdsprache, des Russischen mächtig. Er lehrte mich: »Russki domoi!« Die Reaktion der russischen Kriegsgefangenen war in den ersten Tagen eine ganz andere, als die von mir erwartete. Sie schauten nur zögerlich oder mißtrauisch oder gar nicht zu uns hinauf. Ich war enttäuscht und fragte Opa nach dem Grund. Opa wich aus und meinte, die Russen hätten wahrscheinlich Hunger. Doch unverdrossen rief ich jeden Abend: »Russki domoi!« Bis ich Erfolg hatte. Der Erfolg war so unerwartet wie das vorhergegangene Ausbleiben desselben.

Danach ging Opa nicht mehr mit mir zum Fenster. Das habe ich erst viele Jahr später begriffen, da war Opa schon lange tot. Hitlers 6. Armee hatte bei Stalingrad kapituliert, und er hatte mich rufen lassen: »Russen, geht nach Hause!« Das kann zu jener Zeit nicht der Wunsch der patriotisch gestimmten deutschen Nachbarn gewesen sein. So fand ein glückliches Kapitel meiner Kindheit ein jähes Ende.

Wie Opa gleichzeitig lachen und weinen konnte.

Hitlers 6. Armee hatte kapituliert. Der Großeltern Jüngster, Onkel Arno, galt als vermißt. Arno, nach seinem Vater genannt, war der Liebling der Familie, welche natürlich nicht nur in Harmonie und Eintracht miteinander verkehrte, ganz im Gegenteil, eher mit lebenslänglich sich immer wiederholenden Abbrüchen auf ewig.

Doch mit Onkel Arno war das anders, er war der Liebling aller. Und nun war seine Rückkehr ungewiß. Ich erlebte eine Szene in der Küche meiner Großeltern. Man betrat diesen Raum durch einen kurzen, unbeleuchteten Korridor an ihrem

Küchenanfang und stand vor einem Kohleherd. Man drückte sich an ihm vorbei nach links, durchschritt den Schlauch mit sechs Schritten und hatte das zum Hof führende Fenster erreicht. Rechts an der Wand stand ein schmaler Küchentisch, flankiert von 2 Stühlen, dem gegenüber der Küchenschrank; das war das weiß und schwarz angestrichene Mobiliar der durch ihre Schmalheit lang wirkenden Küche.

Die Radionachricht vom Siege der Roten Armee hatte die Gießerstraße erreicht. Ich sah Opa aus der Stube kommen. Dort stand das Radio. Zu bestimmten Tageszeiten durfte ich die Stube nicht betreten. Ich wußte längst, daß es jene Uhrzeit war, zu der Radio Moskau sendete (der andere Opa hörte unter gleicher Geheimhaltung Radio London). Opa ging in die Küche, ich lief ihm nach und blieb an der Küchentür stehen. Opa lief durch die Küche, hin und her, vom Herd bis zum Fenster und vom Fenster zum Herd ohne Unterlaß. Oma saß auf einem der Küchenstühle, bewegungslos. Dann begann Opa Arno zu sprechen, erst murmelnd, dann leise, dann laut: »Endlich hat dieser Verbrecher seinen Krieg verloren! Der Hitler, das Schwein. Endlich hat er seinen Krieg verloren!« Und nach dem Triumph kam übergangslos der Klageruf: »Mein Arno, mein Arno!« Er lief und lief. Opa war ein völlig anderer. Ich hatte ihn nie zuvor so gesehen. Das Gesicht lachte und weinte, nicht gleichzeitig, sondern abwechselnd, unablässig, hin und her wie seine Gänge. »Endlich hat dieser Hitler, dieser Verbrecher eine auf die Schnauze gekriegt! Wir gewinnen den Krieg. Wir gewinnen den Krieg. Wir – und nicht die Faschisten.« – »Oh, mein Arno, mein Arno!« Das wiederholte er wieder und wieder.

Ich stand wie festgenagelt an meinem Platz zwischen dem Türrahmen. Oma saß auf ihrem Stuhl, sie starrte auf das Küchenbüffet, welches ihr gegenüber stand. Hinter der dicken, dunkelbraun gerahmten Brille zeigte ihr Gesicht keinerlei Ausdruck. Sie weinte auch nicht, nur ab und an wiederholte sie, in die Gänge ihres Mannes hinein, mit ruhigem Ton: »Nicht so laut, der Junge. – Nicht so laut, der Junge.« Damit meinte sie mich.

Von Onkel Arno haben wir nie wieder etwas gehört. Doch der Verbrecher und seine Gönner hatten ihren Krieg verloren. Mein Opa Arno war ein großer Mann.

Opa Arno verjagt die deutsche Wehrmacht aus seinem Garten.

Es war duftendes Frühlingswetter in den letzten Apriltagen des Jahres 1945. Die Bombenangriffe der Engländer und Amerikaner hatten aufgehört. Über der Stadt lag Sonne und eine seltsame Stille. Leipzig hatte, um seine Unschuld zu beweisen, seine Bettlaken aus den Fenstern hängen. Aus dem Süden hörte man letztes Grollen. Drei Straßenbahnhaltestellen von uns entfernt hatte eine Pimpf einen Sherman-Panzer abgeschossen. Die Leute sagten: es hieße, um das Völkerschlachtdenkmal würde noch gekämpft. Opa, natürlich ein Anhänger Napoleons, sagte: »Scheißvölkerschlachtdenkmal«, holte den Handwagen aus dem Keller, nahm seinen Enkel bei der Hand und machte sich auf, um im Garten nach dem rechten zu sehen. Jeder eine Hand an der Deichsel, liefen wir die Gießerstraße an Mätzschkers Festsälen vorüber – die Fenster und Türen waren zugenagelt, es gab keine Gefangenen mehr –, bogen in die Antonienstraße ein, überquerten die Polackenbrücke, durchliefen, uns von nun an links haltend, die Meyerschen Häuser (in denen sich, so sagten die Leute, Opa schwieg dazu, Kommunisten versteckt halten sollten), kamen nach der Endhaltestelle der

Straßenbahn Nr. 1 auf das freie Feld, passierten Sack's Villa, auf einem ummauerten großen Areal gelegen, vor dem Opa, so oft ich mit ihm daran vorüberlief »Scheißkapitalisten« knurrte, und erreichten schon nach einer dreiviertel Stunde den im Westen der Stadt gelegenen Garten in Schönau, denn Opa hatte seinen Kürassierschritt zugelegt.

Der Garten war kaum kleiner als die Auffahrt zu Sack's Villa. Man betrat das Grundstück durch ein weißangestrichenes, hölzernes Lattentor, passierte Omas Geburtshaus mit den kleinen, sauren »Trompeter-Weintrauben«, jetzt im April waren nur die gewundenen dünnen Stöckchen sichtbar, an denen sie im Spätsommer unversüßt lockten. Hinter den Weintrauben und dem sich anschließenden Geräteschuppen, der Stall genannt wurde, dehnte sich der Garten mit vielen Bäumen. Die Kirsche blühte schon, die Pflaumen wollten gerade, und die Äpfel verharrten noch. Der Garten war länglich und endete am Feld. Hinter dem breiten Feld befanden sich viele Kasernen.

Die zwei Soldaten aber, mit ihren Spaten, gruben nicht auf dem Feld, nicht in den Kasernen, sie gruben in Opas Garten. Sie hoben die letzten Schützengräben des 2. Weltkrieges aus.

Ich sah sie als erster. Ich war begeistert. Noch nie hatte ich die deutsche Wehrmacht im Einsatz, so nahe wie jetzt gesehen. Tote Menschen schon, nach den Bombenangriffen hoffte man ja als Kind, daß man nach der Entwarnung welche fände, um sie danach auf geheimnisvolle Weise wieder zum Leben erwecken zu können oder sonstwie zu retten. Doch deutsche Soldaten waren da nie dabei, höchstens mal ein Feuerwehrmann, sonst nur Zivilisten. Und nun das!

Zugegeben, sie sahen nicht wie in der »Deutschen Wochenschau« aus. Sie hatten weder Waffenrock noch Koppel,

Schulterriemen, Patronengurt, Seitengewehr, Handgranaten, Karabiner, Maschinenpistolen, Revolver, alles fehlte. Sie hatten nur Hosenträger mit Hosen an und jeder einen Spaten in der Hand und standen bis zu den Knobelbechern im selbst Gegrabenen. Ich stand wenige Schritte von ihnen entfernt, sie hatten mich nicht bemerkt.

Da tauchte Opa auf. Die Soldaten hielten inne. Opa hatte vorher noch im Stall zu tun gehabt, stand jetzt neben mir, faßte meine Hand, zog mich hinter sich, und dann hörte ich ihn brüllen: »Wollt ihr euch wohl wegmachen, ihr Strolche. Haut ab. Aber schnell. Rennt zu eurem Hitler.« Opa hatte ein krummes Stöckchen in der Hand, es drohte in der Luft und erschien wie Zeusens Donnerkeil. »Macht euch weg aus meinem Garten! Wie sieht denn das hier aus? Wer soll denn den Dreck wieder wegräumen? Ich haue euch die Hucke voll!«

Die beiden Landser sprangen aus ihrem Graben, packten ihre Karabiner, die sie mit einem Male doch hatten. Der eine von den beiden war aschfahl im Gesicht. Ich hörte ihn etwas stottern. Beim anderen glaubte ich eine etwas bedrohlichere Haltung zu entdecken, in jedem Fall war sein Gewehr halb auf meinen Opa gerichtet. Ich glaube, es war eine unentschlossene Situation. Da erhielt ich von Opa einen Stoß, ich fiel in die frisch gepflanzten Erdbeeren. Opa Arno schritt auf den Karabiner zu, stand vor dem Manne, holte mit seinem Arm Schwung aus dem Rücken, seine Hand dumpfte auf die Schulter des letzten Soldaten der deutschen Wehrmacht, und ich hörte Opa mit einer Stimme, die aus dem Gartenboden zu kommen schien, sagen: »Kamerad, geh zu deiner Mutti!«

Und da liefen die beiden Soldaten weg.

»Alle Räder stehen still, wenn dein starker Arm es will.« Arno Haepe glaubte das. Er glaubte an das Ende der ewig wiederkehrenden Wiederholungen, dieses: Das war schon immer so. Er setzte dagegen: »Es wird werden.« Dafür wollte er die Räder anhalten. Sie liefen in die falsche Richtung. 2 Weltkriege zeigten es. Seine erwiesene Machtlosigkeit machte ihn schweigsam. Er wurde ein lesender Arbeiter, der keine Fragen stellte.

Verbitterte er? Ich meine, nein: Er war ein gebildeter Mann. Seine Alma mater war der Leipziger Arbeiterbildungsverein. Er kannte August Bebel persönlich. Er war Gewerkschaftsfunktionär, und Mitglied beim Konsum war man in jenen Jahren aus einer heute unbekannten Überzeugung heraus. Arno Haepe las Magnus Hirschfeld, das Kommunistische Manifest besaß er in der Erstausgabe, und er liebte Theater, Konzerte und besonders Opern. Schon damals eine Rarität unter seinesgleichen. Er war ein Einzelgänger. Auch in der Ehe.

In der Familie galt Oma Minna als herzensgut und dumm. Und es ist die Möglichkeit nicht auszuschließen, daß ihr Kernsatz: »Lesen verdirbt die Augen und Politik den Charakter« ihre Bewaffnung im Ehekrieg war. Aber ihre Herzensgüte war gescheit. Ein aus Frankreich stammender Arbeitskollege von Arno, ein Witwer, starb und hinterließ eine fünfjährige Tochter. Opa brachte die kleine Louise eines Tages mit nach Hause, und Oma zog zu ihren zwei Söhnen noch eine vierte Tochter auf. Das war nach dem ersten Weltkriegsgeschehen. In Zeiten des Hungers. Und Haepes waren arme Leute.

Als der Zweite Weltkrieg für Arno Haepe gewonnen war und Stalin den Hitler besiegt hatte, sahen wir ihn monatelang fröhlich. Seine Volksnähe war stets dem Plebs bedrohlich. Zum Entsetzen der Familie setzte er sich aktiv für die Vereinigung der beiden deutschen Arbeiterparteien ein. Ich erinnere mich einer Aktivität besonders: Einige Tage lang war die Wohnung meiner Großeltern, auch bei Sonnenschein, sehr dunkel. Opa hatte alle Fenster von innen zugeklebt – mit Plakaten, die zur Vereinigung aufriefen. Auf das Argument, wie er als überzeugter Sozialdemokrat und Mitglied dieser Partei seit den neunziger Jahren des vorigen Jahrhunderts mit Kommunisten paktieren könne, fügte er seiner stereotypen Antwort: »Das versteht ihr nicht« den Satz hinzu: »Damit wir nie wieder einen Hitler kriegen.« Und blieb unverstanden. Ein Vorgang, der ihn nie zu kümmern schien. Für Arno Haepe hatte der starke Arm gesiegt.

Mit dieser Überzeugung bleibt mein Opa für mich ein großer Mann. Rückschläge zu ertragen, das habe ich von ihm gelernt. Er hat geprägt, er tut es noch. Hätte ich sonst diesen Satz bis heute nicht vergessen, den er mir an einem Nachmittag sagte, als ich etwas wundgeprügelt von einer Straßenschlägerei heulend in einer Hofecke gelandet war? »Die Mehrheit ist dumm, eine Minderheit hat sich die Aufgabe gestellt, die Mehrheit aus ihrer Dummheit zu retten, dafür jagt die Mehrheit diese Minderheit. Wehe, wenn ich dich jemals auf der Seite der Mehrheit finde.«

So fand man mich im Jahre 1989 nicht auf den Novemberplätzen. Ich war nicht dabei, als das Volk sich selbst enteignete. Und ich gehörte später auch nicht zu jener Minderheit, die von einem dritten Weg öffentlich träumte und statt dessen die Friedrichshagener Mannen hätte zitieren sollen: »Wieder mal viel Pech gehabt heute.« Denn daß die Menschenwelt in zwei Lager geteilt ist, daran hat sich nichts geändert, und daß eine Minderheit, welche auf Kosten der

Mehrheit und mit ihrer Hilfe immer reicher wird, nicht Opas Minderheit ist, also auch nicht die meine, das wird der geneigte wie auch der ungeneigte Leser nicht nur, so gebe ich meiner Hoffnung Ausdruck, durch meine Geschichte von Opa Arno schon längst bemerkt haben. Jedenfalls hoffe ich, daß nicht nur bemerkt wurde, wie schwer, sondern auch wie vergnüglich es ist – die Mitte zu halten.

O das Volk, dieser arme König in Lumpen, hat Schmeichler gefunden, die viel schamloser als die Höflinge von Byzanz und Versailles. Diese Hoflakaien des Volkes rühmen beständig seine Vortrefflichkeiten und Tugenden und rufen begeistert: ›Wie schön ist das Volk! Wie gut ist das Volk! Wie intelligent ist das Volk!‹ – Nein, ihr lügt. Das arme Volk ist nicht schön; im Gegenteil, es ist sehr häßlich. Das Volk ist gar nicht gut; es ist manchmal so böse wie einige andere Potentaten. Seine Majestät das Volk ist ebenfalls nicht sehr intelligent; es ist vielleicht dümmer als die andern, es ist fast so bestialisch dumm wie seine Günstlinge. Liebe und Vertrauen schenkt es nur denjenigen, die den Jargon seiner Leidenschaft reden oder heulen, während es jeden braven Mann haßt, der die Sprache der Vernunft mit ihm spricht, um es zu erleuchten und zu veredeln. So ist es in Paris, so war es in Jerusalem. Laßt dem Volk die Wahl zwischen dem Gerechtesten der Gerechten und dem scheußlichsten Straßenräuber, seid sicher, es ruft: ›Wir wollen den Barnabas! Es lebe der Barnabas!‹ – Der Grund dieser Verkehrtheit ist die Unwissenheit; dieses Nationalübel müssen wir zu tilgen suchen mit den dazugehörigen Butterbröten und sonstigen Nahrungsmitteln. Und wenn jeder im Volke in den Stand gesetzt ist, sich alle beliebigen Kenntnisse zu erwerben, werdet ihr bald auch ein intelligentes Volk sehen. Vielleicht wird dasselbe am Ende noch so gebildet, so geistreich, so witzig sein, wie wir es sind, nämlich wie ich und Du, mein teurer Leser.

Diesen Text fand ich im Oktober 1989 bei Heinrich Heine. Ich stellte davon einen Theaterabend zusammen, den ich »Eher kommt ein Kamel durch ein Nadelöhr, als daß ein Reicher ins Himmelreich käme« nannte. Premiere hatte das Ganze 1990.

1990 mit Marx und Engels.

SCHULWEGE.

Meine erste Enttäuschung in der ersten Klasse meiner ersten Schule war ein sprechendes Pferd. Es war nicht das erste Pferd, das ich sah, wohl aber das erste, welches sprechen konnte.

Die 50. Volksschule in Leipzig-Kleinzschocher und unsere Wohnung trennten nur eine Straße und ein Schulgarten. Wie breit auch die Straße und wie groß auch der Garten, das Klassenzimmer war in 3 Minuten erreicht. Eines Tages führte uns der Klassenlehrer auf den Schulhof. Auf dem Schulhof stand ein Mann. In der Hand hielt er einen Zügel. Angebunden an dem Zügel stand ein altes Pferd. Der Klassenlehrer zeigte auf den Mann, dann auf das Pferd und sagte, das wäre das sprechende Pferd. Dann gab er dem Mann am Zügel ein Zeichen mit dem Kopf. Da wendete sich der Mann am Zügel zu dem Pferd und sprach zu ihm. Gebannt hörten wir den Mann dem Pferd eine Frage stellen. Die Frage lautete: »Wieviel ist 6 und 6?« Der Mann trat einen Schritt zurück, sah das Pferd an und hob einen Arm. Das alte Pferd spitzte die Ohren und sah den Mann an. Es entstand eine lange Pause, der Schulhof war ganz still. Nur unseren Lehrer hörten wir schnaufen. Er stammte aus der Prignitz und hatte Asthma. Urplötzlich brach das Schnaufen ab, und die Stille war zu Ende – das alte Pferd schlug mit dem linken Huf auf den Boden des Schulhofes. Wir zählten, aufgefordert vom Lehrer und dirigiert vom sich hebenden und senkenden Arm des Mannes, mit: Wir zählten zwölf Schläge!

Dieser phantastische Vorgang wurde noch 4 Mal wiederholt. Auf entsprechende Fragen kam einmal 6 heraus und einmal sogar 32, dann gingen wir wieder zurück in unser Klassenzimmer.

Wir fanden den Mann am Zügel geheimnisvoll und bewunderten das sprechende Pferd. Dennoch: Ich war enttäuscht, denn unter Sprechen hatte ich mir nicht Rechnen vorgestellt. Rechnen war schon seinerzeit mein wunder Punkt.

In allen anderen Fächern war ich variabler: In Deutsch und Geschichte meistens eine 2, in Ausnahmefällen eine 1, in allen anderen Fächern 3, 4, 5 und in seltenerer Anzahl 6, letzteres, wie vorangestellt, beim Rechnen. Ärgern tat mich, wenn ich im Sport statt der verdienten 1 eine 2 bekam.

Doch der Ärger hielt sich in Grenzen, denn der Bombenkrieg auf die Städte nahm zu und damit die Verlagerung der Schulen von den Städten auf das Land. Das bedeutete weniger Unterricht und damit verbunden auch weniger Zensuren. Statt dessen viel reisen. Denn diese Schulevakuierungen liefen in Schüben. Kaum waren wir in dem einen Lager angekommen, mußten wir wieder zurück nach Leipzig, um ein paar Wochen später das nächste Lager anzureisen. Möglicherweise bekam die dem Menschen innewohnende Reiselust, die ursprünglich von dem Mangel an Lebensmitteln herrührt, bei mir den ersten Dämpfer.

Einmal, wir waren gerade wieder in Leipzig, mußte ich, es war in der 3. Klasse, nachsitzen. Ich wurde auf den Nachmittag bestellt und nahm an einer Unterrichtsstunde in der 7. Klasse teil. Herr Schönherr, der Lehrer, der mein Strafmaß gesetzt hatte, setzte mich in die letzte Reihe und behandelte in dieser *Geschichtsstunde* den »Gang nach Canossa« und stellte Fragen zum Thema. Da keiner von den

Als Schulanfänger.

großen Schülern Interesse an den Fragen zeigte, meldete ich mich durch Handaufheben. Herr Schönherr gestattete, und ich erzählte, was ich gerade gelesen hatte, ohne dieses zu erwähnen: »Heinrich der Vierte, Deutscher König, erklärt den Papst Gregor VII. im Jahre 1077, in einem von Worms abgeschickten Brief, adressiert an den Mönch Hildebrand, für abgesetzt. Papst Gregor rächt sich und belegt Heinrich mit dem Bann. Daraufhin reist Heinrich nach Canossa und bleibt 3 Tage mit nackten Füßen im Schnee stehen, bis der Papst ihn vom Bann wieder entband. Dahinter stand die Fürstin Mathilde.« Dem leuchtenden Auge des Herrn Schönherr sah man meinen Erfolg an. Er lobte mich, hob mich den älteren Schülern gegenüber hervor und schickte mich vor der Zeit nach Hause.

Die Folge meiner schon früh gezeigten Neigung, mich in Lichter zu stellen, war, daß man mich einige Wochen später für die Adolf-Hitler-Schule in Vorschlag brachte. Dieser Vorschlag brachte meine Mutter in dunkle Verlegenheit. Aus dieser Dunkelheit wußte sie sich nach kurzer Bedenkzeit zu befreien. Sie kam zu dem Schlusse, daß jetzt ein guter Rat nötig wäre. Aber von wem?

Zu ihrem Vater konnte sie nicht gehen, Opa Arno hätte sie allein für das Ansinnen vor die Türe gesetzt. Zu wem also sollte sie gehen in einer Zeit, die nicht ohne Risiko war, wenn eine Mutter die Frage stellte: »Laß ich mein Kind auf die Adolf-Hitler-Schule gehen, oder laß ich mein Kind nicht auf die Adolf-Hitler-Schule gehen?«

Margarethe Esche, geborene Haepe, ging das Risiko ein, sie ging zu Herrn Möbius. Herr Möbius war der ungewöhnlichste Partner, den sie sich hätte aussuchen können: Herr Möbius war Blockwart der NSDAP. Doch Herr Möbius gab einen Rat, wie er nicht zu erwarten war, aber, da bin ich sicher, wie meine Mutter ihn erhoffte, er riet ab.

»Frau Esche, dieser Krieg ist nicht zu gewinnen«, zitierte meine Mutter noch viele Jahre danach Herrn Möbius in Dankbarkeit. Der immerhin diese Erkenntnis im Jahre 1942 aussprach.

1945, bei einem der letzten anglo-amerikanischen Bombenangriffe, traf eine Sprengbombe ein Haus in unserer nächsten Nachbarschaft, das Wohnhaus von Herrn Möbius in der Klarastraße 8.

Herr Möbius stand in seiner Funktion als Blockwart auch im Dienste einer Luftschutzkommission. Ich wußte, diese Kommission hatte ein Zimmer in der obersten Etage der 50.

Volksschule belegt. Direkt unter dem Dach. Diesem war von altersher aus schmückenden Gründen ein Türmchen aufgesetzt. Ich wähnte, daß in diesem Türmchen bei Fliegeralarm der Herr Möbius säße, um nach amerikanischen Flugzeugen Ausschau zu halten, um, wenn er welche entdeckt hatte, die Sirene tuten zu lassen. Was Herrn Möbius bei mir keine Pluspunkte brachte, da das Schlimmste bei den Angriffen für mich die Sirenen waren, die einen aus dem Schlaf rissen. Nacht für Nacht hatte ich mit meiner Mutter das gleiche Problem. Ich verstand sie nicht, wenn sie vor meinem Bett stand und sagte: »Steh auf, Eberhard, wir müssen in den Keller gehen.«

Herr Möbius war also in jener Nacht nicht zu Hause, wohl aber seine Frau. Merkwürdigerweise war der Luftschutzkeller in der Klarastraße 8 durch die Explosion nicht verschüttet worden, sondern freigelegt, und die Leute sagten später, die Insassen hätten den Tod durch den Luftdruck gefunden. Das hielten wir Kinder für möglich, denn im ehemaligen Luftschutzkeller konnte man nun eine Stelle sehen, an der jemand mit dem Kopf gegen die Wand geschlagen worden war. Später wählten wir Kinder diese Stelle zum »Freischlagen« beim Versteckspiel. Die Stelle blieb noch Jahre danach gut markiert. An der weißen Kellerwand klebten die grauen Haare von Frau Möbius.

Dann kam der letzte Bombenangriff, und 10 Tage später war der Krieg zu Ende und die Amerikaner sammelten Nazis und schickten sie zur Zwangsarbeit in ein nahegelegenes Wäldchen. Einmal schlug ich meinen Spielkameraden vor, zur Elsterbrücke zu gehen, da kämen um 5 die Nazis. Und als die kamen, in Zweierreihe, den Spaten geschultert, zeigte ich auf einen, den ich kannte und rief: »Ein Nazi, ein Nazi!« Es war Herr Möbius. Der müde Blick, den ich von ihm erhielt, erschreckte mich, und ich schämte mich. So kann man sich schon in der Kindheit Gründe für eine lebenslängliche Scham legen. Auch wenn ich zu jenem Zeitpunkt nicht wissen konnte, daß ich es ihm zu verdanken hatte, daß ich kein Adolfhitlerschüler geworden bin.

Statt dessen wurde ich Wirtschaftsoberschulenschüler. Meine Mutter wollte mich als etwas »Besseres« sehen, und in ihrer Vorstellungswelt war das Bessere das gleiche, was ihr Mann gewesen war: Reisevertreter. Oder Kaufmann, wie Margarethe sich verhalten vornehm ausdrückte. Die Wirtschaftsoberschule war die Schule, auf der schon Carl Louis, mein Großvater, und Fritz, mein Vater, gelernt hatten. Nur daß sie damals hieß, wie sie heute wieder heißt: »Öffentliche Handelslehranstalt Leipzig.« Die Bedingung für die Aufnahme auf die Wirtschaftsoberschule war eine erneute Evakuierung.

Es handelte sich hierbei um die schon oben erwähnte Schulevakuierung, Sammelbegriff Kinderlandverschickung. Diese Lager, KLV-Lager genannt, waren eingerichtet worden, um die Kinder der Großstädte den Fliegerangriffen zu entziehen. So landete ich im Vogtland mitten im Wald, in stiller Abgeschiedenheit. Die darin gelegene kleine Häusergruppe hieß Grünheide; das größte Haus beherbergte das Hauptlager. Der Nachbarort hieß Georgesgrün und bestand aus nur einem Haus, dem Forsthaus.

Ich kam mit meinen 11 Schulkameraden in das Forsthaus, und jeden Morgen liefen wir einen schönen kurzen Schulweg zum Hauptlager hinunter, in welchem sowohl der Unterricht als auch, das Wichtigste, die Mahlzeiten stattfanden. Hier wohnten auch die größeren Schüler, zirka 40 an der Zahl. So kamen auf diese zirka 50 Schüler drei Lehrer. Auf diese 3 Lehrer kamen 4 Fächer: Englisch, Deutsch, Rechnen, Erdkunde und inoffiziell ein fünftes – Spazierengehen. In Schulwegen gedacht, sicherlich der interessanteste Weg, und bis heute mein liebstes Fach. Kurz vor Beendigung des Krieges und vor dem Einsetzen der schweren Luftangriffe auf Leipzig wurde das Lager aufgelöst, und wir kamen nach Leipzig zurück, und die Schulwege fielen aus, denn die Schule blieb geschlossen.

Diese Zeit der fehlenden Schulwege gehört zu den spannendsten Erinnerungen meiner Jugend. Waren die Väter nicht im Krieg gefallen oder, wie mein Vater, schon vor dem Krieg gestorben, gingen die Mütter arbeiten, die Großmütter waschen und kochen, und die Söhne waren frei. Diese Freiheit bedeutete: Eigenverantwortlichkeit. Wir machten den Haushalt, wir standen Schlange vor den Lebensmittelgeschäften, und was es nicht zu kaufen gab, das wurde eben geklaut. Wir klauten Nahrungsmittel, wo es welche zu klauen gab, und fanden dennoch, schulfrei, wie wir nun mal waren, unendlich viel Zeit zum Spielen. Nur die Nächte wurden beherrscht von den Sirenen des Fliegeralarms.

Nicht jede Nacht war Leipzig das Ziel der Angriffe amerikanischer und englischer Bombenflugzeuge. Superfestungen, wie sie verklärend genannt wurden. Doch in den wenigen Wochen, die den Nazis bis zu ihrer Kapitulation noch verblieben, heulten für uns die Sirenen Nacht für Nacht. Und Nacht für Nacht mußten wir in den Luftschutzkeller gehen, selbst wenn das Ziel der Flugzeuge einmal nicht Leipzig wurde. Geschah es aber, daß die Superfestungen ihre Ladungen über Leipzig ausklinkten und schlugen die Bomben in der Nachbarschaft ein, bleiben mir aus dieser Zeit unter den vielen Erlebnissen zwei in besonderer Erinnerung.

Frau Wunderlich, eine Hausbewohnerin, von der meine Mutter warnend sagte, daß sie, wenn ich im Treppenhaus nicht mit Heil Hitler grüßen würde, ins Gefängnis käme und in deren Gegenwart ich nie sagen dürfe, daß Hermann Göring dick sei, diese Frau Wunderlich lag, wie alle anderen auch, wenn das Haus von den Einschlägen der Bomben dröhnte, auf dem kalten Fußboden des Luftschutzkellers und betete: »Komm, Herr Jesus, sei unser Gast und segne, was du uns bescheret hast.« Da in den letzten Kriegstagen vermehrt auf Leipzig Bomben fielen, konnte man Einschlag für Einschlag Frau Wunderlichs Gebet hören. Und Einschlag für Einschlag hielt mir meine Mutter die Hand vor den Mund, denn ich fand Frau Wunderlich jedes Mal wieder komisch. So habe ich das Kriegsende in der leibhaftigen Erinnerung, Mutters Hand auf dem Mund zu haben.

Die andere Erinnerung: Heulte die Sirene den langen Ton der Entwarnung, waren die Straßen oft in Nebel gehüllt, und wir Kinder suchten die Nachbarschaft ab, um in getroffenen Häusern verschüttete Menschen zu retten. Natürlich spielte die Rettung sich mehr in unserer Phantasie ab, die genährt war vom Anblick der von der Feuerwehr und kriegsgefangenen Russen geborgenen, in Reihe gelegten Leichen der Nachbarn, die wir zu identifizieren suchten. Die Angriffe fanden inzwischen am Tage statt. Es war schon merkwürdig, da lag Frau Schumann, Bubis Mutter, die uns noch 2 Stunden vorher aus ihrem im Parterre gelegenen Balkon beschimpft hatte, wir sollten beim Spiel nicht so brüllen. Und nun lag sie im Hof vor ihrem Balkon und war tot.

Im Frühjahr 1946 begannen wieder die Schulwege. Diesmal der lange Weg vom Leipziger Westen in die Leipziger Innenstadt. Sieben Jahre war ich nun zur Schule gegangen, wovon fast 2 Jahre überhaupt keine stattfand und 1 Jahr lang der beschriebene Unterricht in Grünheide. Dennoch hatte ich nicht nur das Schreiben und das Lesen gelernt und in gewisser Weise das Rechnen, sondern auch das Zusammenleben mit den anderen.

Ich wußte nun den Unterschied zwischen Lindenbaum und Eiche und konnte an den Spuren das Wildschwein, den Fuchs, den Dachs, das Wiesel und den Hirsch erkennen. Daß unser Deutsch- und Geschichtslehrer Dr. Kühn ein großer Lehrer war, wußten wir schon damals, uneingedenk der Tatsache, daß man den Wert der Schulzeit erst dann erkennt, wenn man die Schule schon lange verlassen hat. Und erst Jahre später wußte ich es zu schätzen, daß die Wirtschaftsoberschule Leipzig sehr viel mehr hervorragende Lehrer hatte. Bürgerlich humanistisch gebildete Lehrer, die, das war das Besondere, keine Nazis waren. Ich nehme an, daß der Sozialismus eine ihnen fremde Wissenschaft war. Aber dem Neuen, welches in der Sowjetischen Besatzungszone die Macht ausübte, standen sie mit Objektivität und einem gesunden Realitätssinn gegenüber. Die 4 Jahre regelmäßiger Schule, im Anschluß an die fast schullosen Jahre davor, haben zur Prägung des Folgenden entscheidend beigetragen.

Da war der Doktor Martin (ich nenne ihn stellvertretend für die Herren Dr. Mende, Dr. Lippold, Dr. Simon, den Russischlehrer und Torwart Schmidt und Dr. Kühn). Herr Dr. Martin war unendlich dünn, unendlich lang und unendlich alt. Es wuchs ihm ein unendlich langer Zeigefinger und kaum minder langer Daumen, wenn er in Schillers Gedicht »Der Handschuh«, bei der Stelle »... mit keckem Finger« diese *Greifer* bedeutsam hob und senkte, um den Handschuh »aus der Ungeheuer Mitte« zu packen. Als Dr. Martin, er war unser neuer Deutsch- und Geschichtslehrer, das erste Mal unser Klassenzimmer betrat – wir schenkten ihm keinerlei Aufmerksamkeit –, setzte er sich hinter sein Pult, betrachtete eine kleine Weile die provozierenden Volkshelden, wendete dann seinen Körper langsam dem Fenster zu, ließ dem seinen Hals, dann den Kopf folgen und schaute mit absolut traurigen Augen desinteressiert auf den Schulhof. Allmählich verstummte der Pöbel und begann mit aufgesetzter spöttischer Miene den Greis, der unbeeindruckt sein Desinteresse fortsetzte, zu beobachten. Doch dieser ließ das unbemerkt, was die Meute schließlich veranlaßte, in einen Zustand dumpfen Staunens zu verfallen. Damit begann in dem Klassenzimmer ein Schweigen von scheinbar unendlicher Länge. Länger war nur der Hals des Dr. Martin, der sich langsam zu uns zurückzudrehen begann, den Kopf nach sich zog und uns eine hohe Stirn sichtbar machte, von weißem Gewölle umrahmt, über sehr braunen, weichen Augen gelegen, unter denen ein weißschwarzes menjoubartähnliches Gekräusel einen kleinen vollen Mund nur wenig verbarg. Seinen Körper aber ließ er weiterhin zum Fenster gedreht, so blieb das Schweigen erhalten, während seine Augen über uns hinweg in ein fernes, trockenes Meer versiegter Tränen reichten, so lange, bis dieses wie Stunden während, Lähmung hervorrufende Schweigen abgebrochen wurde und eine Stimme trüber Traurigkeit unsere Sinne erreichte: »Kinder, mir ist das alles so egal.«

Man muß vielleicht erwähnen, daß wir, es mag 1947 gewesen sein, 14 und 15 Jahre alt waren, uns wahrlich nicht mehr als Kinder bezeichnen ließen, dazu waren wir durch die Kriegszeit und die Nachkriegsjahre zu unabhängig und selbständig geworden; unsere Wildheit, unser Wolfsgebaren glaubten wir uns in den Kämpfen ums Essen zu Recht erfochten zu haben. Unsere angeborene Scheu und den erzogenen Respekt vor Erwachsenen hatten wir gelernt zu verlernen, und – nun kommt da so ein dünner Mann in das

Klassenzimmer gestelzt, knickt seinen langen Körper zum Stuhl, wendet die Elefantenaugen zum Fensterrahmen, mißachtet unsere kriegserprobte Männlichkeit, nennt uns Kinder und gewinnt unsere Herzen.

Fortan hatten wir bis zur Schließung der Wirtschaftsoberschule, die in der Zwischenzeit den Namen gewechselt hatte und Ferdinand-Lassalle-Schule hieß, den besten Deutsch- und Geschichtsunterricht, der sich denken ließ. Es war bei Dr. Martin, daß eine »Tradition« begann, die auch auf andere Unterrichtsfächer überschwappte. Diese Tradition hieß: »Esche soll ein Gedicht aufsagen.«

Ich erwähnte Dr. Martins plastischen Vortrag vom »Handschuh«. Dieser machte mir Mut, und ich begann ebenfalls, wenn Literaturstunde war, plastisch zu arbeiten. Am liebsten mit Ludwig Uhlands Gedicht »Des Sängers Fluch«. Wenn ich gute Tage hatte, konnte ich bei allen, einschließlich meiner selbst, Tränen hervorrufen. Wie, Jahrzehnte später, mein einstiger Partner bei der legendären Berliner »Jazz und Lyrik«-Veranstaltung, über mich zu sagen pflegte: »Gedichte kann er sprechen.« Was mich wiederum ein wenig an meiner Mutter Verhältnis zur Sowjetunion denken ließ, wenn sie sagte: »Tanzen und singen können sie ja, die Russen.«

Mein Ruf als poetisches Talent blieb den anderen Lehrern nicht verborgen, und so war es oft, daß meine Mitschüler, wenn ihre Lust auf Lernen der Erholung bedurfte, mit der Forderung »Esche soll ein Gedicht sprechen« nicht auf taube Ohren stießen. Die Wiederholungsfälle sind möglicherweise auf das Vorhandenseins des Schwarzen Marktes, zwischen Hauptbahnhof und Schule gelegen, zurückzuführen, da einige von uns weniger im Gedichtaufsagen, desto mehr aber im Tauschgeschäft Beachtliches zu leisten vermochten. Und manche gute Zensur geht, das ist eine Unterstellung, auf ein Dreipfundbrot oder ein Pfund Zucker zurück. Sicher aber war in der zeitweisen Verlängerung der Großen Schulpause ein Zusammenhang mit dem Schwarzmarkt zu vermuten. So ist die Zwischenbemerkung gestattet: Wenn ich auch nicht rechnen konnte, mein poetisches Talent stand dennoch mit Geschäften in einem gewissen Zusammenhang.

1950 wurde die Schule geschlossen und aufgelöst. Ich hatte das 16. Lebensjahr erreicht und damit die »Mittlere Reife«. Um noch bis zum Abitur zu kommen hätte ich auf eine andere Schule gehen müssen. Dazu fehlte meiner Mutter das Geld, und sie schickte mich statt dessen in eine kaufmännische Lehre bei »Kraftfahrzeug–Zubehör«. Diese Firma, nach dem Krieg abgekürzt »KFZ am Friedrich-Engels-Platz« genannt und bis zum Kriegsende »KZ–Kraftfahrzeug und Zubehör am Fleischerplatz« heißend, gehörte einem Herrn Werner.

Herrn Werner lernte ich noch persönlich kennen. Es war beim Vorstellungsgespräch. Er saß hinter seinem Schreibtisch und rauchte eine Zigarre. Meiner Mutter hatte er, weit entfernt, auf einem Stuhl neben der Tür Platz gewiesen, und ich stand zwischen beiden in der Mitte des niedrigen, aber weiten Raumes. Paffend musterte mich der Herr Werner, die Pause hielt er machtvoll, um sich endlich zu erbarmen und in dieses Arrangement hinein seine erste Frage zu stoßen: »Sind Sie Kommunist?!« Von der Tür her hörte ich meine Mutter eifrig rufen: »Nein, aber nein!« So enthob sie mich der Antwort. Offen gesagt, hätte ich damals auch gar nicht gewußt, was ich darauf hätte antworten sollen. Denn in puncto Kommunismus hatte ich meinen Esche-Großvater in Erinnerung. Carl-Louis pflegte sehr oft und sehr gern zu sagen: »Am Haarschnitt und den ungeputzten Schuhen erkenne ich den Kommunisten.« Doch für das Gespräch mit Herrn Werner hatte mich meiner Mutter Fürsoge zum Friseur geschickt und angehalten, die Schuhe zu putzen.

Kurz nach diesem Gespräch war Herr Werner, wie man in Sachsen sagt: »... nach dem Westen gemacht.« Er war also abgehauen, und die Firma, in der ich nun eine kaufmännische Lehre begann, wurde von mehreren einander ablösenden Prokuristen geführt, die im Laufe meiner Lehrzeit einer nach dem anderen Herrn Werner ins Abgehauen folgten.

Das Interesse der Firma an mir begann, als meine Lehrzeit beendet war. Sie war gesetzlich verpflichtet, mich weiterzubeschäftigen, nun in der gehobenen Position als Verkäufer für Autoersatzteile und Schlauchbandschlösser. Doch als ich ihr versichern konnte, daß ich die Absicht hegte, zur Schauspielschule zu gehen, zeigte die Firma sich erleichtert und dankbar zugleich und schrieb mir eine erstklassige Referenz. Welche mir niemals wieder etwas nützte. Doch mich gleichzeitig der Erkenntnis nahebrachte, daß man für schlechtes Arbeiten hoch gelobt werden kann.

Daß ich den Mut zur Schauspielschule fand und die Schulwege wieder aufnahm, verdanke ich Dr. Martin. Der Begriff »Schauspieler« wurde in der Gegend, in der ich aufwuchs, meist nur als Schimpfwort gebraucht. Denn passierte es, daß es beim Spielen zu Handgreiflichkeiten kam und der Unterlegene zu weinen begann, sagte man gerne und voller Verachtung: »Du Schauspieler!« Wurde einer beim Schwindeln erwischt: »Du Schauspieler!« Kam einer unbemerkt von hinten, um einem ein Bein zu stellen: »Du Schauspieler!« Folglich schämte ich mich, von meinen Absichten zu sprechen.

Doch etwas mußte geschehen. Geschichte hätte ich gerne studieren wollen, da aber die Wirtschaftsschule unvermittelt geschlossen wurde, konnte ich das nötige Abitur nicht machen. Dieses auf einer anderen Schule nachzuholen hätte ein existentielles Problem ergeben. Meine Mutter hatte einer Hypothek wegen, von deren Zinsen wir bisher lebten, es waren 150 Mark im Vierteljahr, mehrere Prozesse verloren und das Armenrecht beantragen müssen. Es waren Prozesse, deren Gegenstand an Armseligkeit nicht leicht zu überbieten war und die letztlich nur durch die himmlische Sturheit von Margarethe Esche entstanden waren. Diese Sturheit wurde gestützt von einem bekannten Leipziger Rechtsanwalt, dessen Argumentation auf der Annahme beruhte, daß die Amerikaner bald wiederkämen und daß es nur eine Frage der Zeit sei, bis die alten Besitzverhältnisse wiederhergestellt wären. Margarethe solle also durchhalten. Durchhalten, sagte er, bis er nach dem Westen abhaute. Und er erfreute meine Mutter sehr, als er ihr von dort schrieb, sie solle durchhalten.

Margarethe hielt durch und fragte Frau Wunderlich. Frau Wunderlich kannte, wie konnte es anders sein, Kartenlegerinnen, Sternkundige und Kaffeesatzleserinnen. Deren Aussagen auf die Hauptfrage lauteten fast gleich. Entweder: Die Amerikaner kommen bald. Oder: Die Amerikaner kommen gleich. Wie eine Micheline Kohlhaas kämpfte Margarethe Esche gegen eine Verordnung der Sowjetischen Militäradministration, welche in der Tendenz gegen reiche Leute gerichtet war, bei idiotischer Auslegung aber, und die lag hier vor, kleinen Leuten heftig an die Möbel klopfte. Bis an den unseren schließlich der »Kuckuck« klebte. Der Gerichtsvollzieher war unser Gast. Ich habe ihn als einen freundlichen, etwas verlegenen Mann in Erinnerung.

Margarethe bekam von ihrem Lohn als Betriebsschwester, und der war mit 240 Mark niedrig genug, 120 Mark ausbezahlt. Mein Lehrgeld vom Auto-Zubehör konnte im ersten

Jahr die Wohnungsmiete von 60 Mark begleichen, im 2. Lehrjahr hätte ich für die Miete sogar 70 Mark zahlen können, und als Verkäufer wären es sogar 150 Mark gewesen. Als Schauspielschüler aber bekam man, wenn man kein Arbeiter- oder Bauernkind war, und das war ich nicht, sondern das Kind einer angestellten Krankenschwester mit Vögelchen an den Möbeln, nur 120 Mark. Doch auch hier zeigte es sich wieder, wie später noch so oft, daß das Rechnen nicht zu meinen hervorragenden Fähigkeiten gehörte, daß ich meinen Trieben mehr Raum gab als meiner Einsicht in die Realitäten.

Was also tat ich? Ich ging zu Dr. Martin. Ich wußte, wo er wohnte, und klingelte unangemeldet an seiner Tür. Er ließ mich ein wenig verwundert ein, hieß mich Platz nehmen und erkannte mich mehr an meinem Namen als an meinem Gesicht. Schließlich sagte er: »Esche, Esche? Warst du nicht der, der immer so schön Gedichte aufgesagt hat?«

Ich nickte.

»Naja, dann geh doch auf diese Schauspielerschule!« Und ich war wieder entlassen.

Dr. Martin war eben wirklich müde, aber hatte bestätigt, was ich, so stellte sich nun heraus, heimlich hoffte. Also bewarb ich mich und las das erste Mal in meinem Leben ein Theaterstück. Den »Faust«. Empfohlen war die Rolle des Schülers worden. Aber mir gefiel der Mephisto. Da ich nicht verstanden hatte, daß die Rollen immer nur einzeln vorzusprechen waren, übte ich sie zusammen. Besonders die Szene *Prolog im Himmel:*

MEPHISTOPHELES: *Da du, o Herr, dich einmal wieder nahst*
Und fragst, wie alles sich bei uns befinde,
Und du mich sonst gewöhnlich gerne sahst,

So siehst du mich auch unter dem Gesinde.
Verzeih, ich kann nicht hohe Worte machen,
Und wenn mich auch der ganze Kreis verhöhnt;
Mein Pathos brächte dich gewiß zum Lachen,
Hättst du dir nicht das Lachen abgewöhnt.
Von Sonn' und Welten weiß ich nichts zu sagen,
Ich sehe nur, wie sich die Menschen plagen,
Der kleine Gott der Welt bleibt stets von gleichem Schlag
Und ist so wunderlich als wie am ersten Tag.
Ein wenig besser würd er leben,
Hättst du ihm nicht den Schein des Himmelslichts gegeben;
Er nennt's Vernunft und braucht's allein,
Nur tierischer als jedes Tier zu sein.
Er scheint mir, mit Verlaub von Euer Gnaden,
Wie eine der langbeinigen Zikaden,
Die immer fliegt und fliegend springt
Und gleich im Gras ihr altes Liedchen singt;
Und läg er nur noch immer in dem Grase!
In jedem Quark begräbt er seine Nase.

DER HERR: *Hast du mir weiter nichts zu sagen?*
Kommst du nur immer anzuklagen?
Ist auf der Erde ewig dir nichts recht?

MEPHISTOPHELES: *Nein, Herr! Ich find es dort, wie immer, herzlich schlecht.*
Die Menschen dauern mich in ihren Jammertagen,
Ich mag sogar die armen selbst nicht plagen.

MEPHISTOPHELES allein: *Von Zeit zu Zeit seh ich den Alten gern*

Und hüte mich, mit ihm zu brechen.
Es ist gar hübsch von einem großen Herrn,
So menschlich mit dem Teufel selbst zu sprechen.

Und so übte ich diese Szene. Also die zwischen dem Herrn und Mephisto. Und die zwischen Schüler und Mephisto. Und die zwischen Faust und Mephisto. Indem ich alle Figuren, jeweils mit ihrem, wie ich meinte, ihnen eigenen Charakter ausgestattet, sprach und dabei in Margarethes »Gutem Zimmer« probte, um sie am Ende auf der Schauspielschule vorzusprechen. Natürlich alle zusammen. Die Rollen gefielen mir ja alle. Natürlich alle mit verstellter Stimme, den Herrn tief und gütig (ich hatte den lieben Gott sitzend dargestellt), und den Teufel hoch und quetschend (diesen sprach ich gebückt stehend, die linke Schulter hochgezogen). Ich drückte bei beiden mächtig auf die Stimme. Auch war es unausweichlich, die jeweiligen Positionen beider Figuren durch Hin- und Herspringen zu markieren. Glücklicherweise wurde ich kurz vor dem Termin des Vorsprechens noch gewarnt, daß das nicht üblich wäre, und ich ließ es – das Zusammensprechen. Nur beim Prolog im Himmel konnte ich es nicht lassen und sprach Gott und Teufel zusammen vor. Eben mit den verstellten Stimmen.

Die Aufnahmekommission gab sich erheitert und nahm mich auf und ich wieder die Schulwege.

Die Schauspielschule lag westlich am Rande der Leipziger Innenstadt in einer schönen Villa aus dem 19. Jahrhundert. Ich war beeindruckt, solch ein Haus zu betreten und von nun an in es zu gehören. Doch was mich wahrhaftig umwarf, waren die vielen schönen Mädchen.

Als ich noch bei KFZ – Kraftfahrzeug-Zubehör arbeitete, geschah es eines Tages, daß ein alter Kunde den Laden betrat und einem der Verkäufer die Frage stellte: Was habt ihr eigentlich für einen komischen Lehrjungen? Der legt sich in ein Schaufenster, was ich schon merkwürdig finde, hat einen Staubwedel in der Hand, wischt den Staub von den ausgestellten Artikeln. Hat er ihn gewischt, holt er einen Karton, schüttet einen Teil des Inhalts in das Fenster und nimmt das Wedeln wieder auf. Der Kunde hatte den Vorgang richtig beschrieben, denn genauso lag ich, so oft ich konnte, in einem der 11 Schaufenster des KFZ am Friedrich-Engels-Platz und wischte Staub. Da aber so eine Arbeit schnell erledigt war und ich auf die anderen Arbeitsmöglichkeiten nicht viel Lust verspürte, hatte ich mir einen Karton zu Seite gestellt. In diesem hatte ich Ersatzstaub gehortet. Hatte ich draußen fertig gewischt, griff ich hinter mich ins Ladeninnere, packte den Karton und schüttete eine neue Ladung des Stoffes in das Fenster. Dann begann ich aufs neue zu wedeln, einzig und allein, um vorbeilaufende schöne Mädchen zu sehen.

Und nun waren solche hier und liefen nicht weg und sprachen mit mir und duzten mich. Ich war glücklich und durfte mich – als Berufsbezeichnung – Schauspielschüler nennen. Eine Bezeichnung, die ich bei Ämtern meist noch einmal wiederholen mußte, da ich es vor Stolz und mit Scham gemischt, daß ich so stolz war, nicht deutlich genug aussprach.

Das wurde ein Jahr später etwas einfacher, da auch diese Schule umbenannt wurde von »Staatlicher Schauspielschule« in »Theaterhochschule Leipzig«, und fortan konnte ich mich Schauspielstudent nennen. Das ging flotter von der Zunge. Ich meine das Wort, nicht das Studium.

Da waren die Fortschritte Rückschritte. Ich verkrampfte

Chlestakow im »Revisor« von Gogol. Auf der Theaterhochschule in Leipzig, 1955.

mehr und mehr, doch davon ein paar Seiten später, in dem Kapitel »Von Meiningen nach Berlin«. Dennoch, es waren drei gute Jahre in der Leipziger Dimitroffstraße. Ich lernte sprechen. Mein bisheriges Sächsisch war nicht von der gehobenen Sorte, und es gaben sich die Sprecherzieher viel Mühe, mich in die Nähe des Hochdeutschen zu transportieren. Doch setzte ich das nun Gelernte beim Szenenstudium um, hörte man zwar nur noch das entfernte Sächsisch, aber dafür keinen Inhalt mehr. Zwar hätte ich den Inhalt des Stückes und der Rolle zu jener Zeit mit Sicherheit nicht spielen können, da ich den ja gar nicht begriff, aber bei dem Bemühen, das Hochdeutsche zu treffen, ging auch der letzte Rest an Natürlichkeit baden. Nein, ich hatte viele Schwierigkeiten mit mir, und es bleibt anzumerken, daß die Lehrer diese auch mit mir hatten. Aber es bleibt ebenfalls zu erwähnen übrig, daß sie sich das niemals anmerken ließen.

Erst Jahrzehnte später hörte ich, daß mein alter Sprecherzieher Georg Menzel, als er erfuhr, daß ich in Berlin mit Erfolg spielte und sprach, ausgerufen haben soll: »Das kann nicht wahr sein!«

Ich hole diese Anekdote nicht aus der Mottenkiste meiner Erinnerungen, um zu kokettieren, sondern um klarzustellen: Das Sächsische habe ich nie ganz verlieren können, es sei denn, um den Preis der Natürlichkeit. Vielleicht ist bei der Bemühung, Kunst und Natur zu verbinden bei mir etwas entstanden, was man den Esche-Ton nennt und was nichts weiter ist als das Bemühen, mein sächsisches Denken in Hochdeutsch auszudrücken. Was sächsisches Denken ist, wird der Leser erst erfahren haben, wenn er das ganze Buch gelesen hat.

Gerne erinnere ich mich meines Lieblingsonkels. Onkel Erich war in die Fußstapfen seines Vaters Arno getreten und nach Entlassung aus der sowjetischen Kriegsgefangenschaft in die SED eingetreten. Er tat das aus Überzeugung, das bin ich nach den vielen Erfahrungen mit anderen Kandidaten, besonders nach 1989, gezwungen anzumerken. Eines Tages besuchte er mich in Berlin. Ich wohnte zu jener Zeit noch in Friedrichshagen. Er bat mich, mit ihm in den Garten zu gehen, und sagte im Leipziger Idiom: »Äberhart, du bist Schauspieler geworden, du kommst von uns, du kommst aus Leipzsch, doch ist davon nischt mehr zu hörn, das heißt, du hast es gelernd, dich gebildet auszudrücken. Gud, Äberhart, du bist einer von uns, mit dir gan ich redn. Der Ulbricht, ja, der Walder, is ein guter Mann. Ja, der Walder macht die

Linie un häld sich dran, der Walder gehört zu den großen deutschen Bolidikern, das wird die Geschichte eines Dages bestätigen, un wer da über misch jetzt lacht, is dumm, ich bin ein gleiner Mann. Aber ich habe gelernt, was gud is, un ich mussde lernen, was schlescht is. Aber der Walder is ein guder Mann. Aber, Äberhard, die Schbrache, der Dialekt vom Walder ist furschtbar. Die lachn über den! Daß er nicht beliebt ist, ach du lieber God. Wenn er beliebt wäre, wäre er gein guter Bolidiker. Beliebt war der Hitler, beliebt sind die Scharlatane. Aber daß se über den Genossen Walder Ulbricht lachen, bloß wegen der Schbrache, Äberhard, das dud mir weh. Nun frage ich dich, du hast es gelernd, warum lernts der Walder nich? Gannst du dem denn das nich beibringen?«

Soweit mein Onkel Erich. Das Sächsische habe ich dem Walter nicht abgewöhnen können, erstens kannte ich ihn nicht persönlich, und zweitens hatte ich es mir selbst nicht abgewöhnen können. Meine Bühnensprache wurde eine Mischform, und die Kritiker beschrieben sie viele Jahre lang als maniert.

Meine erste Theaterkritik bekam ich in Meiningen. Der Kritiker des Lokalblattes hieß Topp. Er schrieb durchaus Freundliches über einen jungen Mann, doch nicht annähernd so günstig, wie der junge Mann sich selbst sah. Und mit einem Satz in seiner Kritik ärgerte er mich wirklich. Herr Topp schrieb von meiner manierierten Spielweise. Ich wußte nicht, was er damit meinte, auch verwechselte ich damals maniert mit mariniert, und ich nannte den Mann ungerechterweise Scheißtopp.

Ein großer Nachteil meiner Jahre auf der Leipziger Schule war zweifellos mein Unwissen über das Theater. Zwar kannte ich Theater bereits von innen, schließlich verdiente ich

67

mir schon als kaufmännischer Lehrling mit Statistenhonorar ein Zubrot an der Leipziger Oper, aber in einem Sprechtheater war ich, es war in meinem 5. Lebensjahr, ein einziges Mal gewesen und auch das nur halb, weil es meinem Onkel Kurt während der Vorstellung schlecht wurde und wir in der Pause das Theater verließen. Das Stück hieß Peterchens Mondfahrt und hatte keine Spuren in mir hinterlassen. Möglicherweise rührt daher meine bis heute erhalten gebliebene Vorliebe für die Oper.

Dennoch: Die Theaterhochschule hielt ich durch und wurde Schauspieler und beendete meine Schulwege.

VON MEININGEN NACH BERLIN.

Die Schulwege hatten ein Ende gefunden und die Wege zu den Arbeitsplätzen einen Anfang.

Dieser Satz beschreibt im Prinzip den Vorgang. Mehr nicht. Erst viele Jahre später hatte ich die Einsicht, daß Wege zum Arbeitsplatz immer Schulwege sind. Das soll nicht die Schulwege abwerten, offen bleibt nur die Frage, ob es eine gute Schule ist, zu der man läuft. Nun, Meiningen war eine gute Schule.

Nur, ich begriff es nicht. Erst viel später, und da war ich schon längst in Berlin. Ich weiß nicht, ob der geliebte Leser sich schon einmal eine Vorstellung davon gemacht hat, wie oft sich ein Schauspieler am Tag umziehen muß? Ich glaube nicht. Weshalb sollte er das auch? Aber da ich für dieses heikle Unterfangen, meine Wege zu den Arbeitsplätzen zwischen Meiningen und Berlin zu schildern, keinen rechten Anfang weiß und der Leser, wenn er bis jetzt das Buch nicht in die Ecke geschmissen hat, sich daran gewöhnt hat, daß ich, um den rechten Pfad nicht zu verlieren, nur über Umwege erzählen kann, beginne ich das Kapitel »Von Meiningen nach Berlin« einfach mit der Frage: Wie oft am Tage zieht sich ein Schauspieler an und aus?

Abwegig ist diese Frage nicht, denn wer geht schon nackt zum Arbeitsplatz. Selbst Stripperinnen, so erfahre ich aus dem Fernsehen, nicht. Die Antwort auf die Frage lautet: Mehr als 20 Mal.

Der Leser staunt?

Hier der Beweis: Um 8 an. Um 9 Uhr 30 hat er sein Theater erreicht und zieht sich wieder aus und dafür das Probenkostüm an. 15 Uhr ist die Probe beendet, er zieht das Probenkostüm aus und seine eigenen Kleider wieder an. 16 Uhr ist er zu Hause, und wenn er auf sich hält, ruht er ein Stündchen, zieht sich also wieder aus. 17 Uhr wieder an. 18 Uhr 30 hat er das Theater wieder erreicht und zieht sich erneut aus. Er hüllt sich in das Kostüm seiner Rolle, und ist es, sagen wir, der Wallenstein, noch einmal in etwa 6 verschiedene Kostüme. 23 Uhr ist die Vorstellung zu Ende, und er zieht sich wieder aus und wieder an. Damit kommt er nach Hause und zieht sich aus und ein paar leichte Hauskleider an. 24 Uhr geht er schlafen, und gewöhnlich zieht er da die Entspannungskleider aus und einen Pyjama an. Er kommt auch nicht unter 20 Mal, wenn er nackt schläft. Da fragt man sich schon, ob man gerne zur Arbeit geht.

Das war ein Scherz. Kein Scherz ist, daß ich, kaum daß ich am Meininger Theater begonnen hatte, wieder weg wollte.

Fritz Bennewitz war der Oberspielleiter. Es war sein erstes Engagement als Regisseur überhaupt, er war jung, intelligent, begabt, voller Pläne und absolut theaterunerfahren. Er hatte sich zu einem vorhandenen guten Ensemble ein paar gute Leute mitgebracht. Felicitas Ritsch, Christine Gloger, Friedo Solter, Wolfgang Greese, alles Leute, die später den Sprung von Meiningen nach Berlin ohne Umweg schaffen sollten, was wiederum die Meininger ehrte, galt man doch nun wieder wie zu Herzogs Zeiten als Sprungbrett nach der Hauptstadt. Die Meininger Spielschar hatte also Qualitäten, der Spielplan verhieß ernsthafte Absichten, ich bekam gute Rollen und wollte wieder weg. Schon nach 4 Wochen. Nicht von den Kollegen, nicht von Meiningen, nicht von dem herrlichen, von Georg II. gebauten Theater, sondern vom Theater überhaupt. Schon auf der Schauspielschule hatte ich nicht begreifen wollen, daß das, was mir der liebe Gott geschenkt, zum Beispiel Leichtigkeit, dem Ernst der Bühne, wie ich ihn damals verstand, entsprach. Viel, viel später las ich bei Heinrich Heine, daß der Mensch die Fähigkeiten, die er besitzt, nur wenig zu schätzen weiß.

Und dann sollten wir nur das tun, was tunlich ist und wozu wir am meisten Geschick haben, im Leben wie in der Kunst. Ach, zu den unseligsten Mißgriffen des Menschen gehört, daß er den Wert der Geschenke, die ihm die Natur am bequemsten entgegenträgt, kindisch verkennt, und dagegen die Güter, die ihm am schwersten zugänglich sind, für die kostbarsten ansieht.

Meine erste Rolle war der Mosca aus »Volpone« von Ben Jonson. Vom Rollenfach ein jugendlicher Komiker. Da ich aber nur Helden spielen wollte, ein Engagementsangebot aus Erfurt schon abgelehnt hatte, da man mir als erste Rolle einen Komiker zuteilen wollte, und Meiningen nur unter der Bedingung zugesagt hatte, mit Heldenrollen beschenkt zu werden, und Fritz Bennewitz mir das in die Hand versprochen hatte, war ich bestürzt, als ich das Stück las und feststellen mußte, daß der Mosca ein Komiker ist.

Doch Bennewitz verstand mich zu beruhigen. Er hätte eine ganz andere Sicht auf das Stück, keine althergebrachte, und gerade von der Besetzung mit mir verspräche er sich sehr viel für die Umsetzung seiner Konzeption, nämlich den Mosca als proletarischen Freiheitskämpfer zu spielen, der auch mit den Mitteln der Komik zu arbeiten hätte. Letzteres natürlich nur aus taktischen und politischen Erwägungen heraus.

*Meiningen.
Ein Freier im »König
Drosselbart«.*

*Meiningen.
Als »Held« mit verkrampften Zehen.*

Das beruhigte mich sofort, und ich spielte den Mosca als Helden, so, wie ich glaubte, daß Helden zu sein hätten.

Erst einmal dachte ich richtig: Ein Held steht unter Spannung. Dann dachte ich falsch: Ich benutzte die körperlichen Spannungen, welche ich von alleine bekam, wenn ich nur die Bühne von der Ferne sah. Da nämlich zogen sich meine Zehen in den Schuhen nach innen, und die Hände ballten sich zu Fäusten. Da ich dieser »natürlichen« Reaktion aber wohl doch nicht ganz traute, war ich bei den Zehen weniger in Unruhe, da sie ja in Schuhen steckten, als vielmehr bei den Händen. Also steckte ich die Hände in die Hosentaschen. Da ich meine Stimme für zu hoch hielt und Helden immer als Bässe sah, drückte ich sie in unnatürliche Tiefen, was sie in den Phasen der Erregung, und ich legte die Rolle von Beginn bis zum Ende in Erregung an, fiepen ließ – und zwar genau in den von mir nicht gewünschten Momenten. Es ist müßig anzumerken, daß unter diesen Umständen Verständlichkeit, wenn ich sie denn gewollt hätte, nicht zu erzielen war.

Wenn ich zu jener Zeit einen Eindruck bei den Zuschauern hinterließ, den man als freundlich zu bezeichnen geneigt wäre, dann lag es an dem ihnen zu Gebote stehenden Mitleid und an meiner Jugendlichkeit. Ältere Kollegen sahen meine Not und wollten helfen, sagten vernünftige Dinge, ich hörte zu und verstand sie nicht. Mir war elend, und es verfestigte sich meine Überzeugung, daß das Theater nicht der richtige Ort für mich sei.

Damit hatte ich recht, wie sich zeigen wird, doch anders, als ich es damals begriff.

Was begriff ich eigentlich damals? Oder noch selbstkritischer ausgedrückt: Was nahm ich wahr?

Ich nahm wahr, daß das Theater einem Kindergarten mehr

glich denn einer Spielfläche für Erwachsene. Erwachsen aber wollte ich werden, ohne zu wissen, was das nun wieder war; dem Kindergarten glaubte ich mich so weit entwachsen, daß ein Aufenthalt in demselben mir nicht mehr nötig dünkte. Statt dessen hatte ich mir vorgenommen (wie man sich eben in jungen Jahren Ziele setzt, ohne um das Ziel zu wissen), das Leben zu lernen! Ich nahm aber nicht wahr, daß Dichtertext lernen sehr wohl einen Entwicklungsprozeß, der dem Leben dienlich ist, einleiten kann, den man sogar mit Erwachsenwerden bezeichnen könnte, wenn man so will.

Noch etwas wollte ich nicht wahrhaben: Ich wollte gar nicht lernen, ich wollte beschenkt werden. Für das Schenken aber schien mir das Theater zu geizig, also wollte ich weg.

Eines Abends, nach einer Premiere, lernte ich in der Kantine den 1. Sekretär der Kreisleitung der SED kennen. Er sagte das, was bis zum Ende der DDR Funktionsträger in Abständen immer mal wieder zu Künstlern zu sagen pflegten: »Wenn du Probleme hast, komm doch mal zu mir.«

Ich nahm den Mann beim Wort, meldete mich schon am nächsten Vormittag in seinem Büro. Er ließ mich rein und fragte: »Na, was liegt an?«

Ich sagte: »Ich will weg!«

Er fragte nicht wovon und sagte: »Das versteh ich.«

Ich bilde mir ein, ein flüchtiges Grinsen auf seinem Gesicht entdeckt zu haben. »Wo willst du denn hin?«

»Zur Marine!«

In seine Augen trat Enthusiastisches: »Zur Nationalen Volksmarine?!«

»Nein, zur Handelsmarine.«

Er blieb sachlich: »Aber du hast einen Vertrag mit dem Theater.«

»Natürlich, darum bin ich hier.«

Er nickte Verständnis: »Ich soll dir also helfen, rauszukommen. Gut, im Moment habe ich viel am Hals, ich bin auch auf deinen Wunsch nicht vorbereitet, wenn du verstehst, aber ich verstehe deine Nöte, ich will dir helfen, leicht wird es nicht, das sage ich dir gleich, du hörst von mir.«

Da ich nichts von ihm hörte, rief ich 14 Tage später an. Sein Büroleiter verband. Der erste Sekretär hatte sein Versprechen nicht vergessen, nur bat er um Geduld. Die brachte ich auf und rief ihn nicht mehr an. 4 Wochen später begegneten wir uns auf der Straße, ich sagte: »Genosse Weiß, wenn du mir nicht helfen kannst, nehme ich dir das nicht übel, aber bleiben tue ich nicht!«

Da sagte der Mann zu mir, ich solle keinen Unsinn machen, ich stünde vor einer Premiere, er wisse, da hätten Schauspieler besondere Nöte, aber eine Premiere ausfallen lassen, das tut kein Schauspieler. Außerdem hätte er eine Delegiertenkonferenz vor der Nase, doch wären Premiere und Konferenz vorbei, kämen wir wieder zusammen. Wieder wußte er, wie die Male davor, mich zu trösten. Wie seine Konferenz ausging, weiß ich nicht, aber die Premiere war ein Erfolg, und ich vergaß, daß ich weg wollte. Fürs erste!

Nicht vergessen habe ich den Genossen Weiß, er behandelte mich wie einen Erwachsenen, wenn er auch log. Was mir nicht entging.

Kurze Zeit darauf hätte ich gehen können, ohne fremde Hilfe. Der Meininger Intendant Alexander Reuter und sein Chefdramaturg Ottomar Lang faßten den Plan, die »Meininger Festwochen« zu gründen, und es fiel ihnen ein, dieselben mit Schillers »Wilhelm Tell« zu eröffnen. Der Vorteil, dieses Stück zur Eröffnung zu erwählen, lag darin, daß der »Tell« sich noch kürzlich im Repertoire befunden hatte. Der Nachteil, daß der »Tell« nicht mehr auf dem Spielplan stand, weil sich alle Hauptrollen des Stückes in neuen Engagements befanden. Die Eröffnung der »Meininger Festwochen« sollte aber in 14 Tagen stattfinden. So schnell war die Idee! Wie also sollte dieser hohe Einfall, das etwas alberne Stück aufzuführen, in die Tat umgesetzt werden?

Die Lösung fand man schnell; es wurden die alten Rollen mit den neuen Leuten besetzt. Die Regie für den alten und den neuen »Tell« hatte Hans Hardt-Hardtloff, von dem später noch die Rede sein wird. Ich bekam den Melchthal. So weit, so gut, doch hatte die Intendanz mit einem nicht gerechnet: daß außer Hans Hardt-Hardtloff niemand im Hause den »Tell« haben wollte. Es begann eine große Unruhe im Hause. Bis dahin war mir verborgen geblieben, wie es im Theater mit dem Kernsatz »Wenn die Idee die Massen ergreift, wird sie zur materiellen Gewalt« beschaffen ist, nun erfuhr ich es. Es war überwältigend, es war ungeheuer eindrucksvoll.

In den Garderoben und in der Kantine gab es nur noch ein Thema: Wilhelm Tell und sein Verschwinden. Da Meiningen alle Sparten der Theaterkunst in seinen Mauern vereinte, war der Ton, der durch das Haus blies, ein gewaltiger. Sänger der Oper und Sängerinnen der Operette, Tänzer und Tänzerinnen, Musiker und Schauspieler. Die Ablehnung war einhellig. Ich war stolz, trotz meiner jungen Jahre schon zu den Wortführern gehören zu dürfen. Wolfgang Greese und ich beschlossen, unseren Protest in eine Resolution zu gießen. Doch da wir beide uns des Schreibens nicht mächtig erachteten und plötzlich etwas hilflos wirkten und das Ganze schon zu scheitern drohte, weil wir nicht die einzigen Schauspieler waren, die als des Schreibens nicht kundig sich bekannten, sprang Erich Heller, der Retter, uns bei.

Erich Heller war ein spindeldürrer Mann, der sich rühmte, einst in dem UFA-Film »Wasser für Canitoga« für Hans Albers die Reiterszenen gedoubelt zu haben, da Albers Angst vor Pferden hatte (»Ich war damals ein Schrank von einem Kerl«). Nun war Erich Heller Leichtgewicht geworden und schrieb leichte Stücke für den leichten Spielplan. In seinem Rollenfach (er trug den Menjou von Willy Birgel) spielte er den Pair noble. Da aber solche Figuren nur noch in sowjetischen Stücken vorkamen, spielte er »ebenda« die zaristischen Offiziere und die bürgerlichen Gelehrten. Jetzt aber setzte uns Erich Heller mit einem Revolutionspamphlet in helles Entzücken. Es war Erich Heller, der, des Schreibens mächtig, uns das Schreiben abnahm. Das Dokument schloß mit einem Satz, der dem »Faust« entnommen war: »... Das Unmögliche, hier wird's Ereignis.« Es war ein herrlicher Brief, es war ein tapferer Brief, den uns Erich Heller da geschrieben hatte, und ich dachte nach dem Lesen, nun muß uns aber der Erich, wenn er abends in der Kantine seine Geschichten erzählt, zu dem Stereotyp, mit dem er diese immer begann, »Ich war ein Schrank von einem Kerl, als ich für Hänschen die Reiterszenen doubelte«, noch das zweite Stereotyp hinzufügen: »Ich war der, der damals für die Jungs den bekannten Brief gegen Schiller schrieb.« Dann kam die Wende.

Ich hätte es ahnen können. Erich Heller, der Schreiber des Briefes, höflich von uns aufgefordert, den Vortritt bei der Unterzeichnung zu übernehmen und als erster seinen Namen unter das historische Dokument zu setzen, winkte milde lächelnd ab und bedeutete uns, daß es sinnfälliger wäre, wenn das Greese und Esche als erste täten. Doch hätten dann alle Mitglieder des Schauspielensembles unterschrieben, würde er gerne mit darunter sein wollen. Also unterschrieben Greese und Esche Hellers Bannbulle als erste und schritten fröhlich ans Werk.

Am Ende des Werkes blieb es bei den zwei Unterschriften. Greese und Esche.

Jeder der anderen Rebellen fand das goldrichtig, und sie riefen: »Aber schickt das jetzt schnell los!«

Es war meine erste Erfahrung, wie weit doch der Widerstandswillen von Schauspielern gehen kann. Nun, der Intendant bekam den Brief und antwortete vernünftig. Er stellte Wolfgang Greese vor die Wahl, den Baumgarten zu spielen oder den Vertrag als gegenstandslos zu betrachten. Greese entschied sich ebenfalls für die Vernunft, nahm den Vorschlag an und spielte den Baumgarten. Mir wurde ob meiner Unerfahrenheit verziehen, verbunden mit der Mitteilung, daß man meine Entlassung erwogen und wieder verworfen und mich bestraft genug sähe, wenn man mir die Traumrolle aller jugendlichen Helden, den Melchthal, wieder entzöge.

Die Festwochen fanden statt und wurden mit »Wilhelm Tell« von Friedrich Schiller eröffnet.

Es gab aber noch andere Verweigerungen im Meininger Theater. Die gingen nicht von oben, der Bühne aus, sondern von unten, vom Zuschauerraum.

Da war zum Beispiel der Professor Dr. Emanuel Elisabethweg, der Leiter der Städtischen Krankenhäuser. Ein passionierter Theatergänger bisher. Doch nun ein aufrührerischer Theaterrausgänger. Er war ein geschätzter Arzt und bei den Meiningern ein sehr beliebter Zeitgenosse, sagte er doch überall gefragt oder ungefragt seine Meinung zum Sozialismus, die dem nicht günstig war. Und das Theater schien ihm ein günstiger Ort, das zu offenbaren. Und jede Premiere, die ihm feindlich dünkte, benutzte er dazu. Zweierlei kam seinen Versuchen sehr entgegen: daß wir bei unserem Drang, modernes Theater zu spielen, keine Rücksicht auf die Zuschauer nahmen, und daß die Klappsitze des Meininger Theaterzuschauerraums klapperten. Die damalige Meininger Bestuhlung ließ erahnen, weshalb man sie Klappsitze nannte. Sie klapperten beim Belasten, und sie klapperten beim Entlasten. Und nicht nur die Stühle. Auch die Türen des Saales klapperten beim Öffnen, und sie klapperten beim Schließen; noch mehr klapperten sie beim Schmeißen.

Und das tat der Professor Emanuel Elisabethweg zu jeder Schauspielpremiere. Er wartete mal 10 Minuten, mal 30 Minuten unseres Spieles ab. Manchmal dachten wir schon: »Heute sagt er nix!« Doch dieser Gedanke war immer eine Enttäuschung. Etwas früher oder etwas später, wann auch immer, irgendwann begann er, und dann hörten wir ihn sprechen. Er hatte jenes sonore Organ, das manchen Ärzten eigen ist. Ein Organ, welches in der Lage schien, Apotheken ersetzen zu können: »Das kann doch nicht wahr sein.« Oder »Das ist eine Unverschämtheit.« Oder »Ich verstehe kein Wort.« (Und da hatte er, was mich betraf, immer recht, denn ich dachte zu jener Zeit noch modern: Was kommt es auf die Worte an, die Gesinnung ist alles.) Der Professor fuhr fort: »Was haben diese Leute sich bloß gedacht.« – »Es ist schade ums Geld.« Dann hörten wir keine Worte mehr, dann wußten wir schon, was folgt.

Und es folgte in dieses Schweigen hinein das erste: »Klapp« (das war der Klappstuhl vom Professor), und dann »Tapp« (das war der erste Schritt vom Professor), und dann »Krach« (das war die Tür vom Professor). Und dann war er weg.

Wer aber denkt, jetzt ist er gegangen, jetzt können die Schauspieler fortfahren, der täuscht sich. Denn der Professor Elisabethweg hatte eine Familie. Meist brachte er alle mit, er ließ sich den Aufruhr etwas kosten. Denn nun machte es zirka 8 Minuten lang »Klapp«, »Tapp« und »Krach«. »Klapp«, »Tapp« und »Krach«. Denn der Professor hatte eine große Familie, und jeder dieser großen Glieder verließ den Raum einzeln.

Wer nun wähnt: Jetzt aber ist es vorbei, der irrt sich wieder. Denn der Professor, ich erwähnte es schon, war in Meiningen ein sehr beliebter Mann. Seine Anhänger strömten in Scharen in die Meininger Premieren. Und wenn sie vom Professor das Zeichen glaubten erhalten zu haben, verharrten sie nur kurze Zeit in Stille, bis das Geraune, das sich nun erhob, schließlich zu verständlichen Sätzen sich bekannte, und es drang an unsere Ohren: »Der Professor ist gegangen.« – »Haben Sie gesehen, der Professor ist gegangen.« – »Es ist ja auch nicht mehr auszuhalten.« – »Wie lange sollen wir uns das noch gefallen lassen.« – »Wir gehen auch.« Klapp, Tapp, Krach, Klapp, Tapp, Krach.

Das war die erste Fluchtwelle.

Dann kam die nächste. »Haben Sie gesehen, Wenderoths sind auch gegangen.« – »Jetzt ist sogar die Familie Greifzu gegangen, und gerade die Greifzus sind sonst so ruhige Leute.«

Manchmal zog sich das Geschilderte eine lange Weile hin. Manchmal war auch längere Zeit Stille, und wir dachten schon: »Das ist es gewesen!«

Da kamen die Nachzügler. Oft ist es vielleicht auch so gewesen, daß die Familie sich nicht gleich einigen konnte: »Gehen oder Bleiben?«

Nun, es war schon interessantes Theater, welches uns in den fünfziger Jahren das Meininger Publikum bot.

(An dieser Stelle fällt mir Wolfgang Heinz ein, der, befragt, wie er es als Intendant schaffe, Premieren seines Hauses, auch wenn sie ihm mißfallen hatten, zu loben, antwortete: »Mein Lieber, Sie deuten eine Verbeugung an und sagen: Interessant.«)

Ich jedenfalls hatte für das »interessante Theater« jener Jahre kein Interesse, es zog mich nicht der Zug der Zeit, ich wollte nicht abhauen, nicht aus meinem Land, wohl aber vom Theater. Also unternahm ich weitere Versuche, das Theater zu verlassen. Einmal nannte ich den Intendanten, er war nicht dabei, einen unfähigen Idioten. Natürlich wurde es ihm wieder erzählt, und als er mich per Zufall vor der Künstlergarderobe traf, blieb er stehen, schaute mich traurig an und sagte: »Aber Eberhard, warum sagst du so etwas.« Und ließ mich stehen.

Später machte ich ähnliches mit Fritz Bennewitz, unserem Oberspielleiter. Bennewitz überging meine trostlosen und sich wiederholenden Versuche, auf irgendeine Weise etwas zu erreichen. Ich wußte noch immer nicht, was ich wirklich

Karl-Marx-Stadt. »Pauken und Trompeten.« Mit Alfred Struwe.

wollte, denn die Seefahrt hatte ich mir inzwischen auch aus dem Kopf geschlagen, nachdem ich eine Nacht lang in einer Meininger Kneipe mit einem Matrosen der Handelsmarine gezecht hatte. Doch irgendwann verlor auch der gutmütige Fritz Bennewitz die Geduld und sagte: »Dann besetze ich dich eben nicht mehr.« Das hielt er durch, allerdings erst, als ich den nächsten Vertrag unterzeichnet hatte.

Ich floh also schließlich doch. Ich floh nach Erfurt an die Städtischen Bühnen. Ich war 3 Jahre in Meiningen geblieben. In Erfurt blieb ich 2 Jahre. Dann ging ich nach Karl-Marx-Stadt. Da blieb ich 1 Jahr. Dann ging ich nach Berlin zum Berliner Ensemble. Da blieb ich 6 Wochen. Dann ging ich zum Deutschen Theater Berlin und blieb fast 4 Jahrzehnte.

MEINE TANTE FRIEDA.

Ein Leipziger ist fremdenfreundlich. (Hier schon stockt die Rechtschreibungsautomatik meines Computers und zeigt *fremdenfreundlich* als nicht vorhanden an und bietet statt dessen die Alternative *fremdenfeindlich*. Ich stutze. Ich gehe zu meinem Duden: Da gibt es beides nicht. Ich beende das Stutzen. Ich korrigiere meinen Computer.) Also, ein Leipziger ist – ortsgebunden freundlich und hat für flüchtige Besucher immer einen Noteingang. (Den Begriff Noteingang gibt es nicht, den habe ich erfunden.) Voraussetzung dafür ist, der Besucher kann sein Hotelzimmer selbst bezahlen. Kommt nun ein solcher, es ist egal, ob ein im weitesten oder im allerweitesten Sinne Eingeborener, nach Leipzig und fragt beispielsweise nach der Karl-Liebknecht-Straße, wird er vom Leipziger sofort in ein Gespräch verwickelt, welches mit Sicherheit nicht zu der gewünschten Straße führt: Wie er das Wetter fände, wie lange er bliebe, ob er mit dem Flugzeug oder dem Zug gekommen wäre und, wenn mit letzterem, wie ihm der alte Bahnhof gefiele, der ja jetzt neu wäre. Der Fremde ist überrascht (in Leipzig sagt man zu diesem Zustand »angenehm enttäuscht«), geht auf den Rollenwechsel bereitwillig ein und gibt seinerseits Auskünfte.

Doch dann bittet er – wir unterstellen, daß er in Terminzwang ist – den Angesprochenen um Auskunft. Dieser gibt sich nun als vertrauensvoller Wegweiser zu erkennen, mit der Frage: »Sie sind wohl nicht von hier?«, um dann sofort konkret zu werden: nach welcher Straße der Fremdling ihn gefragt hätte. Der kann nun endlich wiederholen: »Karl-Liebknecht-Straße.« – »Liebknecht-Straße?« Nachdenklich und gleichzeitig so, als wäre er überrascht worden, zieht der Leipziger den Straßennamen in die Länge und wiederholt: »Liebknecht-Straße? Also, die Liebknecht – die hieß ja früher Südstraße.« Der Leipziger macht ein Päuschen, in welchem man eine ungewisse Spannung vermuten könnte, um dann fortzufahren: »Und *davor*«, jetzt dunkelt er vertraulich den Ton ein, »war das die Adolf-Hitler-Straße – und *davor*«, der Ton hellt wieder auf, »hieß die ja schon einmal Südstraße.« Jetzt, denkt der Fremde, wird er erfahren, wie er zur Karl-Liebknecht-Straße kommt, doch der Leipziger hat nur Luft zum Erinnern geholt und fährt fort: »Bevor die aber Südstraße hieß, also ich meine *davor*, war das die Bismarck-Straße.« Erwartungsvoll wird der Gast angeblickt, ob er sich nicht erinnern wolle, um dann zu erfahren: »Und *davor* war das schon immer die Südstraße. – Ja! – *Jetzt* aber heißt die Liebknecht-Straße. Da haben Sie recht!« Der Leipziger ändert jäh den Ton, sein Gesicht bekommt den für Sachsen berühmten *vigilanten* Ausdruck, und er setzt hinzu: »Wenn alles so bleibt.«

Der Leipziger scheint fertig zu sein. Jetzt schauen sich die beiden Menschen, die sich davor noch nie begegnet sind und auch nie wieder begegnen werden, in die Augen, der eine noch immer erwartungsvoll, der andere bedeutungsvoll schweigend, vielleicht ein wenig dankbarkeitsheischend, um schließlich das Gespräch wieder aufzunehmen mit der abschließenden Frage, die jedoch in einem Ton gestellt wird, der an Bestimmtheit seinesgleichen sucht: »Und da wollen Sie hin?«

Der Fremde nickt stumm und ergeben. Eigentlich hatte er noch etwas vor.

Der Leipziger spürt das instinktsicher und kommt zur Sache: »Also, passen Sie mal auf. Sie gehen jetzt geradeaus, an der zweiten Ampel links rein, bis zur nächsten Kreuzung, die überqueren Sie und kommen dann an dem Supermarkt vorbei, der früher einmal eine HO war und davor ein Kolonialwarenladen, die Besitzerin war die Mieze Freitag, ja, wie auch immer, und da fragen Sie noch einmal.«

Erschöpft verabschiedet sich der Fremde. Zufrieden trennt sich der Leipziger. Es ist sogar möglich, daß er denkt: »Der war wahrscheinlich wirklich nicht von hier.«

Nicht weit von da, ganz in der Nähe der Karl-Liebknecht-Straße, die jetzt möglicherweise schon wieder Südstraße heißt, in der Sophienstraße, die schon seit DDR-Zeiten Shakespearestraße heißt und, soweit ich es weiß, bislang nicht umbenannt worden ist, wohnten Tante Frieda und Onkel Kurt.

Tante Frieda war die jüngere Schwester meiner Mutter. Sie muß ein sehr hübsches, anziehendes Mädchen mit tiefschwarzen Augen gewesen sein. So zeigen es die alten Fotos. Solange ich sie kenne, kenne ich sie rauchend und lesend. Ob sie schon geraucht hatte, als sie Onkel Kurt kennenlernte, das weiß ich nicht, aber bestimmt hat sie damals schon gelesen.

Onkel Kurt kam aus Altenburg, aus einer halben Pfarrersfamilie, den Augustins, und einer halben Bäckersfamilie, den Gräsers. Er wollte Pfarrer werden und wurde Bäcker, doch seine Träume blieben dem Himmel erhalten. Vielleicht war das der Grund, weshalb Tante Frieda sein Werben erhörte, denn ansehnlich war der Onkel Kurt nicht. Sein Bäuchlein hatte er seit seiner frühesten Kindheit nicht verloren, seinen schönen schwarzen Haaren fehlte ein wenig die Dichte, und seine kleine, sinnliche Unterlippe ähnelte entfernt dem Erbteil der Habsburger. Doch Tante Frieda liebte ihn und wollte ihn heiraten. Sie heirateten und bekamen zwei Kinder: einen Sohn Kurt, der Kurti gerufen wurde und nach seinem Vater kam, und eine Tochter Annemarie, die Annemie genannt wurde und Tante Frieda wie aus dem Gesicht geschnitten war.

Onkel Kurts Träume bestanden, betrachte ich es heute, gar nicht so sehr aus himmlischen Gedanken, sondern aus realistischen Vorstellungen, doch gingen die, zu seiner Zeit, an der Realität vorbei, und so war er, länger als er wollte, auf den Himmel angewiesen. In welchem bekanntlich das Hoffen und Glauben angesiedelt ist. Er gründete auf Erden eine Großbäckerei und machte himmlische Schulden und eine göttliche Pleite. Das letztere, weil er zu mickrige Schulden gemacht hatte. Doch Onkel Kurt war kein Mann, der, einmal gestrandet, sich im trockenen Sande der Bitternis und Verzweiflung wälzte. Er hatte ein Kämpferherz, und hinter seinen gütigen Augen lauerte die List. Er erholte sich und gründete eine Käserei. Für diese mietete er im Leipziger Süden einen Keller zur Käseproduktion und im Leipziger Zentrum eine große Etage zum Käseverkauf. Onkel Kurt wollte die Sachsen zu einem Volk von Käseessern machen. Die Idee war richtig, nur kam sie zu früh. Zu jener Zeit aß man in Leipzig mehr Wurst als Käse, bestenfalls waren die *Stinkefinger* unter dem Namen Stangenkäse bekannt. Genau davon aber wollte Onkel Kurt die Leipziger, die er, mit einigem Recht, im Käsevorurteil befangen wähnte, befreien.

Als ich später las, welche genialen Geschäftsideen der große französische Dichter Honoré de Balzac hatte und wie er mit diesen oft kläglich scheiterte, weil entweder seine Mittel nicht ausreichten oder seine Unternehmungen ihrer Zeit um eine Sekunde voraus waren, erinnerte ich mich an Onkel Kurt.

Kurz, Kurt schuf sich im Kapitalismus so lange seine Pleiten, bis die Sozialisten kamen. Die kamen, nach dem verlorenen Kriege, wie wir wissen, sogar nach Leipzig, angeführt von einem Leipziger Tischler. Wäre der Tischler kein Leipziger gewesen, hätten die Sozialisten, die ja nie ohne Vorahnung waren, um die Stadt einen großen Bogen gemacht, und Onkel Kurt wäre niemals Kapitalist geworden. Die Sozialisten machten aber keinen Bogen um die Stadt, und Kurt Gräser wurde Kapitalist. Er gründete eine Firma für Lebensmittel, die Firma florierte, und Gräsers wurden reich. Wie so etwas und außerdem in einem dem sozialistischen Lager zu Recht zugerechneten Lande geschehen konnte, dafür muß ich etwas ausholen.

Die Geschichte beginnt im Krieg. Onkel Kurt war nicht kriegsverwendungsfähig geschrieben worden und wurde 1943 als Leiter einer Betriebswache in irgendeiner Fabrik im Erzgebirge, der Ort hieß Geyer, abgestellt. Tante Frieda blieb in der Leipziger Wohnung zurück. Ihr Sohn Kurti war als Soldat in Rußland, und Onkel Kurt nahm seine Tochter Annemarie, der Bombenangriffe wegen, mit nach Geyer. Als er eines Abends nach seiner Arbeit in ihre dort gemietete Wohnung kam, lag meine Cousine Annemarie bäuchlings auf dem Bett und war tot. Sie hatte an einem Reinigungsmittel gerochen, war davon ohnmächtig geworden, mit dem Gesicht auf ein Kissen gefallen und erstickt. Das war im April 1945. Im Mai 1945 war der Krieg aus. Onkel Kurt war wieder in Leipzig. Es kam mein Cousin Kurti aus dem Krieg zurück. Er hatte überlebt. Mit einem Splitter im Kopf und Epilepsie. Er kam in amerikanische Gefangenschaft und in ein Leipziger Lazarett. Dieses war nur nachlässig bewacht, so daß es Kurti gelang, an den Wochenenden über die Mauer zu klettern und bei seinen Eltern zu schlafen. Einmal wurde er bei seinem »Ausgang« erwischt und in ein amerikanisches Gefangenenlager versetzt. Diesem folgten drei weitere Lager, bis er im berüchtigtsten landete, in Bad Nauheim. Dort verbrachte er 22 Tage unter freiem Himmel, bis seine epileptischen Anfälle immer weniger wurden und er am 23. Tage starb. Von diesem Schlag erholten sich Tante Frieda und Onkel Kurt niemals wieder.

In diesem Jahr 1945 war Tante Frieda 42 Jahre alt und ihr Mann 46. Annemarie war elf Jahre alt geworden, Kurti neunzehn. Da saßen die beiden verwaisten Eltern, plötzlich sehr, sehr alt geworden, in dem Wohnhaus in der Sophienstraße, welches als einziges im weiten Umkreis, wie ein steiler Zahn aus den Ruinen ragend, die Bombenangriffe überstanden hatte. Die Familie sprach von einem Wunder. Da saßen sie und weinten.

Meine Mutter schickte mich in jener Zeit sehr oft in die Sophienstraße. Der Familiensinn hatte den Krieg überlebt. Tante Frieda weinte im Schlafzimmer. Onkel Kurt weinte im Wohnzimmer. Wenn ich zu ihnen kam, weinten sie. Eines Tages klingelte ich wieder an der Tür. Tante Frieda öffnete, umarmte mich, wie immer, sehr lange und schickte mich zu Onkel Kurt. Diesmal saß Onkel Kurt in der Küche. Er saß auf dem Küchenstuhl, drehte eine kleine Kaffeemühle zwischen den Knien, weinte, als er mich sah, schluchzte immer wieder: »Meine Annemie, meine Annemie«, und drehte die Kaffeemühle. Dieses Bild war von nun an das immer wiederkehrende. Tante Frieda öffnete die Tür, umarmte mich lange und ging in das Schlafzimmer. Ich ging in die Küche, da saß Onkel Kurt und murmelte: »Meine Annemie, meine

Annemie«, und drehte dabei an der Kurbel der Kaffeemühle. Nichts schien sich mehr zu verändern in der Leipziger Sophienstraße, in der ersten Etage rechts; außer der Kaffeemühle, die wurde immer größer.

Nachdem ein Jahr vergangen war, zeigte mein Onkel nicht ohne Stolz auf einen auf dem Küchentische befindlichen 6-PS-Motor, der die inzwischen übergroße Kaffeemühle antrieb. Dabei weinte er natürlich weiter. Onkel Kurt konnte mir mit freudigem Eifer den mechanischen Vorgang seiner neuen Anlage erklären und gleichzeitig fast unhörbar »meine Annemie, meine Annemie« schluchzen. Seine Tränen waren längst nicht versiegt, als ich beim nächsten Besuch eine noch größer Mühle und einen noch stärkeren Motor vorfand, und auch nicht, als schließlich dieser Motor fünf Mühlen antrieb und im Keller stand, weil die Küche zu klein geworden war. Er weinte weiter. In der Familie sagte man: »Kurt weint zu lange.« Tante Frieda aber saß nun im Wohnzimmer und las und rauchte.

Mit der Vervielfachung der Mühlen hatte es folgende Bewandtnis. Es ist klar, nach Kriegen haben die Menschen wenig zu essen, also organisieren sie. Eine Form der Organisation war: Man ging zur Ährenlese. Man sammelte, sich bückend, die einzelnen Kornähren auf, die nach der Ernte auf dem Acker liegengeblieben waren, steckte sie zu Hause in Säcke und drosch auf sie ein und befreite sie im Anschluß von den Spelzen und hatte Körner gewonnen. Diese Körner brachten die Leute zu Kurt Gräser, der versprach, die Körner gegen ein Entgelt zu Mehl zu verarbeiten. Und so begann Kurt Gräser, mit einer Kaffeemühle zwischen den Knien in der Küche sitzend, zu drehen. Bis er mit den Mühlen im Keller landete und drehen ließ.

Er mietete im zerstörten Nachbarhaus sowohl die intakt gebliebenen Kellerräume als auch das stehengebliebene fünfstöckige Treppenhaus, entfernte den Schutt, stellte seinen inzwischen zum Maschinenpark mutierten, übergroßen Kaffemühlenbesitz hinein, engagierte fünf Frauen und produzierte. Nur nicht mehr Mehl, sondern Ersatzpfeffer, Ersatzkaffee, Ersatzhefe, Ersatzsenf und vieles andere, was an Lebensmitteln geschmacklich zu ersetzen war. Das tat er ein Weilchen.

Dann war dem Krieg der zweite Sommer gefolgt, und die Leute wurden anspruchsvoller. Als drei Sommer vergangen waren, hatte Kurt Gräser eine im Hinterhofe halbzerstörte Klavierfabrik gekauft, wiederaufgebaut, darinnen seine Suppenfabrik etabliert und hieß von nun an in Leipzig: Der Suppengräser.

Er war der erste in Ostdeutschland und der zweite nach Maggi, der seine Suppen in Silbertüten verkaufen konnte. Er trug eine goldene Armbanduhr, einen schweren goldenen Siegelring, aus welchem das von ihm entworfene Wappen der Gräsers herausragte, seine Brieftasche trug er, wenn er ausging, übervoll und rauchte, als würde er Witzblätter verachten, sehr dicke Zigarren. Freie Zeit hatte er keine mehr, er arbeitete von 5 Uhr morgens bis in die späten Abendstunden und lachte wieder.

Tante Frieda, die anfangs noch die Buchhaltung geführt hatte, war längst durch einen Prokuristen, einen Hauptbuchhalter und fünf in der Buchhaltung arbeitende Sekretärinnen in dem auf 300 Angestellte angewachsenen Betrieb ersetzt worden. Sie saß wieder in ihrem Zimmer und las und rauchte und wurde dick. Gegenüber ihrem Lesesessel hingen an der Wand zwei nachkolorierte Vergrößerungen von ihren beiden Kindern. Die Fotos waren mit einem kleinen Trauerflor behangen, und auf dem Biedermeiertischchen davor standen immer frische Blumen.

Die Familie aber blieb nicht ausgeschlossen vom neuen Segen des Hauses Gräser. Von nun an wurden die sonntäglichen Treffen beim Mittagessen nicht mehr in der Großeltern Wohnung in der Gießerstraße im Leipziger Westen abgehalten, sondern in der Sophienstraße in Leipzig-Süd.

Einmal schenkte Onkel Kurt meiner Mutter und mir eine große Büchse mit feucht gewordenem scharfen Paprika, und so lernte ich das Kochen. Das brachte mir später bei Frauen eine gewisse Beliebtheit ein.

Zeitweise dachte Onkel Kurt daran, da ich eine kaufmännische Ausbildung erhalten hatte, mich zum Nachfolger seines Suppenimperiums zu machen. Tatsächlich begann ich in seiner Fabrik mit der Arbeit. Ein wenig. Nach 2 Tagen wußte Kurt Gräser aber Bescheid und teilte die Revidierung seines Beschlusses meiner Mutter mit.

Ich war froh. Meine Mutter verbarg ihre Enttäuschung, sie hatte sich natürlich Hoffnungen gemacht. Dennoch bewahrten Gräsers die alte Vorliebe für mich, und ich denke noch immer, daß sie, wenn sie mich sahen, an ihre beiden Kinder dachten.

Inzwischen hatte ich meine Irrfahrten des Lebens am Theater begonnen, und es zeigte sich immer deutlicher, daß ich in die weltpolitischen Fußstapfen von Opa Arno geriet. Dieses war wohl der Grund, daß Onkel Kurt weltanschauliche Raufereien zwischen uns beiden zu suchen schien.

10 Jahre lang hatte er seinen Betrieb über alle Fährnisse der neuen Zeit gebracht. Und Fährnisse gab es für einen privaten Unternehmer nicht wenige. So wie es für die Regierung Walter Ulbrichts Rückgrat zu zeigen galt, den privaten Unternehmer außer mit Steuerzahlung nicht zu behelligen.

Schließlich waren wir ein von den Russen befreites Land, und in der Sowjetunion gab es, wie wir wissen, kein Privatunternehmertum. Doch auch Onkel Kurt war listig. Einen Monat beschäftigte er bis zu 300 Mitarbeiter, den nächsten unter 120. Das war, so erklärte er mir einmal, steuergünstig. Und es gelang.

Heute wird verbreitet, damals wären der Mittelstand und das private Handwerk vernichtet worden und damit die Keimzelle der Vernichtung des Sozialismus in der DDR gelegt. Doch ist dieses eine Unterstellung, die davon ausgeht, daß der Sozialismus eine die Wirtschaft zerstörende Kraft ist, und weist als Beweis auf das Jahr 1989, der von anderen, aber auch von schlechten Verwaltern herbeigeführten Zerstörung der DDR, und bewußt vergißt man dabei, daß doch nur dann etwas zu zerstören ist, wenn etwas vorhanden war. Offensichtlich teilt sich also die Geschichte der DDR in eine Zeit des Aufbaus und in eine Zeit des Abbaus. Die Zeit vom Abbau muddelte sich zwei Jahrzehnte so hin. Und in die Zeit des Aufbaus gehörten die Gründung und der Erfolg von Gräsers Suppen. Kurt Gräser, der Leipziger Suppenkönig, gründete in den vierziger Jahren und florierte, bis er starb, in den fünfziger Jahren, und ist der Beweis, daß Leute mit Köpfchen hier leben konnten. Zumindest so lange schöpferisch, so lange in diesem Lande Staatskunst existierte. Und die existierte, ich erinnere mich sehr genau, bis zum Beginn der siebziger Jahre.

Unsere letzte Rauferei hatten Onkel Kurt und ich ein Jahr vor seinem Tode. Er hatte eine Krebsoperation überstanden, er war sehr dünn geworden und lief gebeugt, er hörte nur noch schwer und saß jetzt mehr als er lief, doch hinter seinen dicken Brillengläsern lauerte noch immer die alte List, und sein Sinn für Kampf war nicht erloschen. Kam ich nach

Leipzig und besuchte meine Mutter, waren immer ein paar Stunden für Gräsers reserviert.

Eines Abends besuchte ich meine Verwandten. Man hatte sich durch einen Mauerdurchbruch zum großen Wohnzimmer das ehemalige kleine Kinderzimmer hinzugezogen und saß in diesem jeden Abend. Tagsüber fiel nur wenig Licht in den etwas schlauchartigen Raum. Der Fensterrahmen umfaßte jetzt mittelalterliche bunte Glasscheiben, in deren Mitte man in Bleifassung das Wappen der Gräsers erkennen konnte. Doch am Abend beherrschten zwei Lichtquellen das Zimmer. Tante Frieda saß zumeist neben dem Fenster in einem Sessel und las und rauchte. Einst stand dort das Bett von ihrem Sohn, während Onkel Kurt an jener Stelle des schmalen Zimmers, an welcher ehemals das Bett seiner Tochter stand, neben dem Fernseher saß, sein linkes Ohr dicht an den Lautsprecher des Gerätes hielt und in einem Spiegel gegenüber auf einer Kommode das Fernsehprogramm verfolgen konnte. So fand ich bei meinem Besuch die beiden vor.

Ich setzte mich neben den Spiegel, in welchem das Fernsehen flimmerte. Hin und wieder ließ sich Tante Frieda vernehmen mit: »Nicht so laut.« Und es war nicht deutlich, ob sie den Fernseher meinte oder Kurt und mich. Er und ich brüllten uns, über das Fernsehspiel hinweg, zu dem Thema: Was ist besser, der Kapitalismus oder der Sozialismus, die Sätze zu. Ich befand mich zu jener Zeit noch im Himmel meiner Träume. Es war nicht der unternehmerische Himmel des Kurt Gräsers, es war die Vorstellung eines 25jährigen Jungen vom Himmel auf Erden. Während Onkel Kurt, wenn er an den Himmel dachte, nur seine verlorenen Kinder sah, auf Erden jedoch mit beiden Beinen als ein gewachsener Realist stand, vermeinte ich dagegen, wenn sich die Idee vom

Himmel auf Erden etabliert hätte, würden die Menschen wie von selbst zu Engeln. In der unter solchen Mißverständnissen plausiblen Stimmung hatte sich mein Onkel sehr erhitzt und stieß schließlich das hervor, weshalb ich die Geschichte erzähle. Er schrie über den dröhnenden Fernsehapparat hinweg: »Eines Tages, mein Junge, wirst du an mich denken, und wenn du es tust, weil du es endlich selber erfahren hast, daß dein Onkel Kurt, der Kapitalist, recht behalten hat, werde ich mich nicht im Grabe herumdrehen, der Deckel meines Sarges wird sich nicht heben, ich werde ganz still liegen bleiben, aber ich werde denken: ›So, mein lieber Junge, es wurde langsam Zeit, daß auch du dahinter kommst, was ich dir jetzt noch einmal, aber ein letztes Mal sage: Der Kommunismus, mein Guter, ist die bessere Sache, aber ohne Profit geht er pleite.‹«

Kurt Gräser starb im Jahre 1959. Seine Suppenfabrik wurde als halbstaatlicher Betrieb weitergeführt, bis Tante Frieda schließlich 1972 von einem Günter Mittag, möge die Geschichte ihn vergessen, enteignet und mit einer Art Lebensrente abgefunden wurde. Tante Frieda verließ nun nie mehr ihre Wohnung. Ja, es schien, kaum noch das Zimmer, in welchem sie saß und las und rauchte. Bis zu ihrem Tode ragte das Haus in der Sophienstraße noch immer wie eine einsame Säule in nun enttrümmerter Landschaft, und wenn ich sie besuchte und sie sich freute und wir zusammen saßen und uns an den Händen hielten und über ihrem Kopf Annemie und Kurti ihren Mann Kurt Gräser umrahmten und auf dem Tisch meist eine frische Blume stand, und ich sie bat, doch manchmal einen Spaziergang zu machen, um wenigstens für eine halbe Stunde am Tage frische Luft zu atmen, sagte sie: »Warum, ich gucke doch jeden Tag aus dem Fenster.«

EIN MASSSTAB.

Der Monat war der August, das Jahr 1961, das kann ich mir merken; ich fuhr nach Berlin mit der Absicht, in Berlin zu bleiben. Der Absicht folgte die Tat, ich sprach an den beiden deutschen Theatern vor, die zu der Zeit mehr als nur den Rang von Stadttheatern einnahmen: dem Berliner Ensemble und dem Deutschen Theater. So kühn war die Tat nicht, denn Berlin suchte aus historischen Gründen Schauspieler. So sprach ich vor, und innerhalb von 3 Stunden war ich engagiert. Von beiden Theatern. Von Helene Weigel und von Wolfgang Langhoff. Ein mir schmeichelnder, aber die damalige Theaterpraxis hemmender Zustand. Beide Intendanten führten eine weise Lösung herbei: Sie telefonierten und sprachen ein Tauschgeschäft ab: Die Weigel kriegte Gisela May und ließ mich dafür laufen. Ich lief zum DT und lernte so Benno Besson kennen. Mit ihm begann meine Karriere.

Besson gab mir ein Stück zum Lesen. Das Stück war von Peter Hacks und hieß »Der Frieden«. Den Hacks kannte ich noch nicht, und den Frieden wollten wir alle. Die Rolle hieß Tumult, und die Rolle war sehr klein. Also versuchte ich sie groß zu machen. Ich drückte auf die Stimme, das hatte ich mir am Meininger Theater angewöhnt, und schlug darüber hinaus den großen Sprung vor, einen 4-Meter-Sprung in die Proszeniumsloge. Besson nahm den Sprung, machte mich auf meine schlechte Körperhaltung aufmerksam und bat mich, meine Stimme etwas höher anzusiedeln, dort, wo sie

Im August 1961, vor meiner Reise ins Engagement nach Berlin.

ihren natürlichen Sitz habe. So begann unser Arbeitsverhältnis.

Ich werde seit 42 Jahren für das Spielen von Stücken von Dichtern vor Leuten bezahlt und übe damit einen erlernten Beruf aus. Das Staatswesen, in dem ich mich momentan befinde, welches sich selbst bezweifelt, ficht das an, doch ist jetzt nicht die Zeit, mich unter jene zu mengen, die Staaten abschaffen wollen, und so übergehe ich das und wiederhole, der chaotische Beruf des Schauspielers gehört zu den erlernten Berufen. Wie man aber außer der Textaneignung, die mir schwer genug fällt, diesen Beruf erlernt, das weiß ich nicht zu sagen. Sicher, man lernt auf der Schauspielschule mehr, als man glaubte, gelernt zu haben. Sicher, mit der in Jahrzehnten gewonnenen Praxis an den Theatern, besonders im indirekten Zusammenspiel mit dem Publikum, gewinnt man an Sicherheit. Doch jener Vorgang, es ist nur ein Beispiel, daß ich bis unmittelbar vor dem Auftritt nicht auftreten will, und bin ich dann aufgetreten, außer mich gerate, sprich: in eine Veränderung gerate, die mir geschieht, und nie kann ich sicher sein, daß sie geschieht, die man Spielen nennt, diesen Vorgang kann ich bis zum heutigen Tage nicht erklären.

Das will ich auch gar nicht, ich trete ja noch auf. Ich führe diese Subjektivität nur an, um die Behauptung zu stützen, daß der Schauspieler außer seinem Handwerk einen Grund lernen muß, um zu spielen, der über die privaten Befindlichkeiten hinausgeht, ja, im günstigsten Falle sie fast vergessen läßt. Ich behaupte nichts Neues, sein Talent vorausgesetzt, üben den Schauspieler erstens seine Zeit, zweitens die Dichter, die er spielt, und drittens die Persönlichkeiten, denen er begegnet. Ich hatte Glück: Ich begegnete Wolfgang Langhoff, Wolfgang Heinz, Ernst Busch und Benno Besson.

Langhoff und Heinz kamen aus dem Exil, Busch aus dem Zuchthaus und Besson aus der Schweiz. Ihre Gründe, die Deutsche Demokratische Republik zu ihrem Arbeitsplatz und Wohnsitz zu wählen, stammten aus antifaschistischer und antiimperialistischer Lebenserfahrung. Durch sie und andere wurden die hauptstädtischen Theater Berlins ein Anziehungspunkt für die Welt.

Als der Krieg aus war, war ich 10 Jahre alt. Das erste Buch von Brecht, das ich in der Hand hielt, war die Kriegsfibel, da war ich 18 und von dem Satz: »Der Schoß ist fruchtbar noch, aus dem das kroch«, beeindruckt. Besson hatte bei Brecht gelernt, daß es nicht nur gelte, die Trümmer, die der faschistische Krieg in den Städten hinterlassen hatte, zu beseitigen, sondern auch die Trümmer, die noch in den deutschen Köpfen wären. Und so lernte ich, zwar schwer und mühsam, eine Sorte Theaterspielen, die mich niemand mehr zwingen kann aufzugeben.

Besson inszenierte eine Märchenkomödie von Jewgenij Schwarz, und die hieß »Der Drache«, und die Rolle war der Lanzelot. Besson: »Esche, verführen Sie die Leute, und wenn Sie sie haben, schlagen Sie sie auf den Kopf, und haben Sie sie geschockt, verführen Sie sie, mit Ihnen zu gehen.« So lernte ich Pointen setzen, sie zurücknehmen und neu zu setzen. So lernte ich Einfluß sowohl auf das Publikum wie auch auf mich selbst zu nehmen. Ich lernte, ansatzweise – denken. Und – ich begann, die für den Schauspieler unerläßlichen Mittel, die der Verführung, zu gebrauchen. Besson, in seiner großen Zeit, schien zu zerstören und baute auf. Wenn er »gegen den Strich bürstete«, tat er es nicht um der Mode willen, doch machte er den ihm fol-

»Der Drache.« Katharina Lind (Elsa), Dieter Franke (Charlemagne), Eberhard Esche (Lanzelot). Oben Hannes Maus als Kater. Im Deutschen Theater.

Lanzelot stirbt.

genden Modieusen Mut zum Pfusch. Nie wieder danach habe ich einen Regisseur kennenlernen können, der die Kunst des Arrangements so exzellent beherrschte wie er. Er konnte selbst politische Absichten in Bilder stellen, die weder belehrend noch besserwisserisch und schon gar nicht langweilig waren, er stellte poetische Bilder. Besson verband brechtsche Vernunft mit der Grazie des großen französischen Theaters.

Während der Proben, ob »Frieden«, »Drachen«, »Zwei Herren aus Verona«, »Ein Lorbaß« und »Die schöne Helena«, mit der unglaublichen Else Grube-Deister, lief er wie ein Tiger durch die Stuhlreihen des Theaters. Ich nannte ihn Tigerbenno. Das meiste, was er sagte, verstand ich nicht. An Schauspielern wie Fred Düren, der ihm überhaupt nicht zuhörte, aber im »Frieden« von Peter Hacks grandios umsetzte, war zu erfahren, wie man das konnte: »Düren braucht sich nicht zu bemühen, um zu verstehen, er hat eine Antenne.« (Originalton Benno Besson). Mein vergebliches Bemühen, eine Antenne auszufahren, wußte er mit so aufdringlichem Geschick zu übersehen, daß ich mich erst schämte, dann wütete und schließlich erschöpfte. Irgendwann begriff ich dann das, was zu begreifen war. Doch erst nach einer Vielzahl von Vorstellungen. Es war das Berliner Publikum, welches zunehmend an Einfluß gewann. Dieses hauptstädtische Publikum, welches jedem Provinzialismus abhold war. Die schauspielernden und regieführenden Gäste der letzten 100 Jahre wissen bis zum heutigen Tag ein Lied davon zu singen. Ich entdeckte an Besson seine Fähigkeit, die deutsche Sprache zu hören, zu betrachten und zu behandeln (»Müssen wir gucken im Detail«) und lernte so meine Sprache, welche Besson mit französischem accent spricht. Mit Beharrlichkeit durchforschte er Dialoge, Sätze, Wörter, ja einzelne Vokale und Konsonanten nach ihrem gesellschaftlichen Gestus, dem Drehpunkt, der den psychologischen Aspekt nicht unberücksichtigt ließ, aber nie zum Hauptpunkt machte. Eine seiner am häufigsten gebrauchten Stereotypen war: »Privatisieren Sie nicht, privatisieren ist degoutant.« Oberflächlichkeit war dem Manne fremd.

Seine Arbeitswut beleidigte unsere gewerkschaftlichen Errungenschaften. Es war längst üblich geworden, nach 2 Stunden Probe eine viertelstündige Pause zu machen. Doch Besson begann das in zunehmendem Maße zu mißachten. Und so mußte, was nun geschah, eines schönen Tages geschehen: Punkt 12 Uhr, High Noon, verließen die Komödianten, in der Manier einer streikenden Haushaltshilfe, eine Probe der Hacks/Offenbachschen »Schönen Helena«. Schweigend ließ der Meister uns ziehen. Grade der Erregtheit ließen sich bei ihm nur an den gesträubten Augenbrauen erkennen, die unter reizklimatischen Umständen plötzlich und unverhofft und sehr steif in die Höhe ragen konnten. Er stand noch, nachdem wir die Pause genügend gedehnt hatten und gelassen lächelnd zurückgekehrt waren, an der gleichen Stelle, nun mit ungesträubten Brauen, und empfing uns, er, den wir auch Weltmeister oder Nappi (nach Napoleon) zu nennen pflegten, mit dem inzwischen historisch gewordenen Satz: »Nun, kommen die deutschen Ochsen von der Tränke.« Sein Waadtländischer Charme gebot ihm nicht, diesen Satz nicht als Frage zu stellen.

Wenn Besson auch nicht in jedem Falle die Schauspieler gut behandelte, liebte er sie doch auf eine Weise, die seinen Inszenierungen und damit ihnen nützte. Er nahm keine Rücksicht auf die Kleinheit einer Rolle, er machte jede groß. Erinnert sei an Günter Margo, dessen stummer Auftritt im Bankettbild des »Drachen« das Pariser Publikum zum Szenenapplaus veranlaßte.

Bessons Rollenbesetzungen waren immer genau, und sie waren – das fällt mir heute besonders auf, wie stets, wenn etwas für ewig selbstverständlich Gehaltenes verloren gegangen – fürsorglich. Die Tradition, die der Intendant Wolfgang Langhoff vorgab, Schauspieler durch Rollenvergabe in ihrer Entwicklung zu verbessern, war bei Besson in besten Händen. Ich habe heute den Eindruck, er ließ uns nie aus den Augen.

Seine großen Inszenierungen wurden in der DDR-Presse nicht erwähnt. Erst der Auftritt des Staatsratsvorsitzenden Walter Ulbricht, der, zu gegebener Zeit, auch verschwiegene Inszenierungen zu besuchen pflegte, brachte vorübergehend Ruhe in den Beritt.

Nun gehört es nicht mehr zu meinem Repertoire, Regisseure zu loben. Ich täte das gern, es gibt bloß keine Regisseure mehr. Die Zeitläufte sind so geraten, daß kleinbürgerliche Seelchen die großstädtischen Theater Europas, als kleinstenwahnsinnige Despötchen oder Mein-Pappi-ist-mein-Schicksal-Gurus beherrschen. Es lohnt nicht einmal die Polemik gegen diese Vize-Lümpchen, die die Zerstörung der Theater und damit unserer Kultur betreiben. Daß ich dennoch in 8 1/8 Zeilen so tief gesunken bin, liegt an meiner Absicht, den Abgrund zu zeichnen, der Maßstäbe und Maßstablosigkeit trennt. Ich beklage mich nicht, dazu habe ich kein Recht, denn ich hatte das Glück, Maßstäbe zu lernen. Dieses Glück verdanke ich der »Großen Zeit« des Deutschen Theaters mit Regisseuren wie Wolfgang Langhoff, Wolfgang Heinz, Adolf Dresen, in gewissem Umfang dem jungen Friedo Solter, und in nicht geringem Maße dem Regisseur Ben-

no Besson. Mit mir jener Teil des Ensembles, der in seinen Restbeständen, bis daß das Rentenalter uns scheidet, in der Schumannstraße 13 a noch immer zu besichtigen ist. Jener Teil der Schauspieler und Schauspielerinnen, der bislang, durch eine klug beratene Leitung, gegen alle Angriffe von außen und innen gehalten, das Haus vor dem Abgrund bewahrt, den die Tapfersten der Tapferen, die 68er Romantiker erst herbeisehnten und neuerdings herbeiklagen. Jener Teil des Ensembles des Deutschen Theaters Berlin, der auf die Folgenden Folgen hatte, welcher weitgehend von Wolfgang Langhoff, diesem großen Theatermann gegründet und von Benno Besson geformt wurde.
(geschrieben 1997)

Leider bin ich zu sehr Schauspieler, um diesen schönen und ein wenig verlogenen Schluß nicht noch durch eine anrüchige Pointe zu versauen. Einst sprach Besson von den Fäkalgewohnheiten der europäischen Völker und stellte das ihm häßlich dünkende deutsche Wort *Scheiße* dem französischen *Merde* gegenüber. Und er führte vor: »Der Franzose, wenn er Merde sagt, macht dazu eine Handbewegung, die die Sache über seine Schulter wirft; des Deutschen Handbewegung nimmt die umgekehrte Richtung ein, während also jener die Sache ins Gestern wirft, schmeißt dieser sich den Dreck vor die eigenen Füße und gerät ins Wundern, wenn er sich im Begriffe sieht, in einen Dauerzustand des Stolperns zu geraten.«

EIN SONNTAG IN DER AKADEMIE.

Das Vorangegangene schrieb ich für einen Beitrag der Akademie der Künste in ein den 75. Geburtstag von Benno Besson ehrendes Buch hinein. Natürlich war dieser Beitrag als ein den Jubilar ehrender Beitrag auch von mir gedacht, und hätte es sich nicht um einen Geburtstag gehandelt, hätte ich immer noch das gleiche geschrieben, ohne jedoch Bessons zeitgemäße Neigung zum vatermörderischen Rabauk zu verschweigen. Aber zu Geburtstagen lobt man, und das finde ich auch richtig so. Das fand auch die Akademie so, steigerte die Ehrung, setzte sie noch offizieller fort, verwandelte sie in Natur und veranstaltete etwas sehr Hohes, sie veranstaltete eine Podiumsdiskussion in ihrem Plenarsaal. So begab sich Besson, lächelnd der Einladung folgend, als würde er gutwillig einem Zwange gehorchen, von Paris auf die Reise nach Berlin. Und so machte ich mich an einem regnerischen Sonntag des Oktobers 1998 auf die Socken und lief als Teilnehmer dieser Ehrung von Berlin Mitte durch den Tiergarten, um mich das erste Mal in meinem Leben in die Akademie der Künste in Westberlin zu begeben.

Ursprünglich hatte ich meine Zusage von der Teilnahme Adolf Dresens abhängig gemacht, der, so war es vorgesehen, den Vorsitz führen sollte, wovon man sich manchmal etwas versprechen konnte. Doch Dresen wurde krank, und ich verfiel dem Gedanken, der Veranstaltung fern zu bleiben. Der Leser wird meine Hemmung verwunderlich finden, da schließlich nicht der Dresen Geburtstag hatte, sondern nur den Vorsitz führen sollte. Aber diese den Besson ehrende Veranstaltung sollte, wie erwähnt, als Podiumsdiskussion geführt werden, die unter dem Namen lief: »Akademie-Debatte XV – Über die Theaterarbeit Benno Bessons.« Das Thema war zwar das Geburtstagskind, aber das Geburtstagskind ist darüber hinaus auch Regisseur und hat in dieser Eigenschaft und bei seinem Ruf die Verpflichtung, das europäische Theater zu verbessern. Da ich aber keine Verbesserung weitherum sehen kann – weder in Paris noch in Berlin, noch in Basel –, trug ich mich mit der Absicht, einen Verbesserungsvorschlag einzubringen und den Sonntagmittag, da ich mein Honigtöpfchen für das Geburtstagskind schon in meinem hinlänglich erwähnten Beitrag ausgekratzt hatte, mit dem Thema zu belästigen: Die Regisseure oder Das Theater streckt die Hufe in die Luft! Das hätte zwar das europäische Theater auch nicht verbessert, aber es hätte Wirbel gegeben.

Meine Frau nennt mich bei solchen Gelegenheiten immer den Parolen-Paule, wörtlich: »Jetzt hat Parolen-Paule wieder zugeschlagen.« Meine Parolen haben schon immer Wirbel gemacht, ganz egal, wer da gerade auf dem Sagesesselchen saß. Bei Wirbel aber, den ich selber veranstalte, habe ich gelernt, daß es saugut ist, nicht mehr *allein* von den Hunden gebissen zu werden. Darum hatte ich so gehofft, daß der Adolf kommt. Aber der war ja nun krank. Also beschloß ich, nicht hinzugehen, und bei diesem Beschluß beließ ich es und ging hin. Natürlich war das falsch, denn der Vorsitz wurde nun einem sehr intelligenten Manne angetragen, dessen umfangreiches Wissen ihn mehr zur Vorsicht denn zu mutiger Tat verleitete. Der Ehrungsmittag begann überaus köstlich. Ich saß, wie immer zu früh gekommen, was eine DDR-Tugend ist, mit Fred Düren, einem der Teilnehmer, der noch früher da war, extra aus Jerusalem eingeflogen, in einem Wartezimmer der Akademie. Später kamen die anderen, ebenfalls das Ehrungspräsidium zierenden hinzu. Als der Ehrengast Benno Besson das Wartezimmer betrat, uns allen die Hand drückte, mir auch – erkannte er mich nicht. Wir hatten uns ein paar Jahre, na, vielleicht 20 Jahre nicht gesehen, aber, immerhin: erkennen hätte er mich schon können. Ich erkannte ihn ja auch. Zugegeben, wir waren alle etwas älter geworden. Zugegeben, die Jahre unserer spektakulären Erfolge lagen mehr in unserer Jugendzeit. Zugegeben, er hatte sich etwas verändert, seine Haare standen jetzt weit in die Luft, früher blieb das nur seinen Augenbrauen vorbehalten, die nun vor überwallender Haarpracht weniger auffielen. Aber es war schon der Benno, das sah ich sofort. Er sah es nicht bei mir, und ich dachte, na, was hat er denn gegen dich? Heutzutage denkt man das ja schneller als früher. Du hast ihm doch nichts getan, schließlich bist du seinetwegen da. Gut, auch ich sehe nicht mehr aus wie damals, mein Muskelzuwachs ist sichtbar, auch bin ich im Gesicht etwas stattlicher geworden, aber an der Stimme hätte er mich doch erkennen können, ich hatte ihm doch »Guten Tag« gesagt.

Nun ist schon der Dresen nicht gekommen, dann hätte auch der Besson wegbleiben können. Ich war richtig ein bißchen verstimmt. In dieser Gemütslage wurden wir zur Bühne geleitet. Der Zuschauerraum war gut besetzt, so an die 300 Menschen. Viele Anhängliche. Düren begann eine ziemlich unbeholfene, nicht von ihm getroffene Auswahl aus dem Ehrbuch für den Ehrgast ehrvoll und ungeübt vorzulesen. Dann nahmen wir übrigen auf der Bühne Platz. Ein Zeitschriftenmensch am linken Rand, dann Fred Düren, der Vorsitzende, Benno, die Thalbach, seine Tochter, und ich am rechten Rand. Da beugte sich Besson mit einem Male vor, schaute an der Nase seiner Tochter vorbei um die Ecke auf mich und rief, sein Gesicht in Falten des Erstaunens und eines wiedererkennenden Fragezeichens ziehend: »Esche?!«

Am Ende der Veranstaltung Akademie-Debatte XV kam es mir vor, als hätte ich an einem alten Kriegertreffen teilgenommen, dessen Teilnehmer zu jener glücklichen Generation gehören, die einmal einen Krieg gewonnen hatten, von denen sich aber keiner mehr recht erinnern konnte, in welchem Jahrhundert der Sieg stattgefunden hatte.

(geschrieben 1999)

ALS ES MIR AM THEATER NOCH GEFIEL.
Oder
EIN KLEINER VERSUCH
ÜBER DEN GROSSEN LANGHOFF.
Oder
EIN HELD.

Solch ein Kapitel muß man einfach mit der Behauptung beginnen: Früher war alles besser. Auch auf die Gefahr hin, daß der junge Leser das Buch nun endgültig in die Pfanne haut und zornerfüllt und rachsüchtig brüllt: »Das hat mir meine Oma auch schon gesagt.« Dieser Ausruf wiederum gäbe mir die Möglichkeit, alle Mühen des Berichtens fahren zu lassen und ermüdet das Kapitel »Als es mir am Theater noch gefiel«, kaum begonnen, mit dem Satz zu schließen: »Deine Oma hatte recht.« Ich tue das nicht, weil ich ja nicht weiß, von wessen Oma die Rede ist und welche Zeiten der junge Mensch für »früher« hält. Ich jedoch weiß, was ich mit früher zu beschreiben vorhabe. Eine Zeit mit vielen Mängeln und nicht eine Zeit, die frei von Hoffnung war. Doch das Gute zu beschreiben ist so einfach nicht. So einfach ist das. Es ist scheißschwer.

Die Bösen zu spielen ist leichter als die Guten zu spielen. Das weiß jeder Schauspieler. Die Bösen sind mehrdeutig und mit äußerlichen Mitteln leicht in Wirkung zu setzen. Die Bösen zu spielen ist mit den Mitteln der Verpackungskunst brillant herstellbar. Dagegen sind die Guten eindeutig und inhaltsschwer. Sie erscheinen als langweilige Wiederholer und basieren im Grunde genommen auf der Parteinahme des Zuschauers für das Gute. Nun, das ist schon was! Nur, das Dumme daran ist, das haben wir erfahren müssen, auf die kann man sich nicht verlassen. Da liegt die Crux. Da finden wir die Achillesferse des Gutewichts.

Der Gutewicht müht sich mit allen Mitteln der Langeweile, u. a. *Dem Guten. Dem Wahren. Dem Schönen* die Massen zu gewinnen, bis die Massen ihn in den Arsch treten. Hier kriegt man Mitleid mit dem Helden. Und ein Held, mit dem man Mitleid kriegt? Das wird ein sehr ärgerliches Stück. Dieses alles weiß ich und sage: Trotz alledem – ich lasse mich von meinem Vorhaben nicht abbringen, in diesem Buch den Versuch zu machen, *Das Gute* zu beschreiben.

Auch auf die Gefahr hin, den Leser ins Gähnen zu bringen. Das finde ich mutig von mir. Und ich tue das, obwohl mir das Schicksal des ehemaligen Zentralorgans »Neues Deutschland« noch nicht aus der Erinnerung geblichen ist. Dem hat man auch erst geglaubt, als es das Neue Deutschland nicht mehr gab. Immerhin ein Schicksal, welches man dem »Nachneuen Deutschland«, nachdem es seine zentralorganisierte Rolle, die Glaubensrolle, eingebüßt hat, wünschen würde. Denn von allen unanständigen Zeitungen die noch anständigste zu sein, wird auf Dauer nicht reichen. Wie dieses auch ausgehen mag – – – – – –.

Ich weiß, worauf ich mich jetzt einlasse, und ich beginne mit einem Donnerschlag. Wie fast jeder Donnerschlag verbirgt sich auch dieser im wolkigen Gewande, doch läßt das den Vorwurf schon ahnen. Diese Ahnung richtet sich an den einen oder den anderen Leser. Ich ahne: Hatte der eine oder andere sie noch, die Zeit der Hoffnung, er das Ziel seiner Hoffnungen ausschließlich auf das Unerfüllte richtete. Nicht daß das falsch war. Denn Glück allein im Erreichten zu finden, schließt die Zukunft aus. Übel daran war die Aus-

Eine Aufnahme für »Deutschland. Ein Wintermärchen«.

schließlichkeit, mit der das bereits Erfüllte als Selbstverständlichkeit betrachtet wurde. Und Selbstverständliches hält man nun mal für selbstverständlich und nicht für besonders wertvoll. Der Wert wurde erst erkannt, als er von den Beteiligten verspielt war.

»Nun klagen die Toren, aber leider zu spät. Denn nun bezwingt sie der König.« So heißt es im »Reineke Fuchs«. Und so war der eine oder die andere beteiligt an dem Verspielen jener Zeiten der Hoffnung. Damit ignoriere ich nicht die Schuld der Hauptbeteiligten, an die wende ich mich aber nicht, da diese, mit Ausnahme von Kochbüchern und Sparbüchern, mit Büchern wohl nie viel im Sinne hatten. Und dieses Buch mit Sicherheit nicht zur Hand nehmen werden. Mein Vorwurf geht an die von den Gaunern jeder Farbe Hochgelobten: Das Volk.

So wendete sich, nachdem der Rausch verflogen, der eine oder die andere – in eine so »unsagbare Traurigkeit« über die Vergänglichkeit alles Schönen hinein. Und nun sitzen sie im Speck des Verpackungsmülls und schwärmen von Ost-Negerküssen.

Von einem zwanzigjährigen Demonstranten der Ereignisse von 1989 weiß ich, daß der damals in die Kamera rief: »Vierzig Jahre sin mir betrogn wortn.« Und 2 Jahre später: »Dafür ham mir nich demonschtriert.«

Wenn ihnen und damit uns allen ein Glück geblieben ist, ist es die Erkenntnis: Gute Zustände sind kein Geschenk oder eine ewig währende Gnade; sie sind, das haben wir nun unter Schmerzen feststellen müssen, ganz und gar keine feste Größe.

»Schon gut, Opa«, sagt mein junger Freund, der Pfannenbrüller. »Es kann ja sein, daß du weißt, wovon du sprichst, aber ich weiß es nicht. Wenn du aber soviel weißt, dann streng dich doch mal an, daß ich an deinem Wissen teilhaben kann und ein bissel Freude daran habe. Aber bitte streng dich nicht zu sehr an, mach's leicht, mach's bunt, mach' ein bissel Trallalas mit Bewegung. Denn soviel weiß ich ja auch schon, es sind schlechte Zeiten für das Theater, aber gearbeitet wird ja wohl noch, und die Ergebnisse sind eben zeitgemäß.«

»Richtig«, erwidere ich, »und sie sehen auch so aus: Pfuschtheater! Angeführt von ungelernten Berufen: Intendanten, RegisseurInnen, Geschäftsführerinnen und ein paar Vorzimmer-Intriganten. Die Theaterzeiten sind von der Art, daß selbst Intrigen lustlos gestartet werden. Miserabel geleitete Theater. Da haben Sie Ihr zeitgemäßes Theater, junger Mann!« Ich hole Luft und fahre fort: »Dagegen erzeugte der Druck, den die Führung in den Theatern jener Zeit ausübte, von der ich spreche und von der Sie sich weigern, Kenntnis zu nehmen, bei dem, der an der Arbeit teilnahm, Produktivität. Eine Leistungsfähigkeit, die nicht getragen wurde von der Angst, den Arbeitsplatz zu verlieren.«

»Was?« schreit der junge Pfannenbrüller. »Wann bitte soll denn das gewesen sein?«

»Na früher!« sage ich. »Allerdings war der Preis dafür hoch. Man mußte damit rechnen, daß Regierungsmitglieder im Zuschauerraum auftauchten und sich den ganzen Abend anguckten. Man gab sich entspannt, wenn es ihnen gefallen hatte. Man wappnete sich, wenn es ihnen mißfiel. Denn das Mißfallen behielten sie nicht für sich, ungeachtet, ob sie recht hatten oder nicht. Was folgte, waren Kämpfe. Es gab für den Künstler zwei Möglichkeiten, sich an diesen Kämpfen zu beteiligen: sich zu drücken oder sich zu stellen. Drückte er sich, bereitete er sich auf das vor, was wir jetzt haben. Stellte er sich, war seine Niederlage meist gewiß. War er in der Lage, die Niederlage zu verarbeiten, wurde er stärker und stellte sich unverdrossen der nächsten Auseinandersetzung. Die folgte mit Sicherheit, und diese Schlacht verlor er auch. Doch lernte er die Grenzen seiner Niederlagen kennen, und er gewann die Einsicht, daß sie nach außen zu verschieben sind. Das trainierte seine Kondition durch Erkenntnis, und so lieferte er sich gleichsam einen größeren Raum für seine Kunst und sah die Chance, seinen Charakter zu bilden.«

So! Und damit lasse ich nun den Pfannenbrüller stehen und überlasse es ihm selbst, sich der Historie zu nähern, um sich nicht vor der Zukunft zu fürchten, und habe mich ohne Umschweife längst meiner Hauptfigur genähert. Dem Wolfgang Langhoff.

Die Zeit, in der Wolfgang Langhoff die Intendanz des Deutschen Theaters übernahm, war eine Zeit, in welcher sich

Mit Wolfgang Langhoff als Maske in Sternheims »1913« in den Kammerspielen, 1964.

des Menschen größte Fähigkeit, die Lernfähigkeit, zu beweisen hatte. Die verbrecherische Führung der Nazis hatte nicht nur einen großen Teil der Welt als Trümmerwüste hinterlassen, sondern, wie konnte es anders sein, auch Berlin. Und wie so oft in der Menschheitsgeschichte: Nach der Katastrophe bewies sie sich, die Lernfähigkeit, zeigte sich wieder im Sonnenlicht, und die Menschen begannen den Wiederaufbau. Diesen auch in den deutschen Köpfen zu betreiben war unter anderem Wolfgang Langhoffs Vorhaben.

Ich gehe in gewissen Abständen auf Friedhöfe. Ich tue das schon lange. Nicht weil ich's gern gruselig hätte, nicht weil ich besonders nekrophil wäre, sondern weil da wenig Verkehr ist und ich meine Texte memorieren kann. Und Text üben kann ich am besten an der frischen Luft. Damit man mir das mit der in Abrede gestellten Nekrophilie glaube, füge ich die deutsche Übersetzung des Wortes aus dem Duden von 1990 bei: »Nekrophilie, abartiges, auf Leichen gerichtetes sexuelles Triebverlangen.« Glauben aber kann man mir den Nekromant, den Totenbeschwörer, den Weissager durch Geisterbeschwörung. Man vergesse bitte nicht: Die meisten Texte, die ich lerne, sind Texte von Toten (zwar lebt Peter Hacks noch, aber den spielt man ja nicht mehr). Und deren Texte memorieren sich auf Friedhöfen so schlecht nicht.

Ich werde jetzt nicht auf das Thema kommen, welches, ich weiß das, den Leser mehr als alles andere an diesem Buche interessiert, nämlich: Wie behalten Schauspieler nur den ganzen Text im Kopf. Aber darauf lasse ich mich jetzt nicht ein. Jetzt nicht. Jetzt gehen wir auf den Friedhof, schließlich müssen wir auf Langhoff zurückkommen. Also gehen wir zum Friedhof.

Nicht weit von meiner Wohnung in Berlin Mitte liegen

am Beginn der Chausseestraße zwei Friedhöfe, der Französische II und der Dorotheenstädtische. Der Dorotheenstädtische Friedhof ist, seit Bertolt Brecht dort liegt, das Ziel der noch lebenden Berliner Gauklerprominenz. Sich nämlich am letzten Tag den letzten Wunsch erfüllt zu wissen, ebenfalls dort zur letzten Ruhe gebettet zu sein. Dieser Wunsch entstand nicht, weil Hegel dort liegt. Das wäre zwar schön, aber zuviel verlangt. Und suchen sie auch nicht die Nähe eines Denkers, so meiden sie immerhin den Dunstkreis toter Regisseure und zeigen statt dessen ihre Vorliebe für verstorbene Dichter. Was wirklich ein feines Zeichen ist – der Schauspieler sucht nach verblühtem Leben Versöhnung beim verstorbenen Dichter. Versöhnung für die Missetaten, die er die Zeit seines Lebens an ihm verübte. Und da alle Schauspieler sich am Dichter vergehen und der Menschheit Gewohnheit folgen, in die Hand zu beißen, die sie streichelt, und fast alle kurz vor ihrem Ableben Reue empfinden, wollen fast alle Schauspieler auf diesen Friedhof. Würden alle Reuigen zu ihrem letzten Abgang auf diesen Friedhof kommen, müßte man diesen sehr vergrößern. Das aber tut man nicht, und so kommen nur wenige drauf. Auch so entsteht Prominenz.

Bevor Brecht sich zu diesem Friedhof, den er jahrelang, hinter seinem Klofenster sitzend, betrachtet hatte, endgültig begab, lagen da schon längst die Schadow, Rauch, Krüger, Schinkel und Hegel und andere Berliner und Weltgrößen. 1963 ließ Wolfgang Langhoff seinen Technischen Direktor Karl Ruppert hier beisetzen und wenige Monate später seine geliebte Frau Renate. 1966 starb er selbst, und seitdem liegen der Ruppert und die Langhoffs nebeneinander. Ich hatte bemerkt, daß beide Grabstätten seit vielen Jahren nicht gepflegt wurden und machte die jeweilig residie-

Zwei Kollegen auf dem Französischen Friedhof: Ludwig Devrient (15.12.1784 - 30.12.1832), Dieter Franke (13.10.1934 - 23.10.1982)

renden Intendanten des DT im Laufe der Jahrzehnte immer mal wieder auf das Problem aufmerksam, um jedes Mal von ihnen die gleiche Antwort zu erhalten: »Gut, daß du es sagst, da muß sofort etwas unternommen werden.« Und dabei blieb es. Ich verlor schließlich auch bei diesem Thema die Geduld mit den Wechselbälgern und suchte Mitte der achtziger Jahre den damaligen Friedhofsverwalter Herrn Springer auf. Herr Springer war nicht in seinem Büro, und ich fand ihn, mit aufgerollten Hemdsärmeln eine Schubkarre entleerend, zwischen den Gräbern.

Ich sagte: »Herr Springer, kann ich Sie mal einen Moment sprechen?«

Herr Springer gab keine Antwort.

Ich fuhr fort: »Es ist so, ich bin Schauspieler am Deutschen Theater.«

Herr Springer schwieg.

»Das Deutsche Theater liegt hier um die Ecke in der Schumannstraße.«

Herr Springer blieb stumm.

»Und ich möchte Sie bitten, von mir den Auftrag zur Pflege des Grabes von Karl Ruppert entgegenzunehmen.«

Da öffnete Herr Springer den Mund und antwortete: »Ich weiß, wo die Schumannstraße ist.«

Ich ließ mich von dieser Auskunft nur kurz irritieren und insistierte: »Ich glaube, daß das Grab von Ruppert der Pflege bedarf, wahrscheinlich hat er keine Angehörigen mehr, aber er war ein wichtiger Mann am Deutschen Theater, und ich möchte die Pflege übernehmen.«

Springer war inzwischen mit seiner leeren Schubkarre zu einem vollen Haufen gefahren und begann diesen abzutragen und murmelte: »Keine Kapazitäten.«

»Bitte?« sagte ich.

»Ich habe keine Kapazitäten, habe ich gesagt. Da hat der Ruppert mehr Erben als ich Kapazitäten. Sollen doch seine Erben das Grab pflegen, bei der Beerdigung, da sind sie alle da, weil sie noch nicht wissen, was im Testament steht, aber haben sie endlich ihr Tafelsilber im Säckchen, ist der gute Onkel Ruppert ein toter Mann, und kein Hund interessiert sich mehr für Onkel Rupperts Grab. Aber was rede ich, so ist der Mensch.« Er hatte, obwohl unvermittelt gesprächig geworden, seine Karre aufgefüllt und damit den vollen Haufen ein wenig entlastet und fuhr fort: »Wenn Sie am Theater sind, dann gehen Sie doch dahin und reden mit denen, schließlich war der Ruppert lange genug am Theater.«

Er hatte sich mit seiner vollen Karre wieder in Bewegung gesetzt, und ich lief ihm nach: »Das habe ich ja längst getan, aber die versprechen immer und halten nichts.«

»Na, sehen Sie, das habe ich ihnen doch eben gesagt, so ist der Mensch. Hören Sie auf, die sind alle so.«

Ich sagte: »Das stimmt nicht, ich bin ja da.«

Da blieb Springer stehen, ließ die Karre nicht los, deren Inhalt in den kühlen Herbstmorgen dampfte, schaute mich eine kurzen Moment an, dann sprach er: »Ich habe keine Kapazitäten.« Und schob mit seiner Karre von dannen.

Da verlor ich den Mut und nickte in seinen Rücken einen Gruß. Beim Wenden zum Gehen fiel mir meine Mutter ein. Margarethe sagte, wenn ich in der Nachkriegszeit vom Schlangestehen ohne Lebensmittel nach Hause kam: »Ja aber hast du denn nicht noch mal nachgefragt?« Und wenn ich sie fragte, was ich denn hätte nachfragen sollen, antwortete sie: »Na, haben sie nicht *doch*.« Also stellte ich mich nochmals an und fragte, als ich dran war: »Na, haben Sie nicht *doch*?« Man hatte nie, aber nun, ein paar Jahrzehnte später, stellte sich auf dem Friedhof in der Chausseestraße heraus, ich hatte was gelernt. Denn ich lief hinter Herrn Springer her und sagte, als ich ihn erreicht hatte: »Ich hatte bei der Suche für ein Grab für meinen Freund Dieter Franke viele Friedhöfe in Berlin Mitte kennengelernt, aber, Herr Springer, das muß ich Ihnen sagen, Ihrer ist der gepflegteste.«

Da sagte der Friedhofsverwalter: »Wir können ja mal zum Ruppert gehen.«

Als wir vor Rupperts Grab standen, zeigte ich auf der beiden Langhoff Grab: »Hier zumindest scheint sich ja manchmal jemand zu kümmern?«

»Kümmern!« schnauzte Springer auf die Grabstätte. »Kümmern? Sie meinen das abgeschnittene Ästchen an der Tanne? Dieser Schnitt stammt von einer anonym bleiben wollenden Krankenschwester aus Bernau. Die Frau ist so alt und krank, daß ich nicht weiß, wie sie den langen Weg von

Bernau bis hierher nach Berlin Mitte schafft, wenn sie die Friedrichstraße mit der S-Bahn erreicht hat und dann mit ihrer übergroßen Schere im Paletot auf ihren kurzen Beinen auf dem Friedhof ankommt. Jedenfalls kommt die hier immer an, bleibt am Luther-Denkmal stehen und schnauft, tippelt dann die 15 Schritte bis zum Langhoff, holt mit letzter Kraft die Schere aus dem Paletot, geht an die Tanne und macht *schnipp*, und an manchen Tagen reicht die Kondition, und da macht sie möglicherweise auch noch *schnapp*; dann aber ist die Frau fix und alle, stopft mit letzter Kraft die übergroße Schere wieder in ihren Paletot und läuft zurück zur Friedrichstraße, und wie die dann in Bernau ankommt, das weiß ich nicht, aber ankommen muß sie ja wohl, denn sie taucht ja immer mal wieder hier auf und macht *schnipp*. Diese Frau ist die einzige Person, die an diesem Grab was macht. Kommen tun viele Leute auf den Friedhof, viele fragen auch nach Langhoff, weil sie den nicht finden können, weil man nicht mehr sehen kann, wo der liegt, weil der Grabstein oder das Geländer, was den Grabstein bedeuten soll, zugewachsen ist. Der Mann muß ja wohl mal ein berühmter Mann gewesen sein, da kommen welche sogar aus Amerika und fragen, wo liegt denn hier der Langhoff. Ja, aus Amerika kommen die und stellen solche Fragen. Es haben sogar schon Neger nach dem Grab gefragt. Ich versteh ja vom Theater nichts, das finde ich auch überhaupt nicht schlimm; ich habe meine eigenen Sorgen, aber wenn so ein Mann schon in der ganzen Welt bekannt oder berühmt ist und nur eine anonym bleiben wollende Krankenschwester aus Bernau kümmert sich drum, na, was macht man sich denn da für Gedanken? Ja, ich frage Sie mal, was macht man sich denn da für Gedanken! Aber ich sage ja, so ist der Mensch. Einmal war hier einer, wissen Sie, so einer in Turnschuhen, na, geht mich ja nichts an, der stand hier vor dem Grab an Hitzigs Grabmal gelehnt. Und drüben auf Schinkels Grab standen Kerle mit einer Kamera, die waren vom ZDF. Wären die vom DDR-Fernsehen gewesen, hätte ich die vom Friedhof geschmissen, aber ich dachte, naja, das ist schließlich das Westfernsehen, das kann man ja nicht machen. Jedenfalls standen die auf Schinkels Grab. Ich dachte, na, kann ich ja nachher wieder aufräumen auf Schinkels Grab. So, und die drehten ein Interview mit dem in den Turnschuhen, der redete hier, an Hitzigs gelehnt, über Langhoffs Grab hinweg rüber in die Kamera, die auf Schinkel stand. Ich meine, wird schon richtig gewesen sein, was er da geredet hat, ich habe ja nicht zugehört, das waren viel zu viele Worte, aber vom toten Langhoff war wohl die Rede, und die vom ZDF nahmen das alles auf, und die vom ZDF, die müssen das ja wissen, ich meine, schließlich senden die das ja. Ich will das so ausdrücken, zugehört habe ich nicht, aber ich dachte: Junge, wenn du schon so viele Wörter weißt und weißt, wer Langhoff war, könntest du ja auch mal einen Rechen zur Hand nehmen. Dann endlich waren die fertig auf Schinkels Grab, und ich sagte noch zu dem Turnschuhfritzen: ›Na, junger Mann, vielleicht sind sie vom vielen Reden jetzt ein wenig erschöpft und wollen auch mal ein bißchen körperlich arbeiten‹, und hielt ihm damit meinen Rechen vor die Nase. Da sagte der Lauser, indem er den Rechen mit so einer angeekelten Miene im Gesicht zur Seite schob, daß der Rechen gegen Hitzigs Mausoleum plumpste und er mit seiner nun wieder befreiten Hand mit ausgestrecktem Arm auf die Grabstelle zeigte: ›So wollte es der Tote haben.‹ Da bückte ich mich und hob den Rechen wieder auf und ging zum Schinkel, und dachte: So ist der Mensch.«

Herr Springer schaute in die Wolken. Da sagte ich ihm, wenn es seine Kapazitäten erlauben würden, wäre es doch das einfachste, daß ich zu Rupperts Grab auch das von den Langhoffs zur Pflege übernähme. Der Friedhofsverwalter schien mir nicht zuzuhören und sagte: »Auf der Schule haben wir auch den Goethe gehabt. ›Hermann und Dorothea‹.«

Und nun erlebte ich etwas, was der Totengräberszene im Hamlet nicht nachgestellt war und mich tiefer beeindruckte, als daß es das im Hamlet gekonnt hätte, denn das folgende wurde von keinem Schauspieler vorgetragen, sondern vom Friedhofsverwalter Springer:

Also entwich der bescheidene Sohn der heftigen Rede:
Aber der Vater fuhr in der Art fort, wie er begonnen:
»Was im Menschen nicht ist, kommt auch nicht aus ihm, und schwerlich
Wird mich des herzlichsten Wunsches Erfüllung jemals erfreuen,
Daß der Sohn dem Vater nicht gleich sei, sondern ein Beßrer.
Denn was wäre das Haus, was wäre die Stadt, wenn nicht immer
Jeder gedächte, mit Lust zu erhalten und zu erneuen
Und zu verbessern auch, wie die Zeit uns lehrt und das Ausland!
Soll doch nicht als ein Pilz der Mensch dem Boden entwachsen
Und verfaulen geschwind an dem Platze, der ihn erzeugt hat,
Keine Spur nachlassend von seiner lebendigen Wirkung!
Sieht man am Hause doch gleich so deutlich, wes Sinnes der Herr sei,

Wie man, das Städtchen betretend, die Obrigkeiten
   beurteilt.
Denn wo die Türme verfallen und Mauern, wo in den
   Gräben
Unrat sich häufet und Unrat auf allen Gassen herumliegt,
Wo der Stein aus der Fuge sich rückt und nicht wieder
   gesetzt wird,
Wo der Balken verfault und das Haus vergeblich die neue
Unterstützung erwartet: der Ort ist übel regieret.
Denn wo nicht immer von oben die Ordnung und
   Reinlichkeit wirket,
Da gewöhnet sich leicht der Bürger zu schmutzigem
   Saumsal ...

Herr Springer entschuldigte sich, er hätte den Goethe nur bis hierher gelernt, und schließlich müßten das andere besser können, aber ihn hätte der Goethe schon sehr beeindruckt.

Das hatte mich auch der Springer, und ich faßte den Mut zum Folgenden: »Wissen Sie, der Langhoff war einer der Schauspieler, die von den Nazis verhaftet wurden. Er begann als ein junger Schauspieler in Düsseldorf. Er war kein Jude, kein Neger, kein Zigeuner, kein Homosexueller, sein Makel war, er war Kommunist. Nun hatten diesen Makel zu jener Zeit, den frühen dreißiger Jahren, andere Schauspieler auch, aber nicht alle von denen behielten ihn, als die Nazis kamen. Langhoff behielt ihn. Elisabeth Bergner, die zu jener Zeit berühmte Schauspielerin, rief einen anderen Kollegen von Langhoff, den Hans Otto, eine der großen Hoffnungen des Berliner Theaters, 1933 in ihre Garderobe und sagte: Herr Otto, Sie sind ein hochbegabter, sehr intelligenter junger Mensch, Sie sehen gut aus, und aus Ihnen kann alles noch werden, das Größte ist nicht ausgeschlossen, warum verbauen sie sich mit Ihrer kommunistischen Überzeugung den Weg ihres Talents? Es ist nicht überliefert, was Otto ihr antwortete. Was wir wissen, ist, daß die Bergner aus guter bürgerlicher Gesinnung heraus Deutschland verließ, und wir wissen die Antwort der Nazis, sie schmissen Hans Otto tot, sie schmissen ihn aus dem Fenster. Wolfgang Langhoff sperrten sie ein. Er kam 1933 in das KZ Esterwegen. 1934 entwich er in die Schweiz und blieb in Zürich bis 1945. In Zürich spielte er Theater wie andere deutsche Emigranten auch. Therese Giehse, der Ginsberg, der Heinz. Er kehrte nach dem Krieg nach Deutschland zurück und wurde Generalintendant in Düsseldorf und ab 1946 Intendant des Deutschen Theaters in Berlin. Er war der beste Intendant, den dieses Theater jemals besessen hat.« Ich fuhr fort: »Karl Ruppert begann um 1900 als Bühnenarbeiter am DT, arbeitete sich hoch. Seitenmeister, Bühnenmeister und schließlich, von Langhoff gebeten, Technischer Direktor. Der nächst dem Intendanten schwierigste Posten an einem Theater überhaupt. Als Ruppert starb, tat Langhoff etwas Einmaliges in der Theaterwelt. Er ließ Karl Ruppert neben dem Familiengrab der Langhoffs beisetzen. Diese Geste ist nicht stumm, sie spricht: Der deutsche Intellektuelle, der sein Land der Faschisten wegen verläßt, und der deutsche Proletarier, der bleibt. Doch die Vernichtung des Nazireiches führt sie wieder zusammen. Die Geste sagt: Versöhnung. Zwischen der antifaschistischen deutschen Intelligenz und dem deutschen Arbeiter.«

Herr Springer hatte mir unbewegt zugehört und sagte in die von ihm gehaltene Pause hinein: »Ich kann nicht allem folgen. Von dem, was Sie mir da erzählt haben, habe ich nur soviel verstanden, daß der Ruppert und der Langhoff sich sympathisch gefunden haben. Stimmt das?«

Ich nickte zur Kurzfassung. »Na, dann schlage ich doch folgendes vor, wenn sich die beiden Herren so gut verstanden haben, wie Sie das hier dargestellt haben, ich kann das nicht beurteilen, machen wir aus den beiden Gräbern eine Doppelrabatte, wollen Sie das übernehmen?«

Ich bedankte mich und übernahm.

Zwei Jahre später erzählte ich diese Geschichte meinem Freund Klaus Piontek, und er übernahm mit. Bis des Langhoffs Erben sich ihrer Kapazitäten erinnerten und selbst übernahmen. Und mir blieb das Grab von Karl Ruppert als letzte Bindung zum Deutschen Theater.

Ich begegnete Wolfgang Langhoff das erste Mal im August 1961. Im Juni hatte ich in Karl-Marx-Stadt gekündigt und lebte mit der Hoffnung, ein Engagement in Berlin zu bekommen. Den Traum fast aller jungen Schauspieler dieser Jahre, vom Berliner Ensemble engagiert zu werden, hatte ich begraben. Helene Weigel hatte mich schon 1959 in Erfurt nehmen wollen, doch sich mit der gütigen Absage des dortigen Oberspielleiters abfinden lassen, er wolle mich noch ein bißchen zureiten. Das kränkte mich beides. Das verlorene Interesse der Weigel als auch der Pferdevergleich. Denn ich pflegte schon damals die recht unpraktische Angewohnheit, niemandem das Recht zu gestatten, über mich zu verfügen und schon gar nicht in der Sprache von Jockeys.

Von der Weigel dachte ich, ungerecht jugendlich: Wenn sie mich gut findet, warum besteht sie dann nicht auf mir.

So saß ich mit meinem schönen Stolze und fast mittellos im Ostseebad Boltenhagen, in dem kleinen Häuschen meiner ersten Ehefrau, mit einer kleinen, von Tante Frieda und Onkel Kurt geborgten Geldsumme. Als von dieser Geldsumme nur noch ein Rest blieb, entsann ich mich eines im

Privatphoto 1961.

Mai 1961 noch in Karl-Marx-Stadt erhaltenen, doch inzwischen verdrängten Briefes von Langhoffs Sekretärin Selly Paryla, daß Wolfgang Langhoff sich für mich interessiere. Ich könne mich, wenn ich Lust hätte, doch einmal melden.

Lust hatte ich und meldete mich. Doch die freundlichen Antwortbriefe von Frau Paryla waren vertröstenden Charakters. So schlief der karge Briefwechsel wieder ein. Und ich war arbeitslos. Für einen gelernten DDR-Bürger kein normaler Zustand. So saß ich also in Boltenhagen, und die verbliebene Restsumme brachte mich in die ungewohnte Haltung des Grüblers. Urplötzlich entschlossen, tauschte ich den kleinen Betrag gegen ein Eisenbahnticket ein, setzte mich so gerüstet in einen Personenzug und fuhr nach Berlin.

Es war Mittag, als ich das Büro von Frau Paryla erreichte. Ich gab mich zu erkennen, sie gab sich erfreut und eröffnete heiter gelaunt, daß es sich gut füge, daß ich just eingetroffen wäre, da das Vorsprechen schon im Gange sei und ich könne, wenn ich denn wolle.

Ich wollte seit meiner Abfahrt aus Boltenhagen etwas essen und frug, ob denn noch so viel Zeit wäre. Selly Paryla sagte mütterlich ja, und ich ging essen. Die Wahrheit war, Friedo Solter, der inzwischen am Deutschen Theater schon die 2. Spielzeit engagiert war und mich ermuntert hatte, es doch noch einmal bei der Paryla zu versuchen, hatte mich zum Mittagessen eingeladen. Das war nobel von ihm, denn an Vermögen besaß ich nur noch die Rückfahrkarte nach Boltenhagen.

Wir gingen also in das am Schiffbauerdamm gelegene Wein-ABC. Zufällig saß dort ein Kollege aus Erfurt, es war Erhard Köster. Er war inzwischen am Berliner Ensemble gelandet und fragte mich, warum ich nicht zum BE käme. Ich sagte ihm, das wisse er doch, die wollten mich nicht, und nun will ich nicht mehr. Köster glaubte mich zu kennen, und so glaubte er mir nicht glauben zu dürfen und fuhr unbeirrt fort, daß heute am BE Vorsprechen wäre. Meine Frage, wie ich das machen solle, wischte er mit der Geste des erfahrenen Berliners zur Seite. Die Frau von Ernst Busch wäre die Chefin vom Künstlerischen Betriebsbüro, die würde er bitten, mich einfach auf die Liste der Vorsprechenden zu setzen, sie täte das bestimmt. Ich sagte, daß ich aber schon am DT vorspräche, Köster meinte: Und wenn sie dich nicht nehmen? Ich sah Solter an, der zog die Schultern schweigend nach oben und sah einer die Rechnung schreibenden Kellnerin hinunter auf die Brüste. Ich bedankte mich bei beiden Herren.

Es war 15 Uhr geworden. In einer Viertelstunde hatte ich Termin in der ehemaligen Probebühne der Kammerspiele des DT, und ich kam des Schauspielers liebster Beschäftigung nach, ich sprach vor.

Danach eine Etage tiefer in das Büro von Langhoff gebracht, gab er mir die Hand und sagte, er hätte das recht lustig gefunden, besonders meinen Stuhlfall. Ich hatte mir nämlich ausgedacht, beim Schluß des Monologs des Chlestakow aus Gogols »Revisor« auf einen Stuhl zu springen und von diesem dann hinunter in den Spagat zu fallen. Wofür ich während der Erfurter Aufführung stets einen großen Lacher erntete. Nun hörte ich, daß man es in Berlin nur *lustig* fand. Eitelkeit hat auch Vorteile: Man lernt Unterschiede kennen.

Langhoff fuhr fort: Ich hätte zwar eine recht eigenwillige Interpretation gegeben, besonders vom Prinzen Heinz aus Heinrich IV., aber gerade dieses hätte ihm gefallen, da er junge Leute suche, die einen eigenen Kopf hätten, wenn auch über dieses und jenes meiner Darstellung man noch sprechen könne, aber das täte er gern und dafür wäre ja noch genügend Zeit, denn er würde mich nehmen.

In meiner glücklichen Verwirrung plapperte ich aus, daß ich aber noch am BE vorsprechen müsse. Einmal, weil ich das zugesagt hätte, und zum anderen, weil ich gehört hätte, daß Frau Weigel sich mit mehr Erfolg bei der schwierigen Berliner Wohnungssuche für ihre Schauspieler verwenden würde als der Verwaltungsdirektor des DT, Herr Walter Kohls dies täte. (Selbst bis zum Ostseebad Boltenhagen wehte der Landwind Berlinisches: nämlich, daß die Weigel die Wohnungsvergeber für ihre Schauspieler bestach.)

Langhoff mußte lachen und sagte: »Gehen Sie zur Weigel, sprechen Sie vor, und dann sagen Sie mir, wie Sie sich entschieden haben.«

Mit steifer Brust lief ich die Albrechtstraße zur Spree hinunter, bog in den Schiffbauerdamm, dann um das »Ganymed« herum und stand auf der Bühne von Brecht. Unten hörte ich eine Stimme mit österreichischem Akzent: »Ja, der schaut ja aus wie der Kennedy.« Es war die Weigel.

Ich sprach noch einmal den Chlestakow vor, den mit dem Stuhlfall. Die Weigel fragte: »Na, wollen Sie nicht noch etwas vorsprechen, die eine Rolle ist vielleicht ein bissel wenig.« Sie hatte nichts über meinen Spagat gesagt, der in Meiningen und Erfurt sehr gut ankam und beim Deutschen Theater zumindest lustig gefunden wurde. Ich hatte schon wieder einen Unterschied kennengelernt. Ich sagte, wenn sie wolle, könne ich auch noch ein Gedicht aufsagen. Unten wurde getuschelt, und es kam wieder die Stimme von der Weigel aus dem dunklen Zuschauerraum: »Na, dann kommens mal in mein Büro.«

Das tat ich, und sie nahm mich. Sie bot mir einen Zweijahresvertrag an. Ich bat sie, mir nur ein Jahr zu geben, da ich dem Langhoff ebenfalls zugesagt hätte. Das von der Wohnung verschwieg ich. Die Weigel sah mich einen Moment lang an, ich wußte nicht, was sie dachte, und erklärte sich dann einverstanden: »Na, wenn Sie meinen.«

So hatte sich mein Leben durch eine glückhafte Wendung innerhalb von vier Stunden verändert. Ich war am Ziel meiner Wünsche: Das Berliner Ensemble. Der Traum so vieler junger Schauspieler der DDR.

Warum ich dann nicht wenigstens das eine Jahr dort blieb, das kann ich nicht sagen, ich weiß es wirklich nicht. Irgendwas gefiel mir nicht. Irgendwas war es aber schon auf der Theaterhochschule, irgend etwas war es aber auch in Meiningen oder Erfurt und Karl-Marx-Stadt. Immer gab es etwas, das mir widerstand, aber ich wußte nie, was es war. Wieder, wie in Meiningen, waren es nicht das schöne Theater, die großartigen Schauspielerinnen und Schauspieler, weshalb ich gehen wollte. Das einzige, was nicht wie in Meiningen war, war, daß sich niemand fand, der meine unverständlichen Probleme lösen wollte.

So löste ich selber nach 6 Wochen den Vertrag beim Berliner Ensemble. Ich ging also zur Weigel hoch – ihre Bürotür stand immer offen – und sagte zu ihr: »Frau Weigel, ich möchte wieder aus dem Vertrag.«

Der Regisseur Manfred Wekwerth stand in ihrem Büro und fragte mich, was mir denn am Deutschen Theater gefiele. Die Frage war überraschend richtig. Denn nun stellte sich heraus, das wußte ich auch nicht. Gesehen hatte ich da in Vorstellungen nur den Busch, als er noch bei Brecht en-

Ernst Busch.

gagiert war, aber das BE am DT gastierte. Ich hatte ihn als Azdak im »Kreidekekreis« und als Feldkoch in der »Mutter Courage« gesehen. Später sah ich ihn, als er bei Langhoff engagiert war, als Fucik, als Jago, als Parteisekretär im »Sturm«. Aber nun war der Busch hier am BE. Und ich war ihm schon näher gekommen: Bei den Wiederaufnahmeproben zum Galilei stand ich in der Gasse und sah ihm zu. Einmal blickte ich durch den Schlitz im Portal in den Zuschauerraum und konnte sehen, daß der Regieplatz unbesetzt war. Just in diesem Moment öffnete sich zaghaft eine Saaltür, jedoch nur einen kleinen Spalt, und es schien, als würde jemand durch den Spalt gucken. Im gleichen Moment sah ich, wie der Busch die Bühne verließ. Ich fragte einen Kollegen, was das zu bedeuten habe. Er sagte, wenn der Regisseur des Stückes »Galileo Galilei«, Erich Engel, nur durch die Türe blinzle, verließe Ernst Busch die Bühne. Die Probe liefe nun zwar ohne Hauptdarsteller, aber an Stelle dessen mit dem Regisseur weiter. So geschah es, der Spalt öffnete sich, Erich Engel betrat den Raum und nahm den Sitz am Regiepult ein.

Ernst Busch war der einzige Schauspieler, den ich als Vorbild ansah, und der war nun also hier, und ich wollte weg. Natürlich war da noch am Deutschen Theater der Karl Paryla, unglaublich jung als Zugführer Nil in den »Kleinbürgern«, und Wolfgang Heinz im gleichen Stück als der Trinker Teterew. Was für ein Komiker! Herwarth Grosse, den ich gerade in der »Minna von Barnhelm« als Wirt gesehen hatte. Horst Drinda, von dem zu lernen war, daß man nur dann ein guter jugendlicher Held sein konnte, wenn man ein noch besserer jugendlicher Komiker war.

Wekwerth sagte: »Heli, wenn er an das Stadttheater will, dann laß ihn doch gehen.« Das aber sagte er erst, nachdem er mir alle Rollen von Heinz Schubert, der nach dem Mauerbau im Westen geblieben war, angeboten hatte. Dazu den Aufidius im Coriolan. Das alles aber wollte ich ihm nicht glauben, da das Berliner Ensemble schon zu jener Zeit seiner unerfüllten Versprechungen wegen berüchtigt war. Der

Herwarth Grosse.

Regisseur verließ den Raum, und die Weigel ergriff das Telephon, hatte Langhoff am Ohr und sagte: »Du willst mir den Buben wegnehmen?« Hörpause.

»Ich nehme dir die May doch nicht weg!« Hörpause.

»Nein, die Gisela ist erwachsen und weiß selbst, was sie will, also will sie zu mir!« Hörpause.

»Gut, kannst den Bub kriegen.« Sie legte auf und sagte zu mir: »Bub, kannst gehen.« Am nächsten Tag war ich Mitglied des Deutschen Theaters.

In den Kammerspielen begannen die Proben. »Die Mitschuldigen« von Goethe. Es war eine schon laufende Aufführung, die nun doppelt besetzt wurde, und ich kriegte den Alcest und sollte mit Drinda alternieren. Regie machte Wolf Dieter Panse. Ein unendlich geduldiger, freundlicher Mensch. An ihm lag es nicht, daß ich wieder weg wollte. Ich ging zu Langhoff und schilderte ihm mein Elend. Dieses wußte ich in keine anderen Worte zu kleiden als diese: »Herr

Langhoff, ich weiß nicht, was es ist, aber irgendwas gefällt mir nicht, und ich möchte Sie bitten, mir die Rolle des Alcest wieder wegzunehmen.«

Der Langhoff sah mich aufmerksam an und sagte dann: »Esche, wir finden eine Lösung, aber jetzt gehen Sie bitte wieder zur Probe, ja, mir zuliebe.«

Ich ging wieder zur Probe. 3 Tage später: »Herr Langhoff, darf ich Sie an Ihr Versprechen einer Lösung erinnern?«

»Esche, ich habe Sie nicht vergessen, aber Sie müssen mir noch etwas Zeit lassen. Ja, also gehen Sie wieder zur Probe, ja, mir zuliebe.«

Das »mir zuliebe« sagte er oft.

Dann gab es noch ein drittes Mal: »Esche, Sie dürfen mich jetzt einen Tag vor der Generalprobe nicht im Stich lassen.« Das sah ich ein. Die Premiere lief nicht schlecht. Und ich blieb an diesem Theater fast 4 Jahrzehnte.

Es waren nicht die Worte von Langhoff, die mich zu bleiben bewegten, es war die Art, wie er sie sagte. Wie er dieses »mir zuliebe« sagte. Es ging etwas von diesem Manne aus, über das nur wenige Menschen verfügen und das einem lebenslänglich in Erinnerung bleibt.

Das hieß nicht, daß mein Problem gelöst war. Weg vom Theater wollte ich weiterhin. Und dieser Drang wird erst aufhören, wenn ich wirklich weg bin. Ich habe in diesen $4^{1}/_{2}$ Jahrzehnten, die ich am Theater war, auch feststellen müssen, daß der Drang wegzukommen kein permanenter war. Er verschwand beispielsweise vollkommen, wenn Vernunft gepaart mit Heiterkeit auftauchte. Ja, das ist es, Wolfgang Langhoff war ein vernünftiger Mann mit Humor und war mit Sicherheit ebenfalls falsch am Theater. Und das war der Grund, weshalb das Theater ihn lebensnotwendig brauchte.

Inzwischen hatte ich mit meiner Frau in Berlin eine Wohnung gefunden. Zwar war das kein von der Weigel besorgtes oder von Kohls rechtmäßig zugewiesenes Quartier. Ich hatte den Mittelweg benutzt. Ich hatte es schwarz bezogen. Da meine Anfangsgage 800,- Mark betrug, erwies es sich als Vorteil, daß wir mietfrei wohnten. Viele Jahre später wurde das modern, und man nannte es Hausbesetzung.

Wir zogen in eine ehemals recht schmucke, nun verfallende, von einem Berliner Bankier Ende des 19. Jahrhunderts gebaute, für den Sommer gedachte, kleine Villa. Die Villa war verlassen in Friedrichshagen. Also einer passablen Wohngegend. Im Parterre, im großen Saal, wuchsen Pilze an der Decke, die, wenn wir gewußt hätten, daß sie eßbar waren, uns gut über den Winter gebracht hätten. Statt dessen hingen winters die Eiszapfen beim morgendlichen Erwachen in der einzig bewohnbaren Hausfläche unter dem Dach an der Nase.

Das hätte mich nicht aus Berlin vertrieben. Ich wollte auch nicht weg aus Berlin. Die Geschichte zeigt, ist ein Sachse in Berlin gelandet, will er in Berlin bleiben; wer das nicht glaubt, kann es hören, in Berlin. Nein, ich wollte nur weg vom Theater.

Langhoff bekam es hin, daß diese Krankheit zeitweilig unterbrochen wurde. Durch seine Persönlichkeit. Es war nicht nur seine Fähigkeit, mit Menschen umzugehen. Von ihm ging etwas aus, daß einen mit Vertrauen erfüllte. Der Mann war glaubhaft. Eine Eigenschaft, die nachfolgenden Intendanten abhanden zu kommen begann. Das war im gesamten Theater zu spüren. Es hieß damals, als Intendant wäre er gar nicht so gut, aber wie ist es dann zu erklären, daß man den Einfluß seiner Person in allen Sparten des Theaters spürte. Der Mann war klug und freundlich und besaß scharfen

Witz, der dem allgemeinen Vorurteil über deutschen Humor in gar keiner Weise entsprach. Durch ihn herrschte Geist an diesem Haus, vor und hinter den Kulissen.

Wir hatten eine kleine Verwaltung. In ihr saß der Verwaltungsdirektor Walter Kohls. Antifaschist, 1945 aus dem KZ entlassen. Er war der richtige Mann auf dem richtigen Stuhl. Nie wieder hat das Deutsche Theater einen solchen Verwaltungsdirektor, heute sagt man Geschäftsführer, gehabt.

Er konnte sogar dichten. Denn, um am Strom im Monat die Summe von 5000 Mark zu sparen, hatte er mit einem großen Stempel kleine Zettelchen persönlich handbedruckt, vervielfältigt und in die Schauspielergarderoben gelegt. Auf dem Zettelchen stand der Dreizeiler:

»5000 Mark sind eine große Summe.
Drum spare Strom.
Sonst bist auch du der Dumme.«

Das Gedicht ist vielleicht kein ganz großes Gedicht, aber es leuchtete ein und schlug sich in der Elektrizitätsrechnung des Theaters nieder.

Sein fast immer verfangendes Argument, den um eine Gagenerhöhung bittenden Schauspieler abschlägig zu verabschieden, lautete: »Schließlich sind Sie am Deutschen Theater engagiert.« Diesem Bescheid war ein heute nicht mehr nachvollziehbarer Erfolg beschieden. Es war der Stolz, an diesem Hause zu sein. Wie wir sehen, war das kein zu unterschätzender finanzieller Faktor. Hinter diesem Stolz stand fast ein Jahrhundert Sehnsucht der deutschen Schauspieler, einmal auf dieser Bühne zu spielen. Jeder Schauspieler, wenn er länger als 10 Jahre an dem gleichen Haus engagiert ist, nennt sein Haus das beste Haus. Dagegen ist nichts einzuwenden. Aber das sagt man gewöhnlich auch von seinem Zahnarzt – bis man ihn wechselt. Dieses Haus wechselte man nicht. Nicht nur, weil der Zuschauerraum eine Intimität besitzt, welche vergessen läßt, daß der Saal über 600 Menschen faßt. Einst, vor manchem schlechten Umbau des Hauses, waren es sogar 1000. Dieses Haus hatte seine Anziehungskraft auch deshalb, weil in diesem Theater Berliner Publikum saß. Ein Publikum, dessen natürlicher hauptstädtischer Skepsis mit provinzieller Routine nicht beizukommen war. Dafür sah sich aber der Schauspieler gezwungen, dieses Publikum jeden Abend immer wieder neu zu gewinnen. Ein Dresdner oder Münchner Publikum liebt seine Schauspieler, einmal ins Herz geschlossen, lebenslänglich. Diese Liebe kann den Schauspieler auf Dauer bequem, das meint kampfuntüchtig machen. Die Berliner forderten ihre Schauspieler, obwohl längst geliebt, immer wieder neu. Diese Kämpfe machten letztlich auch *Den Berliner Schauspieler* aus, denn sie gingen nicht spurlos an seinem Können vorüber. Dieses Publikum war ein vom Theater erzogenes, und es revanchierte sich und erzog seine Schauspieler.

Dramaturgen hatten wir in jenen Jahren, glaube ich, drei. Davon war der eine der unerschütterlichste und die andere die selbstloseste Person in Sachen Fleiß. Kulle Seeger und Ilse Galfert. Hinzu kamen die unterschiedlichsten *Handschriften* der Regisseure. Langhoff der überragende. Von der Wiener Scala holte er Wolfgang Heinz, ein Theaterroß, wie man es nicht mehr kennt. Friedo Solter wurde aufgebaut und bekam mit »Unterwegs« von Viktor Rosow seinen ersten Erfolg. Besson hatte das Berliner Ensemble verlassen, natürlich aus anderen Gründen als ich, und später kam als eine Art Antipode zu Besson Adolf Dresen. An guten Regisseuren war also kein Mangel.

Und was für ein Schauspielensemble! An dieser Stelle werde ich mich hüten, einen Namen zu nennen. Wie leicht wäre einen zu vergessen möglich und wie schwer dann die Schuld. Bis in das kleine Rollenfach hinein hatten wir Frauen und Männer von erlesener Qualität. Und was für Protagonisten! Erstaunlich die Anzahl dieser Qualitäten. Von über achtzig Engagierten gehörten zirka zwanzig Schauspieler und Schauspielerinnen zur Spitze. Und typisch für die Theater der DDR – die Selbstverständlichkeit –, daß keiner der Besten auf ausschließlich große Rollen abonniert war.

Natürlich strebte das Mittelmaß der Begabungen ebenfalls das Höchstmaß an. Und das war gut so. So konnten auch kleinste Rollen vortrefflich gespielt werden. Der Ehrgeiz, mit der kleinen Rolle so zu glänzen, daß einem der Zugang zur Hauptrolle gegeben wird, ist groß und kommt der Darstellung zugute. Sind auch die kleinen Rollen gut besetzt, kann man zu Recht von Ensembleleistung sprechen. Denn von der Qualität der Umgebung ist die große Einzelleistung abhängig.

Dennoch – die Natur verteilt ihre Gaben nicht gleichermaßen. Die kleinere Begabung aber wirft das natürlich nicht der Natur vor, sondern den Umständen. Die Gerechtigkeit wird in Frage gestellt. Ich habe so manchen guten Schauspieler, dem der große Glanz verwehrt blieb, in Traurigkeit und Bitterkeit versinken sehn. Das Theater ist gerecht. Das ist ein Problem. Das auch die beste Theaterleitung nicht lösen kann. Und nicht selten zeitigten die verwehrten Ansprüche ihre Tücken. Bei Wolfgang Langhoff wagten sie sich nicht an das Forum der Öffentlichkeit. Bei seinem Nachfolger Wolfgang Heinz schon eher. Bei ihm in den Anfängen – bei seinen Nachfolgern zunehmend. In steigendem Maße wurden demokratische Organisationsformen entwickelt. Die Intendanten trennten sich von ihrer Aufgabe, das Schicksal des Einzelnen und damit des Ensembles zu bestimmen. Zwar entstanden nun Künstlerische Räte und Besetzungskommissionen. Die zweifellos ihre Aufgabe begriffen. Ob sie sie mit Erfolg lösten, blieb von der Qualität der Theaterleitungen abhängig. Und die war von Beginn der siebziger Jahre an im Schwinden begriffen. In starkem Maße. Die abfallende Tendenz zeigte auf der Fieberskala des nun zum Patienten degenerierenden Theaters, welches sich zunehmend der Lazarettpoesie zu widmen begann, selbst nicht das kleinste Strichlein nach oben. Besetzungspolitik verschwand.

Auftraggeber für die Regisseure wurde nun nicht mehr der Intendant, sondern umgekehrt: Der Intendant ließ sich von seiner Rollenverpflichtung freiwillig entbinden und empfing die Wünsche der Regisseure – am Anfang mit gnädiger Haltung und später als Bittsteller. So entstand ein neues Phänomen: ein Spielplan, der vorwiegend auf die Geschmäcker der Regisseure ausgerichtet war. Und zum Turnierplätzchen ihrer lächerlichen Hähnchenkämpfe gegeneinander den Jahresmarkt bot. Begleitet wurden sie nicht von Bühnenbildnern, sondern Bühnenbildausstellern, die die Bühne als Galerie für ihre Kunst betrachteten.

Auf der Strecke blieben das Publikum und die Ensemblekunst. Denn Besetzungspolitik ist Ensemblepolitik. Wird die nicht mehr betrieben, gerät das Ensemble in die Gefahr, den Namen nicht mehr zu verdienen. Die Folge: Die Beschränktheit der Demokratie offenbart sich. Es lebt im Mittelmaß ein verhängnisvoller Drang zur Selbstvernichtung. Der sich darin zeigt, daß, wo das Mittelmaß sich zu Recht hin orientiert, nämlich zur Spitze, es diese, weist man es nicht in seine Schranken, ständig zu beschneiden sich getrieben wähnt. Dieser Gleichheitsgedanke hat verheerende Folgen. Wir sehen sie jetzt 1999 an dem einst führenden Theater des deutschen Sprachraums, dem Deutschen Theater und seinen Kammerspielen: Ohne sichtbare Not, denn nach wie vor zahlt der Berliner Geldgeber, implodiert das Berliner Theater. Ein zum Lazarett verkommenes Lusthaus kommt dem Bedürfnis einer zum Imperialen marschierenden Profitgesellschaft zuvor – ohne dazu offiziell aufgefordert zu sein, schafft es sich selbst ab.

Diese Erkenntnis ist für mich ein Schrecken. Wenn auch kein überraschender. Weiß ich doch aus der Theatergeschichte: Wenn Calvins Bürger die Herrschaft übernahmen, wie es im 17. Jahrhundert geschah, ob in England, ob in Holland, dann wurden als eine der ersten Amtshandlungen die Theater geschlossen. Nur die Rückkehr der Feudalen öffnete sie wieder. Zum Segen der Nachgeborenen, so konnte das Barock vollendet werden.

Stellen wir uns vor, Österreich wäre eine bürgerliche Republik geworden: Wo wäre dann der Förderer Mozarts, der Erzbischof von Salzburg geblieben? Was wäre dann aus Mozart geworden?

Springen wir wieder nach vorn in die Zeit des Sozialismus. Eilen wir wieder zur Beschreibung des Guten: Zu Langhoffs Zeiten mußten die Ansprüche aller am Theater Beteiligten geführt werden. Dabei hatte die Gewerkschaft eine Rolle. Mehr nicht. Theaterleute wie Langhoff und die Weigel hatten die Erfahrungen der Alten begriffen: Wenn es dem Mittelmaß gelingt zu überherrschen, wird es sich selber beschneiden. Darüber in die Weinerlichkeit geraten und am Ende in die Bedeutungslosigkeit versinken. Also mußten Regisseure, Schauspieler und Bühnenbildner angehalten werden, ihren Egoismus in den Dienst des Ganzen zu stellen. Was das Ganze ist, bestimmte eine kommunistische Regierung. Die Höhe des Ganzen bestimmte aber der Intendant. Das geschah nicht im Selbstlauf. Das wurde geführt. Nein, demokratisch war diese Führung nicht, aber fürsorglich und gescheit.

Man muß sich Langhoffs gewaltige Leistung vergegenwärtigen, daß er zweimal gezwungen war, das DT-Ensemble neu zu bauen. Einmal nach dem zweiten Weltkrieg und einmal nach dem Mauerbau. Er baute das Theater von innen und schützte es vor außen. Von außen wurden ihm Dinge vorgeworfen, die nur aus der Zeit kurz nach der Zerschlagung des Faschismus heraus zu begreifen sind. Unsinnige Dinge. Zugleich gab es mit einer an Theaterkunst interessierten Regierung Meinungsverschiedenheiten, die unausbleiblich sind. Vergessen wir nicht das Ideale der damaligen Situation: Eine Regierung zeigt Interesse an Kunst, selbst an Theaterkunst!

Wollten sich Langhoff Ensemblemitglieder bei diesen Auseinandersetzungen, die nicht immer von Pappe waren, zur Seite stellen, verwies er sie auf ihren Platz im Theater. Und begab sich allein in die Arenen der öffentlichen und nichtöffentlichen Kämpfe. Oft kam er übel zugerichtet zurück und sagte nur: »Kinder, und jetzt an die Arbeit.« Wie eine Glucke breitete er die Flügel über die ihm Anvertrauten und nahm allein den Kampf mit den Löwen auf, neben denen auch Hyänen lauerten. *Tag und Nacht bin ich in Nöten; denn jene Feinde sind so tückisch, daß manche, die ich zu Tode getroffen, sich noch immer ein Air gaben, als ob sie lebten und, in alle Gestalten sich verwandelnd, mir Tag und Nacht verleiden konnten. Wieviel Schmerzen habe ich durch solch fatalen Spuk schon erdulden müssen! Überall*

und wo ich es am wenigsten vermuten sollte, entdecke ich am Boden ihre silbrichte Schleimspur, und nehme ich mich nicht in acht, so kann ich verderblich ausgleiten.
(Heinrich Heine)

Ich behaupte, dem uralten Traum der Schauspieler, vom Komödianten des fahrenden Volkes zum bestallten Mitglied eines festen Hauses zu werden und, ist das erreicht, von der Spielschar zum Ensemble sich zu erheben, diesem Traum waren die deutschen Schauspieler mit ihrer langen Theatergeschichte das erste Mal am Berliner Ensemble bei Brecht und Weigel und am Deutschen Theater bei Wolfgang Langhoff nahegekommen. Dem Traum vom Ensemble. Die Erfüllung zu erreichen ist aber nur möglich, wenn die Gesellschaft den Wert des Theaters begreift und wenn es das Bestreben der Intendanten und Regisseure ist, die ihnen Anvertrauten auf ihre künftige Rolle in der Gesellschaft vorzubereiten. Nämlich nicht als Firlifanz der Vielfalt, die doch letztlich nur die Einfalt in der Unperson ist, sondern als Persönlichkeit in ihr zu erscheinen.

Ein drastischer Ausspruch von Wolfgang Heinz aus jener Zeit soll das erhellen: »Ich hasse jene Schauspieler, die auf die Bühne kommen, sich dem Regisseur darbieten und mit dem Gestus dahertölpeln: Hier komme ich, hier stehe ich, forme mich, ich bin ein Stück Scheiße.« Dem selbstbewußten Schauspieler aber, der sein Talent wie seinen Kopf zu gebrauchen verstand, bei seiner Persönlichkeitsentwicklung hilfreich zur Seite zu stehen, ihn vor Anforderungen zu stellen, die ihm die bisher bekannten Grenzen seines Talents zu überspringen halfen, neue Grenzen zu finden und auch diese zu überwinden, das war die Aufgabe, die sich die Intendanten Langhoff und Heinz gestellt hatten. Mit Schauspielerpersönlichkeiten zusammenzuarbeiten, mit denen man Welttheater machen konnte. Das geht beim Schauspieler nicht *nur* über Rollen, aber *vor allem* über Rollen. Doch da Natur dem Theater genügend Anarchie beschert hat, kann man dem Schauspieler nicht gestatten, daß er sich die Rollen selbst nimmt. Wegelagerei führt zum Tod des Ensembles und dem Vorletzten an Langeweile, was Bühnen zu bieten haben: zum Startheater. Also muß die Rolle dem Einzelnen gesucht werden.

Dazu ist ein Spielplan nötig, der unter der Berücksichtigung der Rollenentwicklung der einzelnen Schauspieler steht. Natürlich wird ein Spielplan für das Publikum gemacht, damit es das bekommt, was es erwartet, und darüber hinaus etwas bekommt, was es hofft zu erwarten, aber nicht weiß, daß es das erwartet hatte, doch stolz auf sich selbst ist, daß, wenn es dieses bekommt, man ihm solches zugetraut hat. Was ich Erhebung des Publikums nenne. Natürlich muß ein Spielplan den toten und den lebenden Dichter ehren. Natürlich ist ein Spielplan auch ein taktisches Mittel, um die Obrigkeit, von der die finanziellen Zuwendungen stammen, günstig zu stimmen – in jenen Grenzen, die Anstand und Würde geben. Die Begabung einer politischen Führung eines Staates erkennen wir daran, daß sie die innenpolitische Tätigkeit höher achtet als die außenpolitische Geschäftigkeit. Es ist erst die begabte Innenpolitik, die den Staat außenpolitisch erfolgreich handlungsfähig macht. Genauso hat auch der Spielplan eines Theaters seinen wesentlichen innenpolitischen Aspekt: Welcher Schauspieler, welche Schauspielerin hat wann welche Rolle zu bekommen.

Ein Beispiel, welches Inge Keller erzählt: Langhoff sagte zu ihr: »Die Käte Dorsch, weißt du, Ingele, hatte, wenn sie, sagen wir, die Medea gespielt hatte, sofort danach eine

»Jahrmarktsfest zu Plundersweilern« von Peter Hacks in den Kammerspielen mit Dieter Franke.

»Wie man Karriere macht« von Ostrowski mit Gerhard Bienert.

»Maß für Maß« von Shakespeare. Angelo. Kammerspiele.

Operette gespielt, danach aber die Penthesilea, doch dann wieder eine Operette. Du spielst jetzt die Iphigenie, aber dann mußt du sofort eine Komödie spielen, dann gucken wir nach der Medea und so weiter.« Das aber bedeutete, daß der Intendant seinen Regisseuren Aufträge zu erteilen hatte, die diese Förderung im Auge hatten.

Das Glückliche dieser Zeit bestand auch darin, daß das Haus über Regisseure verfügte, die, bei aller Verschiedenartigkeit voneinander, über die Entwicklung von Schauspielerpersönlichkeiten nicht verschieden dachten. So sagte mir Besson, nachdem ich mehrere Hauptrollen bei ihm gespielt hatte: »Esche, wir müssen auf Baur gucken, er hat jetzt eine mittlere Rolle nach der anderen gespielt, ich werde jetzt den Molière, den ›Don Juan‹ machen, den wird der Baur spielen.« Natürlich sagte er mir das mit Bedacht, weil er annahm, daß ich vermeinte, bei ihm auf Hauptrollen abonniert zu sein.

Als ich Mitte der fünfziger Jahre am Theater begann, verwunderten mich Leute außerhalb des Theaters mit der ironischen Frage nach den Intrigen, die dem Theater, wie man weiß, eigen seien.

Ich mußte die Frage jedes Mal verwundert in Frage stellen, da mir diese Erscheinung nicht bewußt war, und ich unterstellte dem Fragenden bürgerliche Erfahrungwerte, die aus einer andern Zeit kämen. Ohne Zweifel war der Rollenneid nicht beseitigt. Ohne Zweifel standen die Regisseure in Konkurrenz zueinander, waren die sozialen Unterschiede zwischen künstlerischem und technischem Personal vorhanden, gab es gegenseitige Abneigungen mehr und Freundschaften selten, und ohne Zweifel wurden Intrigen gestartet. Aber sie blieben erfolglos.

Ich behaupte, ist einem Intendanten und der ihm unterstellten Leitung des Theaters die Intrige fremd, bleibt sie draußen.

Selly Paryla erzählte, daß der Langhoff sie einst fragte, was er denn machen solle, da ihm der Kollege X erzählt habe, daß der Kollege Y über ihn, Langhoff, sehr Kränkendes gesagt hätte, und, so erzählte die Paryla weiter, der Langhoff hätte recht hilflos ausgesehen und gefragt: »Ja, Selly, was soll ich denn da machen?«, und die Sache auf sich beruhen lassen. So war der Mann, und es hätte uns gut getan, wäre er uns länger erhalten geblieben.

Es sollte anders kommen. Es deutete sich, noch scheinbar unmerklich, der Machtwechsel von Walter Ulbricht zu Honecker an. Mehrfach schon hatten *Die Freunde* versucht, Ulbricht zu ersetzen. Nie hatten sie damit Erfolg gehabt. Ulbricht war einfach zu gut für sie. Bis sich das mafiose Krokodil Breshnew den von Ulbricht einst selbst ausgesuchten Zögling Honecker fischte, der später ein so großer Außenpolitiker werden sollte. So wurde ein Zuckerbäcker zum Königsmörder. Und es begannen die Kämpfe, die zum Untergang der sozialistischen Ordnung führen sollten. Doch dieser Vorgang und sein Ursprung, die Kämpfe zwischen Moskau und Berlin, hatten auf das Klima im Haus für uns, die Schauspieler, vorerst keinen zu begreifenden Einfluß. Die erste Ahnung bekamen wir mit dem Rummel um »Die Sorgen und die Macht«.

1993 veranstaltete das DT eine Matinee für Wolfgang Langhoff im Zusammenhang mit den Vorkommnissen um das Stück von Peter Hacks »Die Sorgen und die Macht«. Ich wurde um die Teilnahme bei dieser Veranstaltung gefragt. Das lehnte ich ab. Dafür gibt es Gründe.

Ich entsinne mich noch recht gut dieser denkwürdigen Parteiversammlungen des Jahres 1963. Die Partei hatte, nach anfänglicher Zustimmung, Ablehnung gegen die Aufführung signalisiert. Sie gab der Ablehnung Nachdruck durch Pfiffchen und Maulereien, die sie aus dem Publikum heraus, während einer laufenden Aufführung, hören ließ. Das war unüblich. Sie beließ es nicht dabei, sondern meldete das Vorkommnis als Volkesstimme in ihren Zeitungen. Das war beachtenswert. Die Parteigruppe des Theaters beachtete – und sie veranstaltete eine Versammlung. Daraus wurden schließlich vier. Diese vier Versammlungen brachten kein einstimmiges Resultat. Auch das war unüblich. Das Resultat hatte zu lauten: Die Parteigruppe des Deutschen Theaters schließt sich *einstimmig* der Meinung der Parteiführung hinsichtlich der Aufführung des Stückes von Peter Hacks »Die Sorgen und die Macht« an und empfiehlt dem Intendanten, es aus dem Spielplan zu nehmen.

Vor diesem nun beginnenden Rummel hatte ich keine besonders gute Meinung vom Stück und von der Inszenierung. Es ist nicht auszuschließen, daß diese Meinung sich deshalb zur Darstellung brachte, weil ich in der Aufführung nicht mitspielen durfte. So stand man draußen und war gekränkt, das wollte man nicht zugeben und hatte nun eine Meinung. Da begann der Rummel – und ich änderte sie.

Ich blieb recht lange jung, das muß ich heute schon mal sagen, und ich war für fast jede Art von Protest zu gewinnen. Mein Herdentrieb war so außergewöhnlich entwickelt, daß ich mich, wo ich konnte, von der Herde zu lösen trachtete, um ihre Aufmerksamkeit zu erringen. Nach der Auflösung der DDR bauten sich, und baute man, aus solchen Nichtigkeiten Widerstandskämpfer. Das konnte so leicht sein. Die spätere »Honecker-Führung« maß den Hänschen-Klein-Sängern viel Bedeutung bei. Und ich sang auch sehr gerne das Hänschenkleinlied mit. Nicht schön, aber gerne. Zwar merkte ich früher, als es üblich sein mochte, daß man schnell in schlechte Gesellschaft geriet. Und vor schlechter Gesellschaft hatte mich schon immer meine Mutti gewarnt. Aber da hatte ich eben schon getrillert. Doch wenn auch Einsicht oft sehr spät kommt, bleibt sie doch Einsicht. Hier ist ein Grund zu finden, weshalb ich die Matinee von 1993 mied. Ich merkte mit Genugtuung, daß ich älter geworden war. Denn 1962/63 protestierte ich, das war alles. Und das Protestieren war eine Lusthandlung, der ich eben öfters frönte. Mit Sicherheit war es keine politische Haltung. Doch ließ ich es mir damals gerne gefallen, wenn sie als solche wahrgenommen wurde. Und glaubte es schließlich selbst.

Es war auch ein Spiel. Vorausgesetzt, beide Beteiligten, also Behörde und Individuum spielten mit. Es schmeichelte der Eitelkeit, als Rebell zu erscheinen. Und das wurde jenerzeit, vergnüglicherweise, bei fast jeder sich bietenden Gelegenheit wahrgenommen. Ich weiß nicht, ob die Regierung jener Zeit besonders humorvoll war. Ich kannte die Leute nicht. Ich neige ungern der Ansicht zu, daß ihr Ernst ohne Humor war. So auch bei der Diskussion der Genossen der Parteigruppe des Deutschen Theaters.

Wir befanden uns auf einer wirklich ernsthaften deutschen Versammlung. Vorn saßen vier Funktionäre, zweie vom ZK und einer vom Kulturministerium, ein kleiner, ein großer, ein dicker und ein farbloser. Unten saßen zirka dreißig Wahlberechtigte. Es wurde diskutiert und dann abgestimmt. Und das wiederholte sich über die zwei Wochen hinweg. Die dreißig Genossen der Parteigruppe des DT zeigten sich anfangs recht tapfer. Es war nur die Hälfte der Wahlberechtigten für den Beschluß der Parteiführung. Dann zwei Drittel. Dann waren nur noch 10 dagegen. Dann 5 und schließlich nur noch 2 – Siegfried Höchst und ich. Es war die vierte Versammlung, ich glaube, insgesamt hatten wir mehr als fünfzig Stunden gesessen, und es wurde Pause gemacht. Es sollte die letzte Pause werden. In dieser also stellte der Dicke vom Präsidium sich vor mich hin, drängelte mich in eine Ecke, kitzelte mich mit seinem Bauch und säuselte: »Wir können noch ganz anders.« Das sollte heißen, der Dicke hielt etwas vom Deutschen Theater und nahm das von mir auch an. Er drohte ein wenig mit Vertragsauflösung und unterstellte, daß mich das schrecken würde. Ich sagte ihm: Von Leipzig nach Meiningen hatte ich 2 Koffer, von Meiningen nach Erfurt 4 Koffer, von Erfurt nach Karl-Marx-Stadt 6 Koffer, von Karl-Marx-Stadt nach Berlin einen nur ganz kleinen Möbelwagen; das Umziehen macht mir noch immer keine Probleme. Da ließ der Dicke ein wenig enttäuscht von mir ab, er hatte wohl wirklich angenommen, daß ich was vom Deutschen Theater hielte, aber ich hielt nur etwas von Wolfgang Langhoff. Die Pause nahm ihren Fortgang. Selly Paryla kam auf mich zu und sagte: »Willst du dir das nicht noch einmal überlegen?«

Ich sagte: »Aber Selly, wir haben doch gesiegt, die anderen mußten so stimmen, aber wenn zwei dagegen sind, ist das doch herrlich.«

Selly schaute mich schweigend an und sagte dann: »Tu es für Wolfgang.«

Ich sagte: »Für den tu ich es doch.«

Da sagte Selly: »Bleib hier stehen.«

Ich blieb, wo ich war, und sie kam mit Langhoff zurück. Er sah sehr alt und verfallen aus. In diesem Zustand sollte ich ihn, nur wenige Monate später, auf dem Friedhof in der

Chausseestraße sehen, als er seine Renate zum Grabe brachte. Der große Langhoff stand vor mir, ganz nahe, als würden sich unsere Nasen berühren. Er schien sehr klein und sagte zu mir: »Gelt Esche, tu' es mir zuliebe!« Und im Rückgrat glaubte ich das Singen einer kleinen Kreissäge zu vernehmen. Langhoff schlurfte durch den verräucherten Vorraum davon, dem Sitzungszimmer zu. Da verlor die Pause ihren Fortgang. Vorn saß wieder das Präsidium, unten das Schweigen der Lämmer. Da saßen wir nun und warteten. Es schien ein endloses Schweigen. Plötzlich begriff ich, daß auf mich gewartet wurde, und ich erhob mich ...

Die Versammlung konnte parteimäßig beendet werden, ich hatte es für ihn getan. So hatte die Partei schließlich doch noch ein einstimmiges Resultat gewonnen. Ob das Stück, welches sie mit »Sorgen und die Macht« verloren hatte, ein gutes war, das weiß ich nicht. Sie hatte einen Dichter gekränkt und einen großen Mann verloren. Das weiß ich. Und war das eine ein Fehler, so war das andere eine Untat. So begann meine Liebe zum Deutschen Theater. Und bis an das Ende seiner Tage wird der Komödiant wissen, wem er diese zu verdanken hat: Einem Dichter und einem Intendanten.

Ich denke, im Sinne von Wolfgang Langhoff gehandelt zu haben, der, wenn er noch gelebt hätte, dieser Matinee von 1993 in seinem Hause die Zustimmung verwehrt hätte. Der Mann sah sich als Sozialist, nicht als Märtyrer.

Ich weiß bis heute nicht, weshalb man Wolfgang Langhoff, diesen großen Mann, knickte. Waren es frühe Vorboten des kommenden 11. Plenums, welches von Ulbricht als Wirtschaftsplenum gedacht, von Honecker aber auf Betreiben Breshnews zum Kulturplenum umgedreht wurde? Oder war es vielmehr der Parteiapparat? Der seine drohende Entmachtung, die Ulbricht anstrebte, ahnte? Die der Apparat zu hindern suchte und in Stück und Inszenierung die Möglichkeit der Attacke gegen Ulbricht wähnte? Die übliche Form, bei Machtkämpfen Nebenveranstaltungen zu momentanen Hauptveranstaltungen zu erheben? Ich weiß es nicht.

Eines aber hatte ich, so blind ich zu jener Zeit schon war, gut begriffen: Daß Theaterintendanten kleine Schießpuppen waren, die an Kettchen gebunden am Hals von Mächtigen hingen. Doch da letztere sich bei ihren wichtigen Sitzungen hüteten, einander persönlich anzuschießen, veranstalteten sie gegenseitige Ersatzballereien auf die Maskotten an ihren Hälsen. Das hat sich bis zum heutigen Tage nicht geändert. Außer, daß die Maskottchen sich ihren Trägerchen angepaßt, innerhalb von 30 Jahren einen fast nicht glaublichen Schrumpfungsprozeß durchgemacht haben. Zum Minimieren angetrieben von dem Wissen, daß ein großer Intendant zu sein ein Schicksal ist.

Dieses hat der Riese Wolfgang Langhoff den Zwergen vorgelebt. Einen letzten großen Auftritt verschaffte sich der Abgeschossene noch. Die hausinterne Übergabe fand in den Kammerspielen statt. Hatte man Langhoff ein letztes Mal kränken wollen, indem man als seinen Nachfolger den von ihm erst an das DT geholten Wolfgang Heinz bestimmt hatte? Jedenfalls hieß das Spiel Demokratie. Also wurde Langhoff die Chance gegeben, seinen Nachfolger selbst vorzuschlagen. Beide kannten sich schon lange, mindestens seit den Züricher Jahren. Das Köstliche an beiden Komödianten war: Saß man mit Heinz zusammen und die Rede kam auf Zürich, tauchte in den Geschichten, die erzählt wurden, immer Langhoff als der Dumme auf. Saß man aber mit Langhoff zusammen, war der Dumme immer Heinz.

Ich denke, daß Neil Simons »Sonny Boys« für beide ein herrliches Stück gewesen wäre. Den beiden Wolfgängern war vieles gemeinsam, aber vieles sehr einzeln gegeben. Es kann sein, daß Heinz die überragende Intelligenz und die Schärfe des Witzes seines Freundes ein wenig fürchtete und ein ewiges Minderwertigkeitsgefühl dem anderen gegenüber verspürte.

Sollte es so gewesen sein, und ich unterstelle, daß das dem Langhoff dann nicht entgangen war, spielte er bei jener denkwürdigen Übergabe in der Kammer einen Trumpf aus, der, wenn auch nicht gegen Heinz als Hauptperson gerichtet, letzteren doch zum Beschämten machte. Auf der Bühne der Kammerspiele stehend, hielt Langhoff aus dem Stegreif eine Rede, in die er Textstellen des Stauffachers und des Attinghausen aus Schillers »Tell« mischte. Beide Rollen hatte er alternierend gespielt in dem von ihm 1963 inszenierten Stück. Er sprach eine halbe Stunde, von der ich nur noch ein Stück des Attinghausen im Gedächtnis habe.

ATTINGHAUSEN (richtet sich langsam in die Höhe, mit großem Erstaunen):
> *Hat sich der Landmann solcher Tat verwogen,*
> *Aus eignem Mittel ohne Hülf' der Edeln,*
> *Hat er der eignen Kraft so viel vertraut –*
> *Ja, dann bedarf es unserer nicht mehr;*
> *Getröstet können wir zu Grabe steigen.*
> *Es lebt nach uns – durch andre Kräfte will*
> *Das Herrliche der Menschheit sich erhalten.*

(Er legt seine Hand auf das Haupt des Kindes, das vor ihm auf den Knieen liegt.)
> *Aus diesem Haupte, wo der Apfel lag,*
> *Wird euch die neue bess're Freiheit grünen:*

Das Alte stürzt, es ändert sich die Zeit.
Und neues Leben blüht aus den Ruinen.

Der Beifall, den Langhoff von uns bekam, war endlos. Natürlich hatte er den Heinz angesehen, als er vom Apfel sprach. Es hätte der Eiserne fallen müssen. Für Wolfgang Langhoff war es ein großer Abgang, für Wolfgang Heinz ein schwerer Anfang.

Jetzt, spätestens, taucht mein junger Pfannenbrüller wieder auf und fragt: »Was war denn nun eigentlich besser, früher?« Und ich sage: »Der Anfang, nicht das Ende!« Und ich sehe über ihn hinweg. Denn ich merke, er hat nichts begriffen. Und ich hadere mit mir. Ich habe genau das getan, was nicht in meiner Absicht gelegen: Ich habe ihn mit meiner Beschreibung vom Guten gelangweilt.

»Heinrich IV.« von Shakespeare mit Jürgen Holz im Deutschen Theater.

»Wallenstein«, mit Helga Labudda.

George Bernhard Shaw, »Ländliche Werbung« mit Simone von Zglinicki.

VON EINEM DER AUSZOG,
EINE MÜCKE KENNENZULERNEN.

Als ich noch ein kleines Kind war, erzählte mir Minna, meine Oma, um mich in den Schlaf zu reden, wie es aller Omas Art ist, während sie vergeblich versuchte, mit ihrem breiten, braunen Pantoffel Mücken aus dem Zimmer zu verscheuchen, von bösen Würmern. Vom Sterzwurm und vom Ochsenwurm, von Ringelwürmern, Fingerwürmern, Tollwürmern, Ohrwürmern, Plattwürmern, Pfeilwürmern, Fadenwürmern, Bandwürmern, Peitschenwürmern, Spulwürmern und dem Lindwurm. Ich gruselte mich sehr, als sie mir vom Augenfadenwurm sprach, den man gelegentlich im Auge des Menschen gesichtet hätte, den Filariadae lentis, aus der Familie der Filariaden oder Fadenwürmer, die als Eingeweidewürmer in Wirbeltieren leben. Schon die Alte Welt wußte vom Medinawurm zu berichten, der unter der Haut von Menschen lebt und bösartige Geschwüre hervorruft. Ihre Übertragung erfolgt durch Mücken. Die Mücken nehmen sie beim Blutsaugen in ihren Darm auf, dort verarbeiten sie diese, indem die Filariaden den Mückendarm durchbohren, in die Leibeshöhle der Mücke gelangen, von da in den Stechrüssel und beim Stechen wieder auf den Menschen. Bei Hunden hat man festgestellt, daß sie in ganzen Knäueln im Herzen auftreten, und noch im 19. Jahrhundert sprach man davon, daß in Japan 50% der Hunde daran zugrunde gingen.

Ob in Berlin schon einmal ein Hund an einer Filariade gestorben ist, ob unsere Mücken überhaupt Filariaden in sich tragen, das weiß ich nicht. Eines weiß ich jedoch sicher, Mücken gibt es. Und als ich etwas größer wurde und nach Berlin zog, lernte ich eine Mücke persönlich kennen. Diese Mücke konnte singen und stechen. Es war, so merken wir sofort, eine ganz gewöhnliche Mücke. Denn alle Mücken singen, bevor sie stechen. Sie trug die Haare nach vorn gekämmt. Sie sprach keinen der hiesigen Dialekte und ihre sechs O-förmigen Beine konnten auf jeder Hochzeit singen, wie weit die Hochzeitslokale auch auseinanderlagen. Und da wir 1998 im sogenannten Brechtjahr leben, fällt mir zur Mücke der Brecht ein: Also, als der Brecht Ende der 40er Jahre, umständehalber, die Vereinigten Staaten von Amerika verließ und seinen Arbeitsplatz in Ostberlin fand, verließ unsere Mücke ihre bisherigen Lokale und suchte sich ihre Atzung ebenfalls in Ostberlin. Ob der Brecht ihr so gut schmeckte, ob Mücken überhaupt Geschmack haben, oder ob sie andere Gründe hatte, das weiß ich nicht. Geschmacksgründe spielen in dieser Geschichte keine Rolle. An dem Brecht folgte sie ihrer Art, sie saugte sich an ihm fest, wie eine Schnake an dem pflügenden Büffel, und sonderte danach ab. Sie schrieb ein Buch über Brecht.

Ich lenke jetzt kurz ab, bleibe indirekt beim Thema und komme danach direkt darauf zurück. Ich beginne mit der Ablenkung.

Ich entsinne mich eines Mannes, der davon lebte, daß er Bilder rahmte. So brachte ich ihm, um es rahmen zu lassen, eines Tages ein Bild, auf welchem ein Elefant dargestellt war. Der Bilderrahmer rahmte es, war von seiner Arbeit recht angetan, was für ihn spricht, und sprach fortan von *sei-*

nem Bild. Er sprach von dem Bild, als hätte er es nicht nur gerahmt, sondern den Elefanten auch selbst gemalt. Ich nickte dazu, vielleicht weil er so überzeugend wirkte und mich rührte oder ich noch Hoffnungen auf einen nicht zu hohen Preis für die Rahmung des Elefanten hatte. So gab auch ich den Eindruck wieder, den der Rahmer wünschte, obwohl wir doch beide wußten, daß es den Elefanten schon lange vor uns gab, schließlich war er von einem flämischen Kupferstecher gestochen, und der lebte in einem ganz anderen Jahrhundert. Doch ehe ich mich jetzt verliere: Es ist mir ganz wichtig, in Fragen der Rahmungen nicht mißverstanden zu werden. Ein schöner Bilderrahmen ist eine wichtige Ergänzung. »Der Rahmen macht das Bild«, so hört man manchmal, und das ist als ein Kompliment zu verstehen, für beide. Für den Rahmen und für das Bild. Und es hat Zeiten gegeben, da wurden Bilderrahmen von Bildhauern entworfen. Besäße ich einen Tizian, hätte ich ihn ungerahmt sicher nicht so gern wie gerahmt. Am liebsten hätte ich ihn mir vom König von Frankreich Ludwig XVI. rahmen lassen, der vielleicht der einzige König war, der Bilderrahmen zu schätzen wußte und – der konnte selbst schnitzen! Und schnitzen lassen, zum Beispiel von den Brüdern Rousseau für seine Bibliothek in Versailles. Die Bücherschränke, als Aufstellmöglichkeit und gleichzeitig als Rahmung für die Bücher gedacht, zieren Kaskaden von Rosen, Dahlien, Pfingstrosen und Margueriten. Die oberste Kante ist ein vergoldetes Flachrelief: Apoll lehnt an seiner Lyra, und Frankreich nimmt die Huldigung der Künste entgegen. Alles aus Holz und Gold.

Im Vertrauen, wer guckt denn heute noch in Bücher, die schon seit 1792 unberührt im Schrank stehen? Aber das Bücherregal sehen täglich Tausende. Nein, nein, Rahmen sind eine wichtige Sache. Und oft stecken schlechte Bilder in grandiosen Rahmen. Natürlich ist dann der Rahmen die Kunst. Dennoch, ehe ich mich hinreißen lasse und die Fronten wechsle, beharre ich und wiederhole: bei den alten Meistern ist es schon das Bild selbst, welches die Kunst ausmacht, davon gehe ich aus. Davon kann man auch bei meiner Huldigung meinem Rahmer gegenüber ausgehen. Da wir beide logen und beide wußten, daß er nur meinen Auftrag erfüllt, einen Rahmen hergestellt, also einen Dienstleistungsvorgang ausgeführt hatte und wir beide trotzdem so taten, als wäre der Dienstleistende Herrscher geworden, logen wir uns beide in die Tasche, und es bestätigte sich die von alters her gewonnene Erfahrung: So werden aus Mücken Elefanten. Wenn man sich aber jetzt vorstellt, wie wenig Elefanten es gibt, aber wie viele Mücken, und die Mücken werden alle zu Elefanten, dann ist das die Vorstellung eines Weltuntergangsszenarios. Ich will damit zur Anschaulichkeit bringen: Wenn Mücken so groß wie Elefanten würden, dann veränderten sich ja auch ihre Stimmbänder, und wir hörten nicht mehr das bekannte Singen, sondern ein Trommelfell zerreißendes Trompeten. Wer denkt da nicht an Jericho.

Ich kann es nicht leiden, wenn ich im Sommer ein mückengazeloses Fenster unverschlossen lasse und ein Elefant fliegt herein. Trompetet erst um die Lampe herum und setzt sich dann an die Zimmerdecke. Schon bei zwei Elefanten hielte das meine Zimmerdecke, ich wohne in einem Altbau – unrenoviert wegen des Amtes für offene Vermögensfragen –, nicht mehr aus. Sie würde herabstürzen.

Sie verstehen das Beispiel? Ich verlasse es und kehre zu der Geschichte von der Mücke, die ein Buch über Brecht schrieb, zurück. Die Mücke schrieb also ein Buch über Brecht, und fortan sprach man weniger von Brecht, sondern mehr vom

Mückenbuch. Ich übrigens auch. Zwar durfte ich dem Brecht mal die Hand schütteln, aber damit hatte ich ihn, so bescheiden bin ich nun mal, nicht direkt kennengelernt. Um dieses nachzuholen, half mir, seinerzeit, das Buch. Ich gab mich nach der Lektüre sofort als Brechtkenner zu erkennen, vermeinte, wie Brecht zu denken, und dachte in Wirklichkeit noch kürzer als die Mücke. Denn natürlich hatte ich das Buch nicht zu Ende gelesen.

Mit dem Mückenbuch wurde der Sauger bekannt und galt fortan als wissenschaftlicher Kopf und bekam eine Schreibstelle mit einem nicht kündbaren Vertrag. Als der Brecht starb, bekam die Mücke Stil. Sie erwähnte den Brecht nun oft und genüßlich und wußte auf jede Lebenslage ein Zitat von ihm. *Das* war der Stil.

Da unsere Mücke nicht die einzige Mücke war, die den Meister runterhimmelte, hatten mit einem Male alle Mücken Stil, vorausgesetzt, sie waren schon einmal in der Nähe des Schiffbauerdamms mit vielen losen Seiten Papier unterm Arm, den sogenannten Notaten, und einem Stielkamm in der Arschtasche, um sich die Haare nach vorn zu kämmen, gelustwandelt. Sie bezeichneten sich im Stile der Neuen Bescheidenheit, die sie dem Meister zusprachen, als Schüler, ihre Monologe handelten zumeist von Brecht und gipfelten sich mit einem meckernden Lachen in die Schlußpointe hinein: »... und da sagte Brecht zu mir, darauf sagte ich zu Brecht! Darauf kicherte Brecht sein bekanntes Lachen!« Das war ein Singen am Schiffbauerdamm.

Das Steckenpferd unserer über Brecht hinausgewachsenen Mücke wurde nun die sogenannte Gegenwartsliteratur. Darunter verbarg sie geschickt ihren Haß auf Gekonntes. Man kann ihr ruhig zugestehen, daß sie ein Vorläufer der jetzigen Moderne war. Zu Walter Ulbrichts Zeiten blieb sie vorsichtig und suhlte sich noch nicht öffentlich in ihren unheilvollen Trieben. Doch als der Neffe Erich sein saarländisches Zitronenmündchen zu einem messerscharfen Rüsselchen spitzte und dieses seinem Onkel, dem Onkel Walter, mit Hilfe des bösen Onkels Leonid mal von hinten, mal von der Seite und einmal auch von vorn in den Hals bohrte, so daß der Onkel Walter seine hohe Stimme verlor und die Trauer – nicht nur darüber – ihn hinraffte, und der böse Onkel Leonid den Neffen nun als Onkel erscheinen ließ, da gab die Brechtbuchmücke ihrem Haß volle Pulle: Sie verfolgte alle Dichter mit ihrem Singen, und vor allem sang sie die Klassiker den Bach hinunter, den Shakespeare, den Molière, den Goethe und wie sie alle heißen. Nur Brecht ließ sie aus. Offensichtlich hatte sie sich Reste von Dankbarkeit für die erhaltenen Mahlzeiten bewahrt, oder sie hielt den Brecht weder für das eine noch für das andere.

Unsere Mücke sang sich hoch, und bald gehörte sie zu den »Vereinten Stechmücken, die Einstiche betreuen«. Nicht zur unedelsten Aufgabe dieser Vereinigung gehörte die Materialsuche, das drückt aus, sie suchten ihrerseits Jünger. Mückenjünger. So kam auch ich in das Blickfeld unserer Meistermücke und blieb daselbst nicht ungeraume Weile. Es war die Zeit, als ich berühmt wurde und zu jung war, um dafür etwas zu können, denn ich konnte wirklich noch nichts. Ich sah nur ganz gut aus und legte eine gewisse Forschheit an den Tag, und das zog sich eben eine Weile hin. Kurzum, man lobte mich, und ich schämte mich nicht.

Diese Geschichte beginnt damit, daß mir die Mücke einen Brief schrieb. In dem Brief steckte eine Meinung über ein Stück. Das Stück hieß »Der Mückentöter«. Es hatte viele, viele Jahre vor dem Absendedatum des Briefes Premiere gehabt. Zeitungskritiken hatte es bei dieser Premiere keine erhalten. Eine damals durchaus übliche Art, Aufmerksamkeiten zu verschenken. Die 60er Jahre hatten Charme. Außerdem war das Nichterscheinen einer Zeitungskritik eine gewisse Garantie für den Erfolg. Denn konnten die Leser der Zeitungen keine Rezension über ein Stück, dessen Existenz bekannt geworden war, entdecken, gingen sie davon aus, daß man das Theater besuchen mußte. Wir können heute davon ausgehen, daß damals die Leute bemerkten, daß Theater stattfand.

Aber nun waren wir in die 70er Jahre gekommen. »Der Mückentöter« hatte seine Endzahl 700 Aufführungen noch nicht erreicht, war bei der vielleicht 600. Vorstellung angelangt. Er hatte seine Anziehungskraft nicht verloren, aber die Jahre ihren Charme. Erfolge hatten ihr Eigengewicht gehabt, Mißerfolge bekamen das nun auch. Rezensionen erschienen jetzt regelmäßig, doch fehlte ihnen etwas Wesentliches, nämlich Kritik. Was mich dem Trugschluß nahebrachte: Kritik brauchten wir nicht mehr, aber Bundesgenossen.

Damit bringe ich verschlüsselt zum Ausdruck: Wer der Kritik nicht mehr bedarf, muß zur Intrige greifen. Auf letzteres zielt der Titel dieser Geschichte: Von einem, der auszog, eine Mücke kennenzulernen. So kam also der Brief, den mir die Mücke schrieb, zur rechten Zeit.

Dem Brief war noch ein Blättchen beigefügt, in welchem stand, daß sich die Mücke die letzte Vorstellung vom »Mückentöter« angesehen hätte, darüber gerne ihre Meinung in die Öffentlichkeit singen würde und mich bäte, die beigelegte Meinung zu prüfen, bevor sie sie im »Zweiten Öffentlichen Gesangsbuch« drucken ließe. Sie würde sich freuen, wenn sie meinen Beifall fände, doch auch Änderungswünsche wären ihr genehm. Wahrhaftig, das war ein nicht alltäglicher Brief und kein üblicher Vorgang, und daß er etwas zu bedeuten hatte, begriff sogar ich.

Mein Theater, das Deutsche Theater in der Schumannstraße, und das nahegelegene Konkurrenzunternehmen Berliner Ensemble am Schiffbauerdamm waren in den 50er und 60er Jahren durch besondere Aufführungen aufgefallen. Sie hatten eine besondere Position nicht nur innerhalb der Stadt Berlin eingenommen: Beide Theater strebten nach Welttheater. Wie selbstverständlich mußten sie dafür ein bißchen büßen, und so gerieten sie in provinzielle Anfeindungen und ebensolche Freundschaftsbekundungen von innen und außen. Ich habe gelernt, so etwas als normale Erscheinung zu werten, ohne mich daran gewöhnen zu können.

In die siebziger Jahre gekommen, war Welttheater ein ferner Traum geworden und das Stadttheater Realität. Die DDR hatte ihre weltweite Anerkennung erreicht, und ihre Theater ihre lokale. Außenpolitik hat ihren Preis, wenn sie auf Kosten der Innenpolitik geht. Der Preis ist drohende Implosion. Bundesgenossen, von welcher Seite auch immer, mir waren sie willkommen, um trotz alledem Stadttheater von Qualität zu machen. Ich hätte auch Bremsen genommen. Obwohl ich Bremsen noch mehr fürchte als Mücken.

Klüger über diese, meine schwache Seite dachten meine beiden Schauspielerfreunde, Dick und Dünn, die ich über den Erhalt und den Inhalt des Briefes informierte und aufforderte, den Briefeschreiber auf unsere Seite zu ziehen. Immerhin waren das Gesangsbuch, für das er schrieb, und der Verein, dem er angehörte, nicht ohne Einfluß. Meine Freunde fragten mich, ob ich spinnen würde, und ließen mich in meine Malaise laufen. Ich ignorierte also ihr Desinteresse und beantwortete den Brief. Ich drückte meine Freude über den Erhalt aus und gestattete mir gleichzeitig, des Briefeschreibers Erlaubnis ausnutzend, kleine Kritiken an seiner Meinung zu üben. Das schickte ich ab. Die Post war seinerzeit noch trödelig, trotzdem bekam ich seine Antwort schon eine Woche später. Diese hatte es in sich. Der Briefeschreiber schrieb: Er hätte sich über meine Reaktion gefreut, meine Änderungsvorschläge würde er zu gegebener Zeit mit Beachtung behandeln, ich möge doch zuvor das beigefügte Stück lesen. In der Tat, in dem zweiten Briefe stak die Bombe, es war ein Stück, ein Theaterstück, es war ein Stück von ihm. Der Vampir schrieb also nicht nur Bücher, er schrieb auch Stücke. Die Schnake ließ keinen Zweifel an ihren wahren Absichten. Wie teuer ihr diese waren, las ich aus dem Schlußsatz des Briefes. Sie schlug vor, nach Lektüre des Stückes ein Abendessen in ihrer Wohnung einzunehmen, ihre Mitmücke sei eine ausgezeichnete Köchin. Von letzterem sprach man in Berlin. Dennoch, ich wagte es.

Mückes wohnten etwas außerhalb in einem Flecken mit dem Namen Schnakenburg am Fuße des Bremsenberges, idyllisch am Mückenmeer gelegen. Die Wohnung war eine Mückenwohnung, dazu sagte man auch Neubauwohnung. Die Einrichtung habe ich vergessen. Man kann davon ausgehen, daß der Schnitt dieser Art Wohnungen, in den meisten Fällen, eine recht einheitliche Bemöbelung erfordert. Wir saßen uns also in zwei kleinen, jedoch tiefliegenden Sesseln gegenüber, getrennt durch einen den Sesseln nicht angepaßten Tisch, beleuchtet von einer über unseren Köpfen baumelnden Lampe, die an einem kurzen Fädchen hing und so ein etwas zu hohes Licht warf. Gegenüber befand sich ein dem Raume angemessenes Bücherregal, aus Hellerau.

Ich habe auch vergessen, worüber wir uns die erste Stunde unterhielten, als plötzlich die Schnake aufstand, mit einem halben Schritt am Bücherregal war und ein Tonbandgerät über den Spalt, der Bücherregal und Tisch trennte, hinwegwuchtete. Meinem Ausruf der Verwunderung entgegnete sie, nun atemlos geworden: »Na, so was haben's doch schon gesehn, sind doch Schauspieler.«

Ich sagte: »Natürlich habe ich so etwas schon gesehen, aber ich bin nicht hier, um ein Hörspiel aufzunehmen«, und fügte scherzend hinzu: »Oder?«

Die Mücke überhörte mit: »Haben Sie sich nicht so!« und dröhnte das Ding auf den Tisch. Es war ein »Smaragd«. Groß und schwer und nicht zu übersehen. Es sollte meine erste Abhörung werden. Nun, die erste von der ich wußte. Einige Jahre später hatte ich eine zweite, von der wußte ich nichts. Die geschah bei einem, mit dem ich nicht befreundet, aber auch nicht unbefreundet war. Das klingt fremd, und das ist es auch. Der war auch kein Mitglied der *Vereinten Stechmücken, die Einstiche betreuen.* Der war bestimmt auch keine Mücke, der war ein Mann. Aber ein Mann, der mehr Stiche auszuteilen als anzunehmen wußte, eine Eigenschaft, die Künstlern von Format zusteht. Der stellte das Unding auch nicht sichtbar auf den Tisch, sondern hatte es im Nebenzimmer plaziert. Heimlich. Ich weiß noch, daß ich damals glaubte, er hätte es schon mit der Prostata, weil er aller 20 Minuten das Zimmer verließ, spät erst begriff ich, daß er zum Bandwechsel eilte. Und so habe ich inzwischen, eiskalt kombinierend, herausgefunden, daß es sich wohl ebenfalls um ein Bandgerät mit dem Namen »Smaragd« gehandelt haben muß. Damals konnte ich das natürlich nicht sehen. Hätte ich es aber gesehen, hätte es mich doch gewundert, daß es kein Westgerät war. Wie dem auch war, ich saß in einem von mir nicht genehmigten Wanzenangriff mittendrin. Wenn dann der Freund, mit welchem ich nicht befreundet war, den ich aber immer noch – ich habe nur vergessen, weshalb – gut leiden kann, vom *Pinkeln* zurückkam, unterhielten wir uns weiter. Wir unterhielten uns zwar nur über die Weltlage, aber das war seinerzeit – es nahte das Ende der 70er Jahre, die Ausreisewilligen verspürten einen verstärkten Drang, ihr Leben noch einmal zu beginnen –, das war seinerzeit nicht unheikel. Mir war das bewußt, nur handelte ich nicht danach. Fast vier Stunden dauerte unsere Unterhaltung zum Thema: Gehen oder Bleiben. Ich hatte keine Hoffnung, daß er sich umstimmen lassen würde, also unterließ ich solches und redete statt dessen über meine Gründe zu bleiben. Das muß ihn einiges an Bandmaterial gekostet haben. Als er schließlich abhauen konnte, schrieb er dieses – verständlicherweise gekürzt und in, sagen wir einmal, eigenwilliger Schnittzusammenstellung – ab, steckte eine Kopie davon (zusammen mit seinen anderen Besuchsabhörungen, schließlich war ich nicht der einzige, der ihn lieb hatte) in ein Kuvert und stellte es dem Büro der Oberhausmüllmilben zu. Die Oberhausmüllmilben fühlten sich dadurch genotzüchtigt, ließen eine ihrer Oberhausmüllmilben aus dem Oberhausmüllmilbenhimmel fallen und dumpften danach weiter einmilbig vor sich hin.

Das Original jedoch, das mein Privatzensor in einem Kistchen vergraben hatte, ließ er, als der Onkel Erich sich nun seinerseits ausbürgerte, in den 90er Jahren veröffentlichen. Als Buch mit großem Erfolg. Dann als Film. Unbeeindruckt davon führte selbst das »Neue Deutschland« das Buch auf einer nicht getürkten Bestsellerliste. Ein bißchen ärgerte ich mich schon. Nicht aus Neidgründen, aber aus anderen. Ich nenne einmal einen Grund: Wenn er die Szene, die ich in seinem Buche mit ihm spielte, die »Perle meines Buches« nannte, dann hätte er mich doch fragen können, ob ich mit der Veröffentlichung dessen, was ich für sein Buch beigetragen hatte, auch einverstanden wäre. Autorenhonorar hätte ich bestimmt nicht verlangt. Da konnte er sicher sein.

Nun, ich bin nicht nachtragend, und er schrieb mir auch eine Widmung in sein Buch, und die Post brachte mir sein Geschenk. Mir gefiel das Buch gar nicht schlecht. In der genannten Szene hätte ich mich zwar etwas weniger geschwätzig gesehen, aber da muß ich schon gerecht sein, denn schließlich hatte nicht *ich,* sondern er das Buch geschrieben. Sicher ist nachvollziehbar, daß mir als ungewollt und ungefragt Abgehörtem ein anderer als ich lieber gewesen wäre.

Jetzt also – wir sind wieder bei Mückes – sollte ich wissentlich, wie sich mein Gastgeber, das Vereinsmitglied ausdrückte, mit dem ich nicht befreundet war, sondern unbefreundet, in dessen Wohnung ich aus schierem Eigennutz für mein Theater saß wie damals bei dem anderen für mein Land, wie immer im Alleingang, jetzt sollte ich archiviert werden. Ich protestierte mehrfach, ich protestierte vergebens. Die Schnake fummelte an der Steckdose, sie verhedderte sich mit der Verlängerungsschnur, das Zimmer war eng, sie rief ihre Mitschnake, die Köchin, zu Hilfe, die aber konnte sich wegen ihres Dirndlkleides, welches sie gegen ihr anfangs getragenes Chinabrokat unbemerkt getauscht hatte, nicht bücken; nun fiel dem Sauger auch noch ein Tonband aus der Hand, er fischte danach, hatte aber schließlich nur das Band in der Hand. Darauf holte ich die unter den niedrigen Tisch gerutschte Hülle desselben wieder hervor, noch immer protestierend, er riß mir die Hülle mit: »Das ist das falsche Band!« aus der Hand, holte ein anderes aus seinem Bücherregal, wies auf die Rücken der dort versammelten Tonbandhüllen mit den Worten: »Schauen's, da sind so viele Ihrer Kollegen drauf, die sich ohne Scheu mit mir unterhalten haben, und Sie zieren sich wie ein dummes Madel.«

Ich entgegnete wie ein solches: »Ich ziere mich nicht, ich will nicht!«

Er hörte gar nicht zu und stellte den Kasten an. Dann stellte er ihn noch einmal an, fluchte vor sich hin, riß wieder die Verlängerungsschnur aus der Steckdose, fummelte den Stecker wieder hinein, warf sich ächzend in den niedrigen Sessel, stellte das Gerät wieder auf Aufnahme und erstarrte.

Seine Frau fragte: »Ist etwas, August?« (Der Name ist erfunden).

Und er sagte nur: »Es ist kaputt.«

Ich war gerettet.

Wahrscheinlich hatten wir schon gegessen, jedenfalls tranken wir Bier und Schnaps. Mich macht so etwas immer heiter, und ich werde geschwätzig. Des Saugers Frau, die sich, wie immer unbemerkt, nun in ein schlicht Geblümtes gehüllt hatte – offensichtlich hatte sie die Geschlechtertrennung begriffen, die Männer saufen, die Frauen ziehen sich um –, schlug nun vor, daß wir uns duzen sollten. Ich tat geehrt und lehnte ab. Er schwieg. Sie frug: »Aber warum denn nicht, es wäre doch so schön, wenn wir uns alle vertragen.« Ich versuchte eine Erklärung und holte weit aus:

»Sehen Sie, da hatten wir einmal ein Gastspiel in Hamburg.« Ich trank einen Schluck und zündete mir eine Zigarette an. Er knurrte: »Was wolln's denn jetzt in Hamburg.« Ich blieb unbeirrt: »Also, das war sehr schön in Hamburg, ich hatte nur eine kleine Rolle, und so wurde die Vorstellung ein großer Erfolg, und danach war ich bei drei sehr schönen Schwestern eingeladen, nicht in Sankt Pauli, sondern bei drei Schwestern in Klein-Flottbeck. Natürlich ganz gentlemanlike. Ich fragte den Regisseur des Erfolges (damals muß ich doch sehr jung gewesen sein, denn ich verkehrte noch mit Regisseuren), ob er Lust hätte. Er hatte. Und so gingen wir zu dritt, den Dritten habe ich vergessen, zu den Schwestern in Klein-Flottbeck. Es waren sehr nette und außergewöhnlich hübsche Schwestern, und so war auch der Abend, ganz gentlemanlike. Vielleicht, um diesen angenehm endlosen Zustand durch einen amüsanteren zu ersetzen und sich gleichzeitig die Gunst zumindest einer der Schwestern zu sichern, machte mir der Regisseur, erfahrener Pirschgänger, der er nun einmal war, den Vorschlag, er und ich könnten uns doch duzen. Ich druckste und bat um Verschiebung, bis wir achtzig wären, und wenn wir uns da noch so gerne hätten wie jetzt, könnten wir dann endlich dieses leidige Siezen aufgeben. Der Regisseur lachte und versprach, daran zu denken.«

So beendete ich meine Geschichte vom verhinderten Duzknutsch in Klein-Flottbeck. Sie sollte als lustiges Gleichnis dienen, und ich lachte, wie ich es immer tat, über meinen Scherz am meisten und blieb damit, wie es noch heute geschieht, damit auch der einzige. Ich denke, ich hatte die Stimmung im Neubau versaut. Ich bin aber harmoniesüchtig, und so wollte ich alles wiedergutmachen. Letztendlich hatte ich ja auch Interessen. Ich suchte einen intrigierenden Bundesgenossen für mein Theater zu integrieren, und so fiel mir einzig ein, was in solchen Momenten der Aussichtslosigkeit das Einzige ist: ein Kompromiß. Wenn schon faul, dann aber konsequent. Und schlug vor, *er* könne mich doch ungehindert duzen, schließlich wäre ich der Jüngere, während ich im gehörigen Respekt ihm gegenüber verharren würde. Er reagierte nicht. Der Kompromiß war ein Ofenschuß. Doch wollte ich die längst gestörte Harmonie nicht abreißen lassen und suchte nach neuen Einfällen. In meiner Einsamkeit fiel mir sein Stück ein.

Es wurde auch Zeit. Gekommen war ich gegen acht, jetzt ging es auf elf, und von seinem Theaterstück, welches der Grund der Einladung war, hatten wir bislang nicht gesprochen. Er aus Höflichkeit, denke ich mal, und ich auch aus Höflichkeit, denn das Stück war beschissen, es war hundsmiserabel schlecht. Das hatte ich vergessen zu erzählen. Ich hatte auch vergessen, mich auf *seinen* Grund des Meetings gehörig vorzubereiten. Ich war einfach in die Wohnung der Schnake gelaufen und hatte gedacht, das wird schon alles gut gehen. Das war dumm gedacht! Man geht doch nicht aus freien Stücken zum Grafen Dracula und läßt sein Blut zu Hause. Dämlicher kann man nicht sein. Das ist wie Premiere spielen, man ist geschminkt, hat ein Kostüm an, fuchtelt auch ein wenig mit den Händen, aber weiß nicht, in welchem Stück und in welcher Rolle man welchen Text zu sprechen hat. Unten sitzen die Leute, und oben steht man rum. Stumm.

Da saß ich nun, wollte einen fürs Theater gewinnen, hatte auch viel von diesem gesprochen, hatte versucht, unentwegt einen günstigen Eindruck zu vermitteln, auch von mir, hatte sogar mit der Frau, ganz gentlemanlike, geflirtet, indem ich sie fragte, ob es stimmen würde, daß sie es wäre, die die Meinungen entwerfe, die ihr Mann dann im »Zweiten Öffentlichen Gesangsbuch« vorsänge, da ihr Mann, wie man beobachten konnte, bei den später besungenen Aufführungen in Wahrheit schliefe? Was die Mücke in sich hineingrinsend und die Mitmücke lachend bestätigte mit: »Ach, das wissen Sie?« Der Abend war bislang so ungünstig nicht verlaufen, das mit dem in die Watte gelaufenen Duzverkehr hätten sie schon irgendwann vergessen. Oder nicht, es ist auch egal, ich war eingeladen worden, um mich für das Mückenstück zu verwenden, nicht um adoptiert zu werden. Und nun fiel mir das Scheißstück ein. Nicht im günstigsten Moment. Ich war sehr verwirrt. Ich versuche jetzt den Hergang des Dialogs zwischen dem Vereinsmitglied und mir, obwohl der sehr langweilig ist, wörtlich zu wiederholen. Ich sagte also:

»Also, über Ihr Stück haben wir noch gar nicht gesprochen.«

»Das stimmt.«

»Und nun meine ich, das sollten wir doch einmal tun.«

»Aha.«

»Also, ich finde Ihr Stück, um das vorab zu sagen, äh ...«

»Nun was!«

»Gut, sehr gut!«

»Ah so.«

»Also, ich glaube, es muß aufgeführt werden.«

»Ja, was denn sonst!«

»Also, das ist richtig, und nun bleibt die Frage: wo.«

Der stückeschreibende Meinungssänger schwieg und schaute mich erwartungsvoll an. Ich sülzte weiter:

»Also, ob man es jetzt im Deutschen Theater gleich nehmen würde, also, das weiß ich nicht.«

»..«

»Und ich denke, aber aufgeführt muß es schon werden.«

»..«

»Und ich denke, vielleicht hält es der eine oder der andere für ....«

»...?«

»Und ich denke, so denke ich, man muß nicht mit der Tür

ins Haus fallen und habe statt dessen, nachdem ich Ihr Stück mehrfach gelesen habe – also, ich denke, Sie müssen wissen, Schauspieler können gar keine Stücke lesen, das können die aus dem einfachen Grunde nicht: Die suchen beim Lesen immer nur nach der Rolle, die sie darin spielen könnten, und haben sie so etwas gefunden, mit welchem Ton man diese geben müßte, statt den Inhalt des Stückes zu erfassen, verlieren sie sich in Albernheiten, entschuldigen Sie, ich schweife ab, aber im Moment weiß ich wirklich, wovon ich rede – habe ich, also, ich denke, nach mehrfachem Lesen Ihres Stückes eine mögliche Lösung gefunden.«

»??«

»Warum schlagen Sie es nicht dem Rundfunk als Hörspiel vor.«

»!!«

Da lag Mord in der von mir vollgepafften Luft in Mückes Heim. Draußen am Bremsenberg klirrten Eisenflügel auf gepanzerten Leibern. Aus dem Mückenmeer erhoben sich dräuend siebengliedrige Leiber und erfüllten die Nacht mit einem zehntausendfachen hohen C. Es flogen heran die 13- bis 17gliedrigen Langhörner mit den langen, weit hervorragenden fünfgliedrigen Tastern und ihren fleischigen und fadenförmigen Rüsseln. Ihre Larven leben in faulenden Vegetabilien. Für ihre Art ist Auftreten in ungeheuren Massen von Individuen typisch. Aus dem hinter dem Hause gelegenen Dasselfliegen-Sumpf erhob sich die Culex pipiens, deren Larven sich von zersetzenden Substanzen ernähren, sie übertragen die Filariakrankheit. Nach den Gelsen kamen die Bachmücken, die Erdschnaken, die Trauermücken, die Pilzmücken, die Gnitzen oder Kriebelmücken, die Golubatzer aus den unteren Donaugegenden, die dort die Viehherden zur Tollwut hetzen können. Das Volk glaubt, sie kämen aus den Höhlen bei dem Dorfe Golubatz, wo St. Georg den Lindwurm erschlug. Dann hörte ich das schneidige Gellen der Blindbremse, die sich beim Saugen abnehmen läßt, als wäre sie blind, und schließlich kroch er heran, der hundertfache schleimige Heerwurm, der sich unter dem Laube heranwälzt, auch Wurmdrache genannt, und wenn man auf ihn tritt, grauenhaft quietscht. Mir schien, als hätten meine Gastgeber sich vertausendfacht. Mir gruselte wie in Omas Bett. Mir fiel die Filariakrankheit ein. Ich wollte wieder nach Hause. Warum wollte ich nur Mücken kennenlernen. Es hätte keinen Sinn gehabt zu sagen: Ich hab' es nicht so gemeint. Ich hatte es so gemeint. Ich hatte nur an meiner Meinung nicht gearbeitet. Nun war sie mir unverarbeitet entschlüpft. Scheißintrigen!

DER HASE IM RAUSCH.

Das ist die Titelgeschichte – und sollte es nicht werden. Denn lieber hätte ich das Buch »Eine kurze Phase meiner Käuflichkeit« genannt. Doch hätte es sich dann nicht so gut verkauft. Wie ich annehme, daß es das tut, wenn ich es »Der Hase im Rausch« nenne. Und das muß ich annehmen, denn der Verleger grinst über meinen Vorschlag und ist einverstanden. Und der muß es ja wissen, wie es mit dem Verkaufen von Büchern vor sich geht, schließlich lebt der Mann davon. Ich nicht. Ich lebe vom Vorlesen. Und dafür kriegt man heutzutage mehr Geld als fürs Schreiben. Ist irrwitzig, gelt!?

Der Dichter Peter Hacks fragt: Hat der Titel was mit dem Buch zu tun? Nein, sage ich! Da schweigt der Dichter. Und ich weiß, ich muß eine Titelgeschichte schreiben. So schlimm ist das nicht, denn die Geschichte handelt von Popularität. Das ist im Prinzip nichts Schlimmes, da ich kein Politiker bin, sondern Schauspieler. Und Schauspieler müssen schon ein bißchen populär sein. Obschon, die richtige Popularität kriegt ein Theaterschauspieler nie. Dafür sehen ihn viel zu wenig Leute. Und den paar Leuten, die ins Theater gehen, denen ist er auch zu fern, obwohl er so nah ist – im Theater. Im Fernsehen dagegen ist er viel näher, obschon er so fern ist. Ja, so ist es in der Welt, alles kann man nicht haben.

Ich fuhr mal mit Ernst Thälmann in das ferne Ueckermünde, weil wir da die »Reifen Kirschen« drehen wollten. Ernst Thälmann saß neben mir in einem BMW, der EMW hieß, und die Fahrt dauerte in diesem Auto, zu dieser Zeit, so an die 6 Stunden. So kamen wir ins Gespräch. Ernst Thälmann fuhr zu jener Zeit natürlich nicht mehr selbst, sondern wurde gefahren. So saßen wir nebeneinander hinten im Auto. Ernst Thälmann hieß mit seinem richtigen Namen Günther und war unglaublich populär. Nicht durch das Fernsehen, sondern durch »Ernst Thälmann – Sohn seiner Klasse« und danach durch »Ernst Thälmann – Führer seiner Klasse«. Das waren Klasse-Filme im Kino. Und da waren alle drin gewesen. Manche wollten nicht, aber die mußten auch. Alle hatten Günther Simon gesehen. Und alle sagten »Teddy« zu ihm.

Auf der Fahrt nach Ueckermünde mußten wir – der Günther und ich, wir duzten uns inzwischen –, weil wir dauernd getrunken hatten, öfters mal pinkeln. Ernst Thälmann bestand aber darauf, daß wir das nicht im Freien wie die Hunde tun, sondern an den vorbeilaufenden Gasthäusern. Also hielten wir jedes siebente Dorf, das uns entgegenkam, an und benutzten die Retirade. Welches Dorf auch immer vor uns hielt, in allen Dörfern war Günther bekannt – wie ein bunter Hund. Und alle riefen: »Teddy!« Das riefen sie auch, wenn sie auf der Retirade neben uns standen und gar nicht pinkeln mußten. Sie standen einfach neben ihm, schauten ihren Ernst ernst an und sagten: »Na, Teddy.« Und Günther sagte zu mir: »Siehste!«

Als wir dann in dem Hotel in Ueckermünde, welches die DEFA für uns gemietet hatte, angekommen waren, setzten wir uns in das Lokal und tranken weiter. Das Lokal war nicht klein, und an allen Tischen saßen Menschen. Und alle kannten Ernst Thälmann. Und alle standen irgendwann auf, kamen an unseren Tisch und sagten: »Na, Teddy.« Manche waren auch zurückhaltender und sagten höflich: »Guten Abend, Herr Simon.« Manche wurden dringlicher und sag-

Mit Günther Simon in dem DEFA-Film »Nebel«, 1963.

Mit Renate Blume in dem DEFA-Film »Der geteilte Himmel«, 1964.

Mit Angelica Domröse in dem Fernsehfilm »Fleur Lafontaine«, 1978.

ten: »Kommen Sie doch mal an unseren Tisch.« Manche wurden aber auch dreist und sagten: »Na, kommst du nun oder kommst du nicht, du Schauspieler!« Bis Günther sich schließlich erhob und in das Lokal brüllte: »Ich gehöre nicht euch!«

Dafür bekam Ernst Thälmann, als er wieder in Berlin war, ein Parteiverfahren und danach eine strenge Parteirüge. Nun wird es vielleicht ein wenig einsehbarer, weshalb meine Sucht nach Popularität sich nicht voll entwickeln wollte. Aber trotzdem – ein bißchen habe ich doch abgekriegt. Nicht so wie unser Günther Simon. Noch immer kann ich in Ruhe pinkeln gehen. Nein, es ist schon eine recht gemäßigte Popu. Eine, mit der man leben kann. Daß ich überhaupt ein kleines Stück von dem großen Kuchen abgekriegt habe, eingedenk der Tatsache, daß ich zeitlebens Theaterschauspieler war, das habe ich dem »Hasen im Rausch« zu verdanken. Keinem Film und keinem Theaterstück. Nur einem kleinen Gedicht.

Und die Geschichte, wie ich zu dem kleinen Gedicht gekommen bin, bin ich nun gezwungen zu erzählen. Zwar wird sie dünner sein als die eben erzählte vom Teddy. Aber schließlich ist die Legende über den Hasen im Rausch ja auch stärker als das Gedicht selbst, und ich fürchte, selbst stärker als mein Vortrag, der an der Legende stricken half. Aber eben wegen der Legende nenne ich ja das Buch »Der Hase im Rausch«. Eben aus den ganzen obengenannten Gründen. Und es ist im übrigen die einzige Titelgeschichte, die in diesem Buche vorkommt.

»Nun nimm den Knoblauch!« heißt es in einem Gedicht von Pablo Neruda. Das Gedicht heißt »Ode an die Seeaalsuppe«. Aufgesagt werden sollte es zu einer Veranstaltung des Verlages Volk und Welt im Haus des Lehrers am Alexanderplatz in Berlin. Die Veranstaltung hieß »Jazz und Lyrik« mit Manfred Krug und den Jazz-Optimisten. Die machten keine schlechte Musik, und Krug sang. Und das konnte er gut. Daß bei dieser Sing-Blas-Zupf- und Schlagveranstaltung überhaupt Sprechkünstler geladen worden waren, begründete sich, vermute ich mal, in der liebevollen Absicht, dem Jazz in der Hauptstadt eine gewisse Salonfähigkeit zu verleihen, indem man ihn mit Lyrik koppelte.

Natürlich ist Salon der falsche Begriff, den ich verwende. Denn Salons gab es keine mehr in der DDR, statt dessen Amtsstuben. Natürlich gab es hier und da noch Salons, aber die hatten keinen Einfluß, und in denen wurde mit Sicherheit kein Jazz gehört. Jedenfalls, Amtsstuben gab es viel mehr. In denen wurde auch kein Jazz gehört, aber in denen wurde Politik gemacht. Nun war es wirklich rührend, daß Amtsstuben sich damit befaßten, etwas zu erlauben, was sie selbst nicht hören wollten und auch nicht mochten, und – was es längst gab.

Der Jazz war in der DDR nicht verboten, er war nur nicht wohlgelitten. Das kriegten die Jungen sofort mit, fanden es interessant und hörten den Jazz nun doppelt gern. Nicht nur daß sie ihn mochten, sie wußten sich nun gleichzeitig, wie durch ein Geschenk des Himmels, im rebellischen Widerstand gegen die Amtsstuben. Zwar war dieses Rebellentum harmlos und hatte in seiner Mehrheit nicht den Sturz der gesamten riesigen sozialistischen Welt vor, wobei es sich ja bekanntlich um ein Sechstel der Erde handelte .... Na gut, ich gebe zu, die Welt wollten zumindest die echten Jazzjünger nicht *aus den Angeln heben,* aber ein bißchen im Rhythmus des Schlagzeugs *zum Wackeln bringen.* Und das auch nur so lange, wie das Konzert dauerte. Aber die Amtsstuben, konsequent, wie es ihrer Art entsprach, nahmen auch die Harmlosen in den Kreis der Ernstzunehmenden auf. Das tat den Harmlosen wirklich wohl.

Der Jazz war den verantwortlichen Funktionären aus Gründen europäischen und nationalen Kulturerhalts bisher suspekt gewesen. Sie suchten, das verstehen wir nun, schon zu so früher Zeit den Amerikanismus aufzuhalten. Vergeblich, wie wir wissen. Nun aber, es handelt sich um die frühen sechziger Jahre, wollte man die Züglein ein wenig lockern und über das Vehikel Lyrik den Jazz nicht mehr als Speerspitze des amerikanischen Imperialismus gelten lassen. Jetzt komme ich langsam auf den Knoblauch zurück.

Auf der Bühne hatten die Jazzer Platz genommen. Meinhard Lüning (tp), Siegmar Schlage (tb), Joachim Teschner (cl, as), Volker Kaufmann (p), Hans Schätzke (b), Rainer Riedel (d). Richtig gute Musiker. Und sie spielten mit Lust. Sie waren sogar, unüblich für Jazzer, in der Theaterwelt bekannt geworden. Viele Jahre hatten sie ihre wirkungsvollen Auftritte in Peter Hacks' Stück von Aristophanes »Der Frieden« im Deutschen Theater.

Jetzt standen sie im Haus des Lehrers: Krug begann und hatte den Saal gewonnen. Ich stand in der Gasse und war verzückt. Auftreten, die Röhre öffnen und dazu Trompeten, Posaunen, Saxophone, Bässe und Schlagwerk, das hätte ich auch gern gekonnt. Aber ich konnte es eben nicht. Zwar habe ich, wie schon erzählt, an der Oper meine Bühnenlaufbahn begonnen, aber eben leider nur stumm, als Statist. So stand ich hier beim Singen eben nur in der Gasse. Und war auch zufrieden und neidlos! Unten saß ein begeisterungsfähiges junges Publikum in Abendkleid und Krawatte. Irgendwann durfte ich aber auch raus und war – jetzt bin ich beim Knoblauch angelangt – mit meiner »Seeaalsuppe« dran. Und als ich mitten in der drin bin, sehe ich doch, daß ein Fotograf unten an der Rampe sich anschickt, mich zu photographieren. Ich mag das nicht, denn einmal bringt es mich raus, und zum anderen denke ich, daß das das Publikum stört. Also verwahrte ich mich dagegen, photographiert zu werden und schickte den Mann weg. Das wollte er natürlich nicht. Was er wollte, war: seinen Beruf ausüben, und das versuchte er nun beharrlich. Beharrlich blieb ich auch, und er wich. Vorerst. Das war alles.

Daß sich nun ein Publikumseffekt einstellte, war nicht vorherzusehen. Es gefiel offensichtlich den begeisterungsfähigen Zuschauern, daß sich zwei außerhalb des konventionellen Rahmens bewegten. Der Knipser und sein Modell. Dabei hatten wir diese Absicht gar nicht gehabt. Ich mochte bloß nicht photographiert werden, wenn ich ein Gedicht aufsage – und er wollte. Wie dem auch war, die Stimmung im Saal war angeheizt, schon vorher, das spornt den Komödianten an, jetzt hatte er sich selbst in Hitzigkeit gebracht und – an nun der richtigen atmosphärischen Stimmungsstelle fiel die Zeile mit dem: »... Nun nimm den Knoblauch ...« Das war alles.

In jenen Tagen konnte man, auch wenn man es nicht wollte, mit harmlosen Effekten Wirkungen erzeugen, die den Beschränkten als konterrevolutionär erschienen. Da aber nun wirklich nicht alle Verantwortlichen in der DDR beschränkt waren, wurde nach einem Jahr an der gleichen Stelle im Hause des Lehrers am Berliner Alexanderplatz eine neue Veranstaltung gestartet. Sie hieß nun »Jazz, Lyrik, Prosa«. Und Werner Sellhorn, der als Veranstalter galt und als Ansager auftrat, hatte mir – damals suchte ich mir meine Gedichte noch nicht selbst aus – ein etwas wirkungsvolleres Gedicht gesucht. Möglicherweise wurde ich überhaupt wieder in den Kreis der Beteiligten aufgenommen, weil ich aus Nerudas harmlosem Gedicht über das Bereiten einer Fischsuppe eine Mahlzeit gemacht hatte. Manfred Krug jedenfalls war bei dieser zweiten Veranstaltung sowieso dabei, ohne ihn hätte das ganze keine Wirkung gemacht, dazu die Jazz-Optimisten und Gerd E. Schäfer. Schäfer sprach hinreißend von Tucholsky den »älteren aber leicht besoffenen Herrn«. Ein Gedicht, das seine Wirkung aus heutigen Gegebenheiten noch schärfer zu ziehen weiß, als es das damals in den frühen sechziger Jahren in der Hauptstadt der DDR vermochte. Um so mehr aber Sostschenkos »Kuh im Propeller«, welches der Sellhorn dem Krug ausgesucht hatte. »Ja, ja, es entwickelt sich, das Flugwesen, Genossen.« Und ich hatte den »Hasen im Rausch«.

Dieses Gedicht hat einen recht lieben Inhalt, denn am Ende läßt der Löwe den Hasen wieder laufen. Ein Vorgang, der zu jener Zeit vorstellbar war. Heute fast undenkbar, daß ein Löwe einen Hasen wieder laufen läßt.

Jedenfalls bekam das Gedicht seine Krönung: Wieder durch den Photographen. Es war derselbe Photograph von der ersten Veranstaltung. Ich hatte ihn längst vergessen. Er mich nicht. Ich hatte ihn nicht engagiert. Wieder versuchte er zu knipsen, und wieder konnte ich es nicht leiden. Ich sah ihn, schon bevor er knipsen konnte, heranpirschen. Ich faßte ihn, während des Vortrages, ins Auge. Das Publikum bekam das mit, und es wurde ein Spiel zwischen uns dreien. Den Leuten, mir und dem Photographen. Ich spreche, er pirscht und alle gucken! Denn genau in dem Moment, in welchem der Photograph die Kamera zum Schießen erhob, hatte ich die Stelle aus dem Gedicht, die zur Situation wie ein Fünfer im Lotto paßte, abzudrücken: »Du Strohkopf willst es also wagen, mich zu belästigen mit dem ...« Das fehlende Wort »Gebrüll« ging unter im Lachen und

Der Hase im Rausch

Der Igel hatte einst zu seinem Wiegenfeste
den Hasen auch im Kreise seiner Gäste
und er bewirtete sie alle auf das Beste.
Vielleicht ist auch sein Namenstag gewesen,
denn die Bewirtung war besonders auserlesen
und geradezu in Strömen floß der Wein.
die Nachbarn gossen ihn sich gegenseitig ein

So kam es dann, das Meister Lampe bald zu schielen anfing,
er verlor den Halt, er konnte nur mit Mühe
sich erheben und sprach die Absicht aus,
sich heimwärts zu begeben.

Der Igel war ein sehr besorgter Wirt,
und fürchtete, daß sich sein Gast verirrt,
wo willst du hin mit einem solchen Affen,
du wirst den Weg nach Hause nicht mehr schaffen
und ganz allein im Wald den Tod entgegengehen,
denn einen Löwen wild hat man jüngst dort gesehen.
Dem Hasen schwoll der Kamm,
er brüllt in seinem Tran, was kann der Löwe mir,
bin ich sein Untertan,
es könnte schließlich sein, daß ich ihn selbst verschlinge,
den Löwen her, ich fordere ihn vor die Klinge.
Ihr werdet sehn, wie ich den Schelm vertreibe,
die sieben Häute Stück für Stück zieh ihm ihm ab von seinem
Leibe und schicke ihn dann nackt nach Afrika zurück.

Und so verließ der Hase also bald das fröhlichlaute Fest
und er begann im Wald von einem Stamm zum anderen zu schwanken,
und brüllt dabei die kühnlichsten Gedanken:
"Den Löwen werd ich zersausen, wir sahen in dem Wald noch ganz
andere Tiere hausen und machten ihnen doch den blutigen Garaus.
Infolge des geräuschvollen Gezeters und des Gebrülls des
trunkenen Schwerenöters, der sich mit Mühe durch das Dickicht
schlug, fuhr unser Löwe auf mit einem derben Fluch und
packte den Hasen grob am Kragen:
"Du Strohkopf willst es also wagen, mich zu belästigen mit
dem Gebrüll, doch warte mal, halt still, du scheinst mir ja
nach Alkohol zu stinken, mit welchem Zeug gelang es dir,
dich derart sinnlos zu betrinken.
Sofort verflog der Rausch.dem kleinen Tier, er suchte rasch
sich irgendwie zu retten ,
sie, wir, nein, ich oh , wenn sie Eineicht hätten,
ich war auf einem Fest und trank viel Alkohol,
doch immer nur auf euer Gnadenwohl
und eure guten Frauen und eure lieben Kleinen,
das wäre doch , so wollt es mir scheinen,
ein triftiger Grund, sich maßlos zu besaufen.
Der Löwe ging ins Garn und ließ den Hasen laufen.
Der Löwe war dem Schnaps abhold und haßte jeden Trunkenbold.
Jedoch betörte ihn, wie dem auch sei, des Hasen Sukp
Speichelleckerei.

Faksimile meiner Textvorlage des »Hasen im Rausch« von Sergej Michalkow.

Beim Original-Vortrag des Titels. Im Haus des Lehrers, 1963.

Klatschen eines für Feinheiten so empfänglichen Publikums.

Nun, beide Veranstaltungen wurden auf Platten gepreßt. Eine glücklich vorhandene Zensur ließ nur eine bestimmte Anzahl der Platten in den Handel, und eine Kultplatte für DDRler war geboren. Und meine Popu auch.

Es konnte mir von nun an passieren, daß ich an einer Bushaltestelle oder in einem Kaufhaus, an einer Baustelle oder in einer Kneipe von Menschen erkannt wurde, von denen ich gemeinhin nicht annehmen konnte, daß sie passionierte Theatergänger waren oder mich von meinen paar frühen Filmen her in Erinnerung hatten. Die Erkennung lief meist allein über die Stimme. »Na, das höre ich doch sofort. Sie sind der Eberhard Esche!« Das ist der Grund, weshalb ich auf öffentlichen Plätzen meist den Mund halte, denn Popu ist hübsch, Popularität kann lästig sein.

Günther Simon erzählte mir einmal: Fuhr er mit seiner Familie an die Ostsee, konnte er nicht baden gehen. Denn ging er ins Wasser, wurde sein Schreiten immer von mindestens einhundert Anhängern begleitet. Sie schritten neben ihm her. Ernsten Antlitzes, wie die beim Pinkeln. Ernst Thälmann in der Badehose.

EIN SCHMIERENKOMÖDIANT.
Fragment.

1955 begann ich am Meininger Theater mein Theaterleben. Vieles ist aus diesen drei Jahren in Erinnerung geblieben, Trauriges, Lustiges, weniger Lustiges und weniger Trauriges und auch ein törichter Spruch: »Deutschland ist der Mittelpunkt der Welt, Thüringen ist das grüne Herz Deutschlands, und Meiningen ist seine Angina Pectoris.« Ein Kantinenspruch. Und in der Kantine des Meininger Theaters wurde der Spruch auch oft genug zitiert.

Meiningen war – natürlich beginne ich mit einer Lüge – ein Straßendorf am »Ende der Welt« mit einem Schloß, einer Kirche, einem Theater und einer Kantine. Hätte es in dieser Kantine Hans Hardt-Hardtloff nicht gegeben, bliebe die Erinnerung an die Kantine auf den törichten Spruch beschränkt. Dem aber ist nicht so. Denn die Kantine des Meininger Theaters hatte einen Herrscher, und der hieß Hans Hardt-Hardtloff. Ein Mime. Er war, als ich nach Meiningen kam, vielleicht 55 Jahre alt. Er war schlank, hatte ein Schalksgesicht, gelblich weiße Haare, ging stets etwas nach vorn geneigt und setzte beim Laufen die Füße nach außen wie eine Ballettänzerin. Doch im Gegensatz zu dieser aber knickte er dabei in den Knien ein, was seinem Gang einen etwas O-beinigen Charakter verlieh, doch das Gesamtbild seiner Erscheinung in eine natürliche Würde hüllte. Er trug stets Nadelstreifen und stammte aus Köln. Sein Beruf war Schmierenkomödiant. Ein heute ausgestorbener Beruf. Ich behaupte, Hans Hardt-Hardtloff war der letzte Vertreter einer Spezies, die einmal die Bühnen des Abendlandes bevölkert haben muß. Er war ein Trinker, Verführer, Schuldenmacher und auf der Bühne ein Gott. Er verfügte über eine gütige Ausstrahlung, die vom Herzen zu kommen schien, ob sie das wirklich tat, wußte er selbst nicht. Er konnte so konsequent lügen, daß er, wenn es not tat, keine Rücksicht auf sich selbst nahm. Wenn es galt, eine Pointe glaubhaft abzudrücken, gab er bereitwillig, in Ermangelung von Opfern, selbst das Schlachttier ab. Damit meine ich, zu einer Pointe gehört immer ein Dummer; saß keiner am Tisch, spielte er den Dummen selbst. Saß aber ein Dummer am Tisch – und solche Engpässe waren selbst in Meiningen selten –, hackte er rücksichtslos und kaufte dem zum Schaf gemachten nach dem Schlachten ein Bier. Er beherrschte das Extempore auf der Bühne, wie ich es niemals wieder haben kennenlernen können; das Extempore, die Improvisation, ein ehemals vom Handwerk der Schauspielerei nicht wegzudenkendes Mittel.

Die Meininger liebten ihn, sie kamen seinetwegen in das Theater, er wußte das und hüllte sich nicht in den Mantel der Bescheidenheit. Die Nächte in der Kantine wurden von seinen Erzählungen getragen. Meist waren es Geschichten aus der Kriegszeit. Es war erstaunlich, was er da alles geleistet hatte. Wenn er an einem Abend General einer Reiterarmee in Brasilien war, war er am nächsten Abend zur gleichen Zeit Kriminalkommissar in Berlin. War er gestern noch Anführer einer Partisanengruppe in den Wäldern Sibiriens, saß er heute als Häftling im KZ. Er war mit Willy Millowitsch befreundet, der von ihm die Schauspielerei gelernt hatte, und war an dem einen Abend der Scheel und an dem andern Abend der Tünnes, nur Millowitsch war immer der Dumme. Wir hingen nach jeder Vorstellung an seinen

Lippen, und nicht ein einziges Mal sagte einer von uns: »Aber, Hans, wieso warst du gestern am Attentat auf Hitler beteiligt, wenn du heute den Cäsar an der Wiener Burg gespielt hast?« Man ging, wenn die Kantine schloß, nicht mit dem Gedanken nach Hause, Hans hätte schön gelogen, sondern: Wo werden wir morgen sein. Und man freute sich schon wieder auf die Kantine.

Einmal inszenierte unser Oberspielleiter Fritz Bennewitz eine Operette. Nach der Premiere saß ich mit Hans in der Kantine. Der Tisch stand nahe der Tür, zu der Hans mit dem Rücken saß. Hans war sichtlich überwältigt vom eben Erlebten: »So eine Scheiße«, stieß er hervor. »Das soll ›Die Lustige Witwe‹ sein? Witze ohne Blitze vom Fritze! Aber ich schwöre dir, mein Junge, alle, die hier sitzen«, und er zeigte auf die langsam eintrudelnden Kollegen, »alle finden es schlecht, ob sie mitgemacht haben oder es sich von unten angesehen haben, alle finden es beschissen, wie der Herr Oberspielleiter eine so schöne Operette vergeigt hat. Alle! Aber ich schwöre dir, mein Junge, gleich wird die Türe aufgehen ...«, Hans zeigte hinter sich und hob den Finger gegen die Kantinentür, »und er, der Fritz, der Herr Oberspielleiter, betritt den Raum, und alle, wie sie hier sitzen, springen auf, stürzen auf ihn zu und sagen: Fritz, das war wunderbar!«

Und die Tür springt auf, und Fritz Bennewitz betritt den Raum, und Hans Hardt-Hardtloff springt auf, steht vor Fritz, faßt mit beiden Händen Fritzens Hand, schaut ihm tief in die Augen und sagt: »Fritz, das war wunderbar.« Fritz ist tief gerührt. Bekommt, wozu er neigte, sofort Tränen in die Augen, faßt nun seinerseits Hansens Hände mit seiner noch freien und schüttelt und schüttelt und sagt: »O Hans, das ist schön! Das ist so schön. Ich danke dir.« Beide Herren umarmen sich noch einmal und lösen sich, wie unter Schmerzen, voneinander. Hans bleibt noch einen Moment wie sinnend stehen, wendet sich dann wieder zu unser beider Tisch, setzt sich mir gegenüber und sagt: »Das Arschloch.«

Natürlich wußte Hans auch Anekdoten, in denen er nicht die Hauptrolle spielte. Alle älteren Kollegen erfreuten sich und uns junge mit Geschichten, die sie selbst einmal von den älteren gehört hatten. So war das Kantinenleben. Doch Hans wußte nicht nur die besten, er konnte sie auch am besten erzählen. Ich gehe das Risiko ein, einige davon wiederzugeben, obwohl Schauspieleranekdoten nicht geschrieben werden können, sondern nur erzählt und am besten von Hans Hardt-Hardtloff.

Da war zum Beispiel der Dr. König, dem Vernehmen nach mal Oberspielleiter, mal Intendant, mal in Altenburg, mal in Königsberg, und manchmal hieß er gar nicht Dr. König; vielleicht gab es ihn überhaupt nicht. Der schrieb am letzten Tage der Spielzeit seines Theaters an das Schwarze Brett: »Ich bitte morgen um 11 Uhr die Damen und Herren des Ensembles in den Zuschauerraum des Theaters. Dieser Termin ist von Ihnen freiwillig wahrzunehmen, da dieser Tag der erste Tag der Spielzeitpause, also Ihr Urlaub ist. Wer dennoch kommt, erhält eine halbe Tagesgage. Bedingung: die Herren Frack oder Smoking, die Damen Abendtoilette.«

Am nächsten Vormittag, pünktlich 11 Uhr, kamen sie alle. Die Damen im Abendkleid, die Herren im Abendanzug. Sie nahmen im Zuschauerraum Platz und warteten vor geschlossenem Vorhang und auf die halbe Tagesgage. Nach gebührender Pause dunkelte das Licht sich zur Hälfte, es öffnete sich der Vorhang zu einem Drittel. Im sichtbaren Teil der Bühne wurde ein hohes Kruzifix sichtbar. Ein Treppchen war an die Rampe gestellt. Dr. König, der Intendant, betrat den Saal von der hinteren Tür, durchschritt ihn durch den die Parkettreihen trennenden Mittelgang, erreichte das Treppchen, erklomm es, kniete sich vor das hohe Kreuz und sprach (Hans sprach ihn mit heiserer Stimme, da er, so Hans, ein Syphilitiker gewesen wäre): »Lieber Gott, ich danke dir, daß du mich von dieser Blase befreit hast«. Wendete sich vom Kreuze ab zu seinen Damen und Herren des Ensembles und vollendete mit: »Nu aber raus!«

Von einem Berliner Vorkommnis wußte er zu erzählen. War es Jannings, war es Wegener, kurz, einer dieser Protagonisten saß mit einem sehr neugierigen Kollegen in der Garderobe zusammen. Immer sonnabends geschah es, daß sich der Protagonist, gegen seine sonstige Gewohnheit, hastiger abschminkte, in seinen bereithängenden Frack stieg, sich an seinem Schminktisch einer kurzen Gesichtskontrolle unterzog, Wässerchen hier, Wässerchen da, den Paletot packte, das Cachenez um den Hals schmiß und, mit dem Zylinder dem zurückbleibenden Kollegen einen kurzen Gruß zuschwenkend, den Raum verließ. Das wiederholte sich Sonnabend für Sonnabend. Den zurückgebliebenen Kollegen machte dieses Geschehen neugieriger, als er schon war, und eines Sonnabends hielt er es nicht mehr aus und frug, bevor die Zeit des schnellen Umzugs gekommen war: »Na, heute abend wieder?«

Der Protagonist gab keine Antwort, schminkte sich noch hastiger ab, schnellte in den Frack, knappste Gesichtskontrolle, Wässerchen hier, Wässerchen da, Paletot, Cachenez, Zylinder und weg war er. Der Neugierige näherte sich dem Zustand des Platzens.

Als der Sonnabend wieder heran war, stellte er endlich die Frage. »Was treibst du denn immer am Sonnabend?« Der andere stellte sich dumm, er wisse nicht, was er meine. Dieser hielt dagegen: »Immer sonnabends ziehst du dich hastig um, guckst in den Spiegel, Wässerchen hier, Wässerchen da, Mantel, Cachenez, Zylinder und weg bist du.« Die Beschreibung des Neugierigen fiel just mit neuerlichem Umkleiden des Protagonisten zusammen. Als die Frage des ersten beendet schien, war auch der beschriebene Vorgang des zweiten abgeschlossen. Er konnte nur noch murmeln: »Ich muß weg, erzähle ich dir das nächste Mal.«

Beim nächsten Mal erbarmte er sich, und ehe der Neugierige fragen konnte, erzählte er: »Siehe, das ist eine sehr diskrete Einladung, und ich darf dir eigentlich überhaupt nichts erzählen, und ich tue es nur, wenn du mir schwörst, es für dich zu behalten«. Der Neugierige schwor. Der Protagonist fuhr fort: »Sieh, Sonnabend ist stets ein besonderer Tag. Angesprochen worden bin ich von einer Dame der Gesellschaft, die du kennst, deren Namen aber nie über meine Lippen kommen wird. Sie bat mich eines Sonnabends zu einem Rendezvous. Zur verabredeten Zeit traf ich in einem Chambre séparée des Hotels Adlon ein. Doch zu meiner Verblüffung fand ich sie nicht allein. Im Gegenteil, es waren ungefähr zwanzig Damen und Herren versammelt. Alle in Abendgarderobe. Man lud mich zur Tafel und plazierte mich zwischen zwei der reizendsten jungen Damen, die man sich vorstellen kann, und servierte Kaviar und Sekt. Nichts weiter, nur Kaviar und Sekt. Meine linke Nachbarin verwickelte mich in eine Konversation, bei der dir aller Wahrscheinlichkeit nach das Hören, doch nicht das Sehen vergangen wäre, während die Dame zur Rechten es bevorzugte, mich mit ihrem Knie zu unterhalten. Dann plötzlich, es war, wie ich später bemerken konnte, 12 Uhr 30, erlosch das Licht. Es war stockdunkel. Das blieb es. Als nach 3 Minuten das

Licht wieder eingeschaltet war, saßen alle nackt zu Tische. Nur ich nicht. Es war mir sehr peinlich, und es sollte sich niemals mehr wiederholen. Den Beweis liefere ich nun jeden Sonnabend. Schwörst du, das für dich zu behalten?« Der andere nickte stumm in seinen kurzen Atem hinein. »Schwöre es!« Der Stumme schwor. Er war krebsrot im Gesicht geworden. Er stieß hervor: »Bitte, nimm mich doch einmal mit!« Der Protagonist: »Das geht nicht!« Der Neugierige: »Weshalb nicht?« – »Du hast keinen Frack hier.« – »Doch, ich habe.« Der Neugierige sprang auf und stak in Blitzesschnelle im Frack. »Komm«, sprach der Protagonist, und beide Schauspieler verließen das Theater. Eine Taxe fuhr sie in Richtung Brandenburger Tor. Der schwermassige Portier ließ die beiden Herren mit einem Anflug von vertrautem Lächeln passieren. Über mehrere Stockwerke und Gänge des riesigen Hotels erreichten sie schließlich eine mit barocken Intarsien geschmückte Eichentür. Sie öffnete sich, und dem staunendem Auge des neugierigen Kollegen bot sich das vor einer Viertelstunde beschriebene, aber als unglaubhaft bezweifelte Bild. Der Raum war nicht groß, doch ließ er zirka zwanzig Damen und Herren genügend Platz. Eine bezaubernde junge Frau trennte den Neuankömmling von seinem Kollegen und geleitete ihn zu einem wie für ihn längst vorbereiteten Stuhl, er setzte sich. Er war umrahmt von zwei wunderschönen Mädchen, und es erlosch das Licht. Nach 3 Minuten ging es wieder an. Alle saßen, wie gehabt, auf ihren Stühlen, nur einer war nackt. Es war der Neugierige.

Hans Hardt-Hardtloff zitierte gerne aus Stücken, in denen er einmal gespielt hatte, wie alle Schauspieler. Man hat eben den Text drauf. Sein Lieblingszitat war aus dem »Tell« die schöne Stelle: »Der brave Mann denkt an sich selbst zuletzt.«

Nur, Hans gab diesem braven Satz durch Einfügen eines Päuschens eine etwas andere Bedeutung. Hans sprach den Schiller so: »Der brave Mann denkt an sich (Päuschen) selbst zuletzt.«

Gerne erzählte er immer wieder, wozu ein richtiger Schauspieler, er sagte gelernter Schauspieler, durch Behandlung des Textes imstande wäre. Als Beispiel führte er folgende Anekdote an: In einer Kleinstadt sollte der Faust aufgeführt werden. Der damalige Stadtrat für Kultur, also der Polizeichef, ließ den Prinzipal der Truppe zu sich kommen, drückte die Freude über den Spielplan aus, kündigte für die kommende Vorstellung den Besuch des neuen Bürgermeisters an und fügte eine Bitte hinzu: »Sie wissen, unser Bürgermeister ist neu, und wir wollen ihn schließlich nicht schon zum Beginn seiner Laufbahn verärgern, doch ist in dem Stück, welches Sie heute abend geben, ein Satz der ihm mißfallen könnte, ich meine den Satz: ›Er gefällt mir nicht, der neue Bürgermeister.‹« Der Prinzipal bedankte sich für die Empfehlung, zeigte sich überschwenglich begeistert vom Besuch des Herrn Bürgermeisters und schloß mit der Beruhigung, daß der Herr Polizeipräsident, was den kritischen Satz beträfe, ganz entspannt bleiben solle, es fände alles seine Ordnung. Der Abend der Vorstellung naht, der Bürgermeister, der neue, hatte Platz genommen. Das Spiel begann. Der Prinzipal gab selbst den Part mit dem anrüchigen Satz: »Er gefällt mir nicht, der neue Bürgermeister.«

Er ist dran und sagt: »Er gefällt mir! Nicht? Der neue Bürgermeister?«

(vorläufiges Ende des Fragments)

EINE REKONSTRUKTION.

Ich lief einmal eine schöne breite Treppe hinauf. Diese schöne breite Treppe erinnerte im Ansatz noch immer ein wenig an den Barock. Auf der schönen breiten Treppe kam mir eine Gruppe von Bauarbeitern entgegen, welche die schöne breite Treppe, die noch immer ein wenig an den Barock erinnerte, hinuntergingen. In der Mitte waren wir uns begegnet. Ich grüßte die Arbeiter. Als ich das obere Ende der Treppe erklommen hatte, war das Ziel meines Aufstiegs erreicht, und ich stand vor der Tür des Intendanten des Staatstheaters der Deutschen Demokratischen Republik, des Deutschen Theaters. Ich klopfte. Die Bauleute hatten das untere Ende der Treppe erreicht und liefen zum Eingang des Zuschauerraums der Kammerspiele. Aus diesem Theater erschollen Geräusche, die zu jener Zeit noch als theaterunüblich galten. Es war das Gelärm von schweren Hämmern, Brecheisen und Bohrmaschinen.

Mein Klopfen an der Türe des Intendanten blieb unerwidert. Der Intendant war nicht im Theater. Ich unterließ die Höflichkeit des weiteren Klopfens. Unten hörte ich einen der Bauleute zu seinen Kumpeln sagen: »Jetzt treibt sich das Gesindel schon auf der Baustelle herum!« Damit war ich gemeint. Das war am ersten Tage der Rekonstruktion. Zwei Jahre später hatten die Bauleute ihre Arbeit beendet. Unser Haus war wieder ein Theater. Nur die schöne breite Treppe, die noch immer ein ganz klein wenig an den Barock erinnerte und die zum Zimmer des inzwischen ausgewechselten Intendanten führte, sie gab es nicht mehr. Es gibt jetzt eine andere. Diese vergesse ich immer zu benutzen.

Es gibt viele Gründe, Theater zu schließen. Ein Grund heißt: Wegen Renovierung geschlossen. Der Grund für eine Renovierung kann vorliegen, wenn ein Haus baufällig geworden ist oder baufällig werden kann. Oder umfassende Modernisierungsmaßnahmen erforderlich sind. Es kann auch andere Gründe für Schließungen geben. Manche können so einfältig sein, daß ich es müßig finde, auf diese Vielfalt einzugehen.

Zu Beginn des achten Jahrzehnts des zwanzigsten Jahrhunderts beschloß das Ministerium für Kultur der DDR, dem Wunsche des Intendanten zu folgen und die nötigen Mittel zur Rekonstruktion der Kammerspiele bereitzustellen. Kurz darauf erweiterte es diese Bereitstellung auf Anfrage des Intendanten und erhöhte die Summe. So wurde auch das DT in die Rekonstruktionsmaßnahmen einbezogen. Beide Theater wurden geschlossen. Das Deutsche mit der Begründung, das Bühnenhaus zu erhöhen. Zwar wäre die Erhöhung, nötig oder nicht nötig, auch möglich gewesen, wenn die Arbeiten in der Kammer beendet wären, aber das Argument »ein Aufwasch« war stärker als die Notwendigkeit, das führende Theater des Landes für das Publikum offenzuhalten. So wich man auf eilig errichtete Behelfsbühnen aus, um eine Art Spielplan fortzuführen. Den Geschehnissen, die man selbst hervorgerufen, durch vorausehende Planung zu begegnen, gehörte nicht mehr zu den gepflegten Gewohnheiten jener Jahre.

Ich war besorgt. Zum einen, was die Fortführung der abendlichen Vorstellungen, zum anderen, was die Rekonstruktion betraf. Um uns beider Sorgen zu entledigen, machte ich Vorschläge.

Zum ersten Punkt: Es bestand eine Kluft zwischen Hauptstadt und Republik. Das ist in der Geschichte der Nationen kein neuer Vorgang, aber dennoch kein zu unterschätzender. Also zielte mein Vorschlag dahin, den Teil des Repertoires, der reisefähig war, ergänzt durch Stücke mit kleiner Personage, in eine Art wechselnder Dauergastspiele in Theatern der Republik zu stationieren. Einmal, um so das erste Haus des Landes für einen längeren Zeitraum in der Republik zu etablieren und dadurch der wachsenden Distanz zwischen Berlin und der Republik mit unseren Mitteln zu begegnen, und gleichzeitig die Erfahrungen des Abstechertheaters zu beherzigen, deren Nutzen hätte sein können, das Ensemble zu festigen. Damit scheiterte ich. Man beschloß, in Berlin zu bleiben und baute das Kino am Friedrichshain für viel Geld zu einer Art Spielraum um, der in der Folge mehr Spielraum für die Beteiligten unter Ausschluß der Öffentlichkeit wurde.

Zum zweiten Punkt: Ich hatte Grusel davor, daß ein Intendant allein nur mit Fachleuten des Baugewerbes über Umbauten zu entscheiden hatte. Es mögen gute Theoretiker dabei gewesen sein, und sicher waren da gute Fachleute des Baugewerbes am Platz, aber Theater bauen war nicht ihr täglicher Umgang. Und – der Intendant war weder ein Fachmann der Theaterpraxis noch des Baugewerbes. So blieben als einzige Fachleute für Theater nur die Schauspieler übrig. Deren Arbeitsplatz bekanntlich die Bühne ist. Das waren meine Gedanken, während die ersten Abrißarbeiten im Hause stattfanden, und ich fand sie nicht absonderlich. Zu jener Zeit hatten wir neben dem Eingang des DT noch eine in eine kleine Mauernische eingelassene Holzbank. Auf der saß ich mit Ilse Galfert, der Dramaturgin, und wir wärmten uns ein wenig in der Mittagssonne. Ich sagte:

»Ilse, die Bank werden sie uns auch noch wegrekonstruieren.«

Ilse antwortete: »Das dürfen wir nicht zulassen.«

So entstand die Idee des Reko-Aktivs. Volldeutsch ausgesprochen: Rekonstruktions-Aktiv. Ich sprach Herwarth Grosse, Dieter Franke, Elsa Grube-Deister und noch ein paar Kollegen an, um sie zu bewegen, auf das Schicksal unseres Hauses einen Einfluß zu nehmen. Sie stimmten zu, und wir meldeten unseren Anspruch an. Mürrisch stimmte der Intendant der Neugründung zu. Er hätte uns die Zulassung gerne verwehrt, doch es war ihm bekannt, daß ich mich, nicht mehr unerfahren in den Gängen des Mechanismus, beim Stellvertreter des Ministers für Kultur abgesichert hatte.

Wir baten um Einsicht in geplante Veränderungen. Wir erhoben Einsprüche. Um es kurz zu machen: Oft haben wir nicht gewonnen. Um mal ganz ehrlich zu sein – eigentlich haben wir meist verloren. Weder konnten wir die Klimaanlage der Kammerspiele verhindern, die, in die Sessel des Zuschauerraums gebaut, Dauerzugluft und zusätzliches nicht erwünschtes Husten erzeugte und die ohnehin nicht vorzügliche Akustik noch weniger vorzüglich machte, noch konnten wir den Abriß des Rundhorizonts der Bühne Kammerspiele ungeschehen machen. Ohnmächtig sahen wir der Erhöhung der um zu viele Zentimeter zu hoch geratenen Bühne zu. Den Abriß des Rundbaus unserer 3. Bühne konnte mancher Kollege und manche Kollegin lange nicht verschmerzen und vieles, vieles andere mehr. Doch da ich es schon immer langweilig fand, Niederlagen aufzuzählen und in Schmerzen zu baden, lasse ich das. Sagen wir es so: Auf der Breite der Front verloren wir einzelne Gefechte, doch ohne Siege blieben wir nicht. In der Sportlersprache ausgedrückt: Sehr oft wurden wir siegreicher Vorletzter. Und solche Erfolge sind heute noch zu sehen. Gut, es waren keine Siege in Überzahl. Wären sie das gewesen, lohnte sich diese Erzählung nicht. Doch dann wäre vielleicht auch nicht von einem Manne die Rede gewesen, der uns sehr hilfreich war und dem wir einige dieser Siege zu verdanken hatten.

Wenn man diesen Mann vergäße bei der Geschichte des Deutschen Theaters, wäre man ein schlechter Geschichtsbewahrer. Dieser Mann war kein Intendant, kein Regisseur, kein Schauspieler. Er war ein gelernter Tischler. Horst Büttner heißt der Mann. Er ist irgendwann Abteilungsleiter der Haushandwerker des DT geworden, doch beschreibt das die Persönlichkeit dieses Mannes nur karg, dieses wirklichen Liebhabers des Deutschen Theaters. Horst Büttner ist mit Freundlichkeit gesegnet, ist immer verfügbar, gibt immer Hilfe, ist Hans Dampf in allen Gassen und versteht von handwerklichen Arbeiten buchstäblich alles – und ist außerdem »seit immer« am Deutschen Theater. Als er noch zu klein war, um einen Hammer zu heben, wohnte er zumindest schon neben dem Theater. Beim Erhalt des DT ist ihm Ungezähltes zu verdanken. So wies mich eines Tages »Hottel« Büttner auf die Kronleuchter der Kammer hin, die, ausgelagert, den Liebhabern von geschliffenen Kristallen – und geklaut wurde auch schon zu jener Zeit – angenehm sanft zugriffig wären. Ich ging zum Intendanten, der sofort Hilfe versprach und auch hielt. Wie ich im nachhinein erfuhr, gab er diese Hilfe erleichtert, stand er doch vor der Entscheidung, die alten Klunkern nicht wieder aufzuhängen. Genauso hatte er geplant, die Türmalereien im Zuschauerraum zu entfernen. Doch vorzeitige Öffentlichkeit für Handlungen, die seinem Geschmack entsprachen und nur diesem, das war ihm suspekt. Da es der Vorsichtigkeit seines Charakters entsprach, Proporze zu wahren, konnte man Glück haben, so daß es nur eines Anstoßes bedurfte, um alte Proporze in die Spree zu schmeißen. Man konnte sicher sein, daß er danach sofort neue Proporze zu suchen begann. Durch Hottel erfuhr ich, daß der Rundhorizont des DT ebenfalls abgehackt werden sollte und einige Wahrheiten mehr, die Akustik des Deutschen Theaters betreffend. Das war alarmierend. Das Deutsche Theater mit der Intimität seines Zuschauerraumes lebt in hohem Maße von seiner phantastischen Akustik. Lassen wir an dieser Stelle Eduard von Winterstein zu Wort kommen.

Was Milieu, Intimität und Stimmung anlangt. Vielleicht eines der schönsten Theater der Welt. Die Wechselwirkung von Bühne und Zuschauerraum hat hier eine sonst unerreichte Stärke erreicht. Sind es tatsächlich unerforschte und selbst den Fachleuten unbekannte Dinge, die das Milieu und Intimität eines Theaterraumes begründen. Ich habe in allen Teilen Europas Theater gespielt, habe aber nirgends ein Theater gefunden wie das alte Haus in der Schumannstraße, und diese Meinung teilen alle Schauspieler, die je das Glück hatten, in diesem Haus spielen zu dürfen.

Zwei mögliche Ursachen für diese zitierten Tugenden wurden von den Planern des Umbaus für überflüssig erklärt: Der Rundhorizont des DT und die Resonanz erzeugenden Bauteile des Zuschauerraums. Der Rundhorizont sollte abgerissen werden, da er keinerlei Einfluß auf die Akustik hätte, wobei man sich auf die Erkenntnisse der neueren Akustiktheoretiker berief. Ich bezweifelte die neuesten Erkenntnisse schon deshalb nicht, weil die Akustiktheorie mir in keiner Weise geläufig ist, aber ich bat, nicht alles den Bach runterzupülen, was sich von altersher bewährt hatte. Wie recht ich damit behielt, zeigte sich zirka 15 Jahre später am Theater am Schiffbauerdamm, da riß man den Rundhorizont des Berliner Ensembles tatsächlich ab, aus wahrscheinlich nämlichen akustiktheoretischen Gründen, und siehe da, zu dem Schicksal des Hauses gesellte sich nun noch eine Akustik. Nun, das Deutsche behielt, bis heute zumindest, seinen Rundhorizont.

Zum Zuschauerraum: Dieser ist nicht unterkellert, sondern sitzt direkt dem märkischen Sandboden auf. Eine Holzbalkenkonstruktion, mit Brettern übernagelt, trennte seit mehr als 100 Jahren den Sessel des Zuschauers von der Mutter Erde. Von der er, in seltenen Momenten der Theatergeschichte, sich entfernend in den Himmel gehoben werden konnte. Nur ein kleiner Hohlraum befindet sich zwischen Sessel und Sand. Und das ist der Resonanzboden der Stradivari, wie das Deutsche Theater auch genannt wurde. Nun, diesen Resonanzboden hatte man, nach Entfernung der bisherigen Holzkonstruktion, mit Zement ausgegossen. Wir konnten nur verhindern, daß er voll ausgegossen wurde. So wurde uns versichert, es wäre ein kleiner Hohlraum erhalten. Ich mußte das glauben, denn zum Aufreißen des Dielenbodens, um das zu kontrollieren, fehlte mir die Befugnis. Weiter: Die roten Seidentapeten, mit denen die Wände des Zuschauerraums verkleidet sind, wieder anzubringen, sagte man uns zu, doch die zwischen Wand und Seide geklebten Zeitungen ließ man weg. Genau aber diese Papieruntertapete ist ein resonanzförderndes Element. So hatte es Horst Büttner in Erfahrung gebracht.

Noch etwas wußte Hottel, etwas wirklich Katastrophales: Neue Sessel sollten im Zuschauerraum angebracht werden, die gleichen wie die in der Kammer, nur anders bezogen mit – eingebauter Klimaanlage! Ich erzähle nun die Geschichte, wie wir, das kleine Häuflein von Reko-Aktivisten, versucht haben, diese Katastrophe aufzuhalten. Ich erzähle sie stellvertretend für alle die anderen den Bau und Umbau unserer beiden Theater betreffenden Geschichten. Denn alle zu erzählen wäre mühselig, und es wäre vor allem traurig, und das Traurige zu erzählen mit dem einzigen Grund, Trauriges zu erzählen, das mißfällt mir, und darum tue ich das nicht. In der Geschichte, die ich jetzt erzähle, spielte Elsa Grube-Deister eine für mich unvergeßliche und für das Deutsche Theater eine die Zeiten überdauernde Rolle.

Die Architekten hatten festgestellt, daß nach den zu jener Zeit gültigen Normen ein Raum eine bestimmte Quantität an Luft haben müsse. Sie nannten auch die Zahl, sagen wir mal 24 und fügten noch ein Kürzel bei: Tb! 24 Tb müßte ein Raum wie das Deutsche Theater aufweisen. Tatsächlich hätte das Theater aber nur 7 Tb! Mit der Genauigkeit der Zahlenangabe kann ich mich irren, ich bin kein großer Zahlenmerker, wie schon früher erwähnt, aber Tb haben die Fachleute es genannt, das weiß ich gewiß, und den Abstand zwischen 7 Tb und 24 Tb gebe ich halbwegs korrekt wieder. Und um den Abstand ging es ja. Und Tb bezeichnet wohl eine DIN-Norm oder die Maßeinheit für Luft. Wie dem auch sein mochte, die Differenz zwischen 7 und 24 hatte zur Folge, die Absicht auszuführen, den Zuschauerraum des Theaters ebenfalls mit einer Klimaanlage zu versehen, diese Einrichtung, gegen die wir, wie gesagt, schon in der Kammer vergeblich angekämpft hatten. Wieder weigerten wir uns. Wieder bekamen wir keine Unterstützung vom Intendanten. Wieder standen wir vor einer Niederlage. Einer größeren als vor der in der Kammer. Das war uns allen bewußt. Viele Erfolge unseres großen Theaters hatten wir auch der Kammer zu verdanken, und es gibt keinen Zweifel, die Kammer gehörte zu unserem Haus. Aber unser Haus heißt nicht Kammer, sondern Deutsches Theater. Diesem Theater galt unser aller innigste Liebe, und es durch Eingriffe in sein Heiligstes zu Schaden kommen zu lassen, war, was man auf lateinisch ein Sakrilegium nennt und auf Deutsch einen Gottesraub, die Verletzung oder Verunehrung einer heiligen Sache. Was war zu tun? Man mußte zum Kardinal gehen.

Kaum hatte ich also das kommende Unheil von Horst Büttner vernommen, rief ich den für den Umbau verantwortlich zeichnenden stellvertretenden Kulturminister an. Ich bekam schon am nächsten Tag einen Termin. Der Stellvertreter war ein freundlicher und umgänglicher Mann. Er nahm meine Aufregung mit Sanftmut entgegen und sagte uns eine Versammlung mit Architekten zu. Er hielt sein Versprechen und kam selbst. Nun kam auch der Intendant. Die Architekten, es waren zwei, begründeten noch einmal ihre Absicht. Sie taten das freundlich, geduldig und sachlich. Als sie geendet hatten, versuchte ich ebenfalls mit diesen Tugenden aufzuwarten und gab mein Bedenken zu bedenken, daß das Deutsche Theater, wie die Herren ja wüßten, als Gebäude schon mehr als ein Jahrhundert bestünde und so seit einhundert Jahren nur mit 7 Tb aufzuwarten die Chance gehabt hatte. Dennoch kennt die deutsche Theatergeschichte keinen Fall, daß Zuschauer an schlechtem Theater erstickt wären, was mir, wüßte die Geschichte von einem solchen Fall zu berichten, nicht absonderlich erschiene, wenn es auch die Geduld des Publikums als Sitzwert unterschätze. Diesen Sitzwert aber als Test für Erstickungstod zu mißbrauchen, überschätze wiederum diesen Wert, weswegen ich anmerken müsse, daß an Luftmangel noch kein Glied unseres geliebten Publikums tot und erstickt aus dem luftleeren Raum getragen worden ist. Die Architekten folgten meinem geistreichelnden Ausflug mit höflichem Lächeln und gaben ungerührt zu bedenken, daß die Jahre zuvor keine Normen gekannt hätten. Normen, die heute nun mal Gesetz sind, woran nichts zu ändern wäre. Damit war unsere Niederlage besiegelt. Der Intendant lächelte, der Minister bedauerte, die Architekten hatten alles gesagt. Wir waren am Ende. So dachten wir und wollten wie geprügelte Hunde den Raum verlassen. So erhoben wir uns und wandten uns zum Gehen. Nicht aber Elsa Grube-Deister.

Sie blieb sitzen. Die Herren waren höflich, setzten sich wieder und schauten stumm fragend die Dame an. Jetzt erhob sich Elsa Grube-Deister. Sie erhob sich im wahren Sinne des Wortes. Es stand eine uns allen unbekannte Person im Raum. Ihr Aussehen wurde so bedrohlich, daß selbst ausgekochte Komiker wie Franke und in allen Theatertricks erfahrene Professionelle wie Grosse gebannt dem bisher Unerfahrenen folgten. Ich kann nicht wiederholen, was Elsa Grube-Deister sagte. Weil ich das einfach nicht hörte. Ich kann nur wiedergeben, was ich sah, was wir alle sahen: Elsa Grube-Deister griff zu ihrem Hals, löste links und rechts an den Seiten ihres Halses zwei bisher nie sichtbar gewordene Schrauben. Dann zog sie ihren nun gelockerten Kopf vom bisherigen Standorte ab und stellte ihn auf den Tisch. Auf diesem ließ sie ihn weiter sprechen. Gleichzeitig nahm sie ein bisher nicht sichtbares Messer aus ihrem Gürtel, führte das Messer an ihre Brust, schnitt diese auf, und ihr zuckendes Herz wurde sichtbar. Sie ließ das Messer sinken und griff mit der unbewehrten Hand nach dem rumpelnden Organ, riß es mit kühnem Schwung aus ihrem Leib, legte es vor ihren pausenlos auf dem Tische weitersprechenden Mund und ging nun zum furchtbarsten Teil ihrer Arbeit über. Sie begann das Herz mit unendlicher Sorgfalt in viele kleine Teile zu zerlegen. Als sie dieses entsetzliche Werk vollbracht hatte, griff sie nach ihrem auf den Tisch gehauenen Kopf, klaubte ihm, dessen Mund weiterzusprechen nicht unterließ, die beiden Augen heraus und ließ sie grollend über den Tisch rollen und bedrohlich die vermeintlichen Feinde beglotzen. Wir alle waren von dieser bisher noch nie erlebten Aufführung in eine solche Verfassung geraten, die man mit den Worten gerührt, gebannt, erschrocken, aufgewühlt, entsetzt, erschauernd undsoweiter nicht annähernd beschreiben könnte.

Die »Galoschenoper« von Heinz Kahlau und Reiner Bredemeyer mit Elsa Grube-Deister im Deutschen Theater.

Dann hatte Elsa Grube-Deister geendet. Sie führte sich all das Entledigte wieder zu und setzte sich, sichtbar erschöpft, nieder. Elsa Grube-Deister hatte alles gesagt. Ich sah den Minister an. Der Mann war ein erfahrener Kämpe, und von der Ekstase von Schauspielern und Schauspielerinnen hatte er bisher mit Sicherheit nicht nur gehört. Aber noch niemals in seinem Leben hatte der Minister eine Tragödin so nahe gesehen. Es war klar, er war mehr als beeindruckt. Die Architekten mehr als verunsichert. Der Intendant kleinlaut. Die Versammlung wurde geschlossen.

Elsa suchte wie immer ihre Zigaretten, Grosse gab ihr Feuer, Franke küßte ihr die Hand. Ein Vorgang, der noch niemals zuvor an ihm beobachtet werden konnte. Zwei Tage später gab der Minister bekannt: Die Architekten hätten noch einmal alle Daten überprüft und dabei feststellen können, daß die erwähnten Normen stimmen würden. Aber, so habe man nach gründlicher Recherche letztendlich herausfinden können, diese Normen nur für Betonbauten gälten, das Deutsche Theater, insbesondere aber sein Innenraum, ein Fachwerkbau sei, womit sich erwiese, daß die bisherigen Berechnungen nicht zutreffend wären, folglich wohl so, wie bisher, genügend Luft durch die Ritzen des den Zuschauerraum umfassenden Fachwerkbaus dränge. Welcher nicht zu beweisende Tatbestand, so fuhr der Minister fort, einen Einbau einer Klimaanlage in den Zuschauerraum des Deutschen Theaters nicht nötig mache. Der Minister bedankte sich bei uns, daß wir somit Mittel gespart hätten, die an anderer Stelle sinnvoller einzusetzen er sich verwenden würde. Das Deutsche Theater blieb erhalten. Ewiger Dank an die Schauspielerin Elsa Grube-Deister. Ihr emotionaler Aufstand hatte Nachdenken erzeugt. Und dieses Nachdenken hatte das Deutsche Theater in jenem Zustande erhalten, wie er in einer Theaterkritik von 1853 beschrieben stand:

Der Raum ist so gemütlich eng, daß der Schauspieler die Häupter seiner Lieben rasch überblicken ... und auf ihren Beifall selbst dann zählen kann, wenn er nicht ganz taktfest ist.

So waren es Schauspieler, die ihr Theater erhielten, bei allen Abstrichen, die sie machen mußten. Sie achteten auf buchstäblich alles, was der Neuerungswut zum Opfer gebracht werden sollte. Alles aufzuzählen, was sie nicht erhalten konnten, führt zu weit. Sei die Mitteloge noch genannt, die aufgelöst wurde mit der Begründung, die hätte Goebbels gebaut. Die Begründung war Unsinn wie mein Gegenargument emotional. Ich schlug nämlich vor, dann auch das Zentralkomitee der SED abzureißen, da dieses ebenfalls zu Lebzeiten des Herrn Goebbels gebaut worden war. Schwamm drüber. Aber den Zuschauerraum und die Bühne bewahrt zu haben, denn der Rundhorizont wurde nicht weggehackt, ist des Rühmens wert. Es waren Schauspieler, die ihr Publikum verteidigten und – so weit sie vermochten – von Belästigungen frei hielten. Nicht alles konnten sie vermeiden. Die Gewalt der Technik wurde übermächtig ... Hier soll Wolfgang Langhoff sprechen:

Ich arbeite auf einer Bühne, die – man kann es hier ruhig sagen – keineswegs mit modernsten technischen Errungenschaften ausgestattet ist. Nichtsdestoweniger hat diese Bühne im Verlaufe ihrer Geschichte bewiesen, daß von ihr die größten, in der Geschichte des Theaters oft entscheidende Impulse ausgegangen sind. Wenn ich mir heute bei dem Problem des Baus neuer Theater überlege, welche Forderungen an die Technik gerichtet werden und was die Technik alles soll, so wird mir, offen gestanden, ein wenig angst und bange. Ich bin zwar kein Reaktionär, der gegen die Technik ist, aber ich habe das dunkle Gefühl, daß eine Übertechnisierung der Bühne keineswegs zu dem Resultat führt, das wir wollen, nämlich menschliche Erlebnisse menschlich auszudrücken.

Das sagte der Schauspieler, Regisseur und Intendant im Jahre 1952. Aufgeschrieben hatte sich diese Sätze ein Techniker. Der Beleuchter Werner Ebenhahn. Der mindestens so lange Mitglied des Hauses wie Horst Büttner ist. Oder die grandiose Ulla Leiermann, die Mutter der Requisite ... Ich wüßte noch so viele zu nennen, aus allen Abteilungen, die stolz auf ihr Theater waren und traurig werden, wenn ihnen dieses heimatliche Gefühl, ohne eigene Schuld, abhanden kommt.

Ich schließe die Phase der Rekonstruktion. Und ende mit zwei verunglückten Anekdoten.

Nach unseren Niederlagen und nach unseren Siegen konnten sich Ilse Galfert und ich nicht mehr auf die Holzbank setzen, denn die Nische, welche sie umrahmt hatte, war zugemauert, und die Bank war verschwunden. Wohl aber las ich Mitte der neunziger Jahre, daß ein auch in die Jahre gekommener Künstler in einem Interview sich über die Bank äußerte. Und er äußerte: Daß er sich für sie eingesetzt und sie uns erhalten habe. Das ist hübsch, nur leider war der Künstler zu jener Zeit noch nicht an unserem Hause, und die Bank muß er verwechselt haben. Er muß sie noch immer verwechseln mit jenen zwei Bänken, die bis zum nächsten Umbau den Eingang zum Theater umrahmten. Sie sind aus Beton, und man holt sich bei kühler Witterung auf ihnen sitzend Hämorrhoiden.

Das erinnert mich an eine andere geklaute Schnurre. Es war zu Beginn der 60er Jahre. Probe auf der Probebühne Reinhardtstraße. Probenpause. Wir treten durch die große Tür, die Probebühne und Straße trennt. Draußen wärmt die Sonne. Da naht ein Dieselgeruch. Es ist ein Autobus. Ein Westberliner Bus. Mit Sight Seeing Stockwerk. Hinter den Bus-

Als Rentner vor dem Deutschen Theater.

fenstern Gesichter. Die zum damaligen Zeitpunkt, mit an einige Wahrscheinlichkeit grenzender Gewißheit, nicht aus Wurzen stammten. Plötzlich, wir hatten uns nicht verabredet, das schwöre ich, griffen mein Kollege Gerd André und ich in unseren Hosenbund, rissen mit der einen Hand das Hemd heraus, ließen so unseren offengelegten nackten Bauch sehen, zogen den Bauch ein, füllten den Brustkorb mit Luft, daß die Rippen zutage traten, und streckten die andere Hand zum betteln aus. So liefen wir neben dem Bus, der sich in langsamer Fahrt Richtung Friedrichstraße bewegte, und riefen zu den Fenstern des Busses mit hohlen Wangen hinauf: »Hunger! Hunger! Hunger!« Erschrocken zuckten die Gesichter der Nichtwurzener zurück. Plötzlich sahen wir nur noch ihre Hinterköpfe. Ich unterstelle, sie wollten nicht gesehen werden, wie sie das sahen, was sie immer glaubten zu sehen, wenn sie fremde Länder bereisten, und nun wirklich sahen und sich nun fürchteten, an der Grenze an der Ausreise gehindert zu werden und plötztlich ebenfalls den Bauch zu verlieren. So wie der Gerd André und ich.

Und diese hübsche Schrulle, die ich sehr oft erzählt, im Westen und im Osten, die nur wir zwei, der verstorbene Gerd André und ich, gelebt und gespielt haben, verkauft doch so ein neuer Gegenwartsautor, auf die Schnelle von Film und Funk gelobt, in einem Buch, von dem er sagt, daß er es selbst geschrieben hätte. Er erzählt die Geschichte ohne Quellenangabe. Das finde ich nicht nett.

Ich will sagen, die Geschichte von der Rekonstruktion habe ich nur in dieses Buch geschrieben, damit mir die nicht auch einer klaut. So wie die Bank aus Holz in der Schumannstraße 13 a, auf der alles begonnen hatte. Mit der unvergessenen Ilse Galfert. Einer Dramaturgin.

ÜBER KÖPFE UND DENKMÄLER.

Wieder einmal saß ich auf der Bank vor dem Deutschen Theater. Es war zu der Zeit, als sie noch aus Holz gebaut war, und das Innere des Theaters war statt von Schauspielern von Bauarbeitern bestückt. Also saß ich draußen auf der Bank und guckte auf den Vorplatz und träumte weg. Des Baulärms Terror, der hinter meinem Rücken tobte, erstarb; der Bauschutt, der wie dichter Nebel die Aussicht trübte und die Luft zum Atmen nahm, teilte sich wie ein Vorhang, ich atmete frei und sah in die Ferne, und ich sah das Beste, was auf ein Theater von außen zukommen kann: die Zuschauer! Die Zuschauer kamen wieder in das Theater.

Ich sah sie einen schönen Hain durchlaufen. Die weitläufige grüne Anlage begrenzte den Weg mit marmornen Köpfen, die auf Stelen standen. Der Hain war dem Theater vorgelagert. Die Leute waren festlich gekleidet, und sie hatten frohe Gesichter. Erwartungsvoll wie die Kinder. Sie passierten mich auf meiner Holzbank und erklommen die große breite Treppe aus Granit. Ich wunderte mich über das plötzliche Vorhandensein einer so großen Treppe, sah nach oben und bemerkte zu meinem Erstaunen, daß die Steinstufen der Treppe zum Portal des Deutschen Theaters führten. Und diese Treppen stiegen die Leute empor. Hinauf zum Theater. Stolz prangte das von John Heartfield entworfene Symbol DT. Von meiner Holzbank aus gesehen, schienen die Menschen in den Himmel zu steigen. Es waren Treppen, so viele und so hoch, wie sie das Schauspielhaus am Gendarmenmarkt hat. Welches Schauspielhaus heißt, aber keines wieder geworden ist, und dessen Treppen, als es noch Schauspielhaus war, ebenfalls nicht vom Publikum benutzt werden durften, weil die Treppen nur zum Scheine waren und die Menschen schon damals so wie heute, um in das Theater zu gelangen, unter der großen Treppe durchkriechen mußten. Als mein Traum so weit in die Vergangenheit zu sinken drohte, wurde ich wieder wach und war froh, daß das Deutsche Theater keine Treppen hat, sondern nur zwei Stüfchen. So saß ich also auf dem Vorplatz neben den Stüfchen auf dem Bänkchen und konnte etwas erleichtert meine Sehnsucht nach den Treppen unterdrücken. Ich kehrte zur Realität zurück und hielt mich an das, was vorhanden.

Den beiden Theatern vorgebaut ist eine Auffahrt. Heute ist sie der Feuerwehr vorbehalten. Das war natürlich nicht immer so. Auffahrten vor alten Theatern waren einstmals für Pferdekutschen gedacht. Da Theater auch eine Stätte des öffentlichen Vergnügens sind, man sieht sich und wird gesehen, gehört der Vorplatz zum Vorspiel, welches, das wissen wir endlich, durchaus nicht ohne Bedeutung im Verhältnis zur Hauptsache steht. Auf den Vorplatz übersetzt, heißt das: Die Kutsche fährt vor, und der Herr und die Dame steigen aus und lassen sich sehen. Und die Einstimmung auf den Abend hat ihr erstes Klopfzeichen gegeben.

Heute aber, so dachte ich Holzbänkler der Endsiebziger Jahre weiter, fährt der Pappi die Mammi im Trabbi vor, springt aus seinem Fahrerhäuschen, läuft frohgemut um das Gefährt herum, führt die durchbrochene Lederhand an die Türklinke und öffnet seiner Frau den Schlag: Sie entschreitet. Er schmeißt beide Pappdeckel wieder zu und donnert im vollgegasten ersten Gang stinkend zum nächsten

Parkplatz. Das sind Auftritte für das Publikum. So war es mal gedacht. Von der Pferdekutsche bis zum Trabbi. Doch die Vorstellung vom Gestank des Zweitakters schob mich wieder aus der Wirklichkeit und ich entschläferte und träumte wieder.

Wieder sah ich die Zuschauer kommen, doch kamen sie diesmal von etwas weiter her. Sie stiegen in der Friedrichstraße aus der S-Bahn und näherten sich durch die Albrechtstraße laufend dem Theater. Viele Häuser stammten noch aus dem frühen 19. Jahrhundert, und der Eindruck, eine schöne, alte Berliner Straße zu durchlaufen, erzeugte bei den Kommenden eine frohe Einstimmung auf das zu Erwartende! Dann überquerte das Publikum die Reinhardtstraße und steuerte auf die zum Theater führende Promenade zu. Diese Promenade begann gegenüber der Probebühne Reinhardtstraße und war umsäumt von Büsten. Es waren Büsten von Dichtern und Intendanten und Schauspielern, Schauspielerinnen und Regisseuren der Welt. Der Himmel über dem Theater war rein, und kein steiler Zahn der hinter dem Theater aufsteigenden Charité verdüsterte den Blick und erinnerte den Theatergänger an seine körperlichen Gebrechen und den nächsten Termin beim Zahnarzt.

Da gedachte ich meiner Nierensteine und erwachte; ich erhob mich von der Holzbank und aus den Träumen des Guten, Wahren und Schönen und schritt zu Taten.

Wieder ging ich den allmählich vertrauten Weg zum Molkenmarkt in das Ministerium und ließ mich beim Stellvertreter des Ministers für Kultur melden. Der Minister empfing, und ich trug ihm mein frisch erträumtes städtebauliches Konzept vor. Die Häuser der Albrechtstraße wären nach der historischen Vorlage zu restaurieren. Die Grünanlage zwischen Reinhardtstraße und Schumannstraße umzugestalten. Der Weg durch sie mit Büsten zu bestücken, und der Bau der Charité hinter dem Theater zu verhindern.

Er hörte sich seinen neuen Stadtarchitekten an und lächelte. Da wußte ich, manche Vorstellung soll man im Bereich der Träume belassen. Und plötzlich schämte ich mich und kam mir lächerlich und wichtigtuerisch vor. Kommt da so ein Schauspieler, pfuscht in längst abgesegnete Entwürfe von Architekten und sieht die Welt aus der Theaterperspektive. Zwar halte ich die inzwischen für besser als die Architektenperspektive, aber was soll's. Warum denn weinen, wenn man auseinandergeht. Ich verließ das Haus am Molkenmarkt.

Ich hatte mal einen Hund. Es war ein Terrier. Nimmt der Mensch, so meine Frage, einen Hund, um sich dessen Fähigkeiten anzueignen, oder nimmt er den Hund, weil er die Fähigkeiten des Hundes schon besitzt? Wie auch immer, der Terrier hat die Fähigkeit, Gepacktes zu halten. Ich auch! Wenn ich mich festbeiße, hänge ich dran. Natürlich beiße ich nicht ohne Einsicht. Ich sah ein, daß die schon gegrabene Baugrube für die Charité keiner mehr zuschütten wird. (Daß dafür der alte Friedrichstadtpalast, auf Pfählen gebaut, vom nun in die Krankenhausgrube abfließenden Grundwasser trockengelegt wurde, baufällig und abgerissen werden mußte, war späte Strafe für blinde Stadtplaner.) Ich sah ein, daß die Rekonstruktion der Albrechtstraße in diesem Jahresplan bestimmt nicht enthalten ist. Ich sah ein, daß der Hain, der zum Theater führen sollte, einer Fläche weichen wird, auf der die Kinder Fußball spielen und somit die Aufstellung von Büsten sinnwidrig wäre. Also löste ich meine Zähne vom Festgebissenen und konzentrierte mich auf etwas Beißbareres.

Es war schon Mitte der siebziger Jahre, daß mir Geahntes zur Gewißheit dämmerte, daß die Zeiten des großen Langhoff vorüber wären. Sind aber große Zeiten vorbei, sollte man sich ihrer erinnern.

So dachte ich. So standen schon zwei Erinnerungen dem Hause gegenüber. Der Kopf von Max Reinhardt und der Kopf von Otto Brahm. Die beiden Herren hatten seit den fünfziger Jahren ihren Platz auf der anderen Straßenseite einge-

Zwischen den Denkmälern auf einem Stuhl, 1990.

nommen. Beide schauten auf das Theater, der eine etwas streng, der andere etwas verdrossen. Sie waren Bronzeköpfe, und gemacht hatte sie der Bildhauer Fitzenreiter. Die beiden Stelen, auf denen die Köpfe ruhten, standen nebeneinander und hatten so viel Raum um sich, daß ein dritter ohne weiteres sich hätte dazugesellen können. Wer der Dritte sein sollte, war für mich keine Frage. Einen Kopf aus Bronze von

Wolfgang Langhoff gab es schon, den hatte der Bildhauer Gerhard Rommel 1968, also 2 Jahre nach des großen Intendanten Tod, nach einer Photographie geschaffen. Nicht anders als der Fitzenreiter den Reinhardt und den Brahm hergestellt hatte. Gelungene Köpfe waren sie alle drei.

Was verstehe ich unter einem gelungenen Kopf? Die Ähnlichkeit mit dem Lebenden, in der sich ein Charakter zeigt. Vom alten Bildhauer Schadow wird berichtet, daß er auf die Frage, warum er im Alter keine Ganzfiguren mehr schüfe, geantwortet habe: »Wat nich im Koppe is, det is ooch nich in de Beene. Also warum soll ich Beene machen. Ich bleibe bei die Köppe.« Des alten Schadow Spruch verstehe ich auch so, daß jeder Mensch für seines Gesichtes Prägung im Verlaufe seines Lebens nicht aus der Verantwortung zu drängen ist.

Langhoffs Kopf aber schien, obwohl offiziell vom DT in Auftrag gegeben und bezahlt, nicht das nötige Gefallen der für die Aufstellung Verantwortlichen zu finden. So etwas ist nicht verwunderlich. Da die Verantwortung für die Beurteilung eines Kunstwerkes Laien unterliegt, liegen die Fehlurteile, wenn sie nicht der Markt entscheidet, auf der Straße. Langhoffs Büste in dem Fall im Keller. Da lag sie in guter Gesellschaft herum. Es waren da der Kopf vom alten Winterstein, von Tilla Durieux, die Maske vom Paul Wegener und einige andere vergessene Berühmtheiten. Horst Büttner hatte sie in einem Winkel unter einem Verschlag gefunden, und eines Tages sagte Horst zu mir: »Ebi, komm mal mit, ick zeig dir wat«. Und so begann mein Versuch, Wolfgang Langhoff zwischen seine Vorgänger zu stellen. Mein Vorschlag fand die Zustimmung des *Zeitweilig Amtierenden*. Bloß der Kopf blieb im Keller. Ich ließ es mich jedoch nicht verdrießen und antichambrierte weiter in meiner Sache. Die

Reaktionen der wechselnden *Zeitweilig Amtierenden* waren, wie nicht verwunderlich, stets die gleichen. Zustimmung für den Vorschlag und die gleiche Anweisung für den Kopf. Der Kopf blieb im Keller.

Nun dachte ich, vielleicht haben die gar nichts gegen den Langhoff, ihnen gefällt bloß der Kopf vom Rommel nicht. Gut, laß ich eben einen neuen machen. Und ich ging zu Fritz Cremer. Er freute sich über mein Anliegen und sagte zu. Mit der Einschränkung, daß er im Moment mit der Gestaltung des Marx-Engels-Forums ausgelastet wäre, aber bestimmt danach an den Langhoff ginge. Ich war's zufrieden, hatte ich doch schon das Warten gelernt.

Nach einem dreiviertel Jahr aber mußte Fritz Cremer absagen, weil ihn die Gestaltung des Marx-Engels-Forums zuviel Zeit und Kraft kostete. Da wußte er noch nicht, daß er sich ein halbes Jahr später ganz aus dem Projekt zurückziehen würde. Fritz Cremer ließ mich aber nicht im Regen stehen und empfahl mich weiter, dem Bildhauer Ludwig Engelhardt.

Mit Engelhardt traf ich mich, er zeigte sich erfreut und sagte zu. Mit der Einschränkung, daß er erst die Standbilder von Karl Marx und Friedrich Engels für das Marx-Engels-Forum beenden müsse. Ich freute mich über seine Zusage und richtete mich auf das Warten ein. Nach einem Jahr sagte Engelhardt aus gesundheitlichen Gründen ab. Einen Neuen konnte er mir nicht empfehlen, da ich ihm aber leid tat, riet er mir, wenn mir die Gestaltung des Vorplatzes vom Deutschen Theater so am Herzen läge, eine Baumgruppe vor das Haus stellen zu lassen. Das war bestimmt kein schlechter Vorschlag, und er wurde als Empfehlung des Reko-Aktivs auch beherzigt. Die Baumgruppe ziert noch immer den Vorplatz. So ist der Schatten, den die inzwischen herangewachsenen Ahornbäume werfen, dem Bildhauer Ludwig Engelhardt zu verdanken.

Aber ich wollte ja eigentlich keine Bäume, sondern einen Kopf. Und da ein wenig Zeit verflossen war, wollte ich inzwischen zwei Köpfe. Ich wollte noch den Kopf von Ernst Busch. Es gibt eben Zeiten, da will man Köpfe abhacken, und es gibt eben Zeiten, da will man welche aufstellen. Jetzt wollte ich den Ernst Busch vor das Deutsche Theater gestellt sehen. Ich war einfach auf den Appetit gekommen. Für meinen Appetit hatte ich mir die Unterstützung des Präsidenten der Akademie der Künste, Konrad Wolf, geholt. Zwar nicht für Busch, da könne er mir nicht helfen, den beanspruche sicher das Berliner Ensemble, meinte er, aber für Langhoff sagte er mir seine Unterstützung zu. Beglückt über diese Zusage ging ich nach Hause. Bei der Beglückung blieb es. Nie hörte ich wieder etwas vom Präsidenten, dessen Türen für so viele Gebrechen offenstanden.

Ich hörte auf, mir Gedanken über Bronzeköpfe zu machen. Was sollte es auch. Ich hatte die Herren im Herzen, und da ruhten sie gut, und wenn sie niemand haben will, kann man nichts machen. Ich hatte eben mal eine Idee gehabt, es gab sogar einen Kopf dafür, aber an Idee und Kopf war niemand interessiert. Mit einem Male war mir alles so scheißegal. Es waren seit Entstehung der Idee und der Verunglückung der Idee einige Jahre ins Land gegangen. Ich fand die Idee nach wie vor gut, aber was nützt die beste Idee, wenn kein Mensch sie haben will. Als ich Peter Hacks meine Mutlosigkeit schilderte, empfahl er mir den Bildhauer Salow.

So ging ich zum dritten Plastiker und lernte Salow kennen. Salow hatte einen guten Kopf vom Hacks gemacht. Auch einen von Manfred Krug. Als ich in sein Atelier kam, war er gerade an der Arbeit an einem Hegel. Er hörte mich an und war bereit, einen Langhoff zu machen. Ich kramte im Archiv des DT und brachte ihm ein paar Photographien. Nach zwei Wochen hatte Manfred Salow, was keinem seiner beiden Vorgänger gelungen war, den Kopf schon in Gips – und ich bezahlte Salow und hatte wieder Beißlust. Wieder trottete ich meinen Weg. Das war im Jahre 1982. Bis zum Jahre 1997 trottete ich unverdrossen.

Fast zwei Jahrzehnte pries ich Salows Langhoff an. Der Kopf war gelungen. Ganz anders als der von Rommel, der uns mehr jenen durch nichts zu entmutigenden Kommunisten zeigt, streng und wie verbissen; dagegen war der Salowsche Wolfgang Langhoff ein Komödiant, dessen Lächeln ein Ausdruck von Trauer beigemengt ist und ihm ein fast weiches *Trotzalledem* gibt. Dieses war *auch* ein Teil von Langhoff, was der Bildhauer, der doch den Lebenden nie gekannt hatte, aus einer Photographie und in meinen Geschichten über den von mir hochverehrten Charakter erkannt hatte. Einer Liebe, die von einem Schauspieler handelte, der die ewige Frage, vor der ein Akteur steht, »Talent *oder* Charakter« oder »Talent *und* Charakter« mit letzterer Antwort zu entscheiden wußte. Sicher gab es noch andere Möglichkeiten, diesen Helden aus einer anderen Zeit darzustellen, gütig, ironisch, weltgewandt oder als Denker oder einfach als einen Herrn. Aber Salow sah den Komödianten, und das hat etwas mich aufs merkwürdigste Berührendes. Doch keiner wollte den neuen Kopf. Keiner wollte den Langhoff.

Inzwischen gab es in Berlin eine Wolfgang-Langhoff-Straße und eine Wolfgang-Langhoff-Schule. So lag zu vermuten, daß niemand der Kulturverantwortlichen etwas gegen ein

Langhoffköpfchen haben konnte. Auch hätte das Köpfchen die vorbeilaufenden Passanten unbehelligt gelassen. Es hätte sie nicht verstört. Denn nach der vollendeten Rekonstruktion der beiden Häuser und des Vorplatzes waren die beiden Großen des DT, der Brahm und der Reinhardt, dem nach meinen Vorstellungen der Langhoff hätte zugesellt werden sollen, vom Vorplatz weg an die Seite geschoben worden. Und nahmen so den Anschein des Unsichtbaren in Anspruch. Ich meine, ich wäre schon auf den Kompromiß eingegangen, den Langhoff ebenfalls, wenn auch nicht unsichtbar, so doch ein wenig unauffällig machen zu lassen, wenn man ihn denn nur aufstellte. So ein Kompromiß wäre schließlich ein Meilensteinchen auf dem Wege zum Ziele geworden. Auch wenn er dann ein paar Jährchen gezwungen worden wäre, wie seine beiden Nachbarn schon, nicht mehr auf ihre Schöpfung, das Theater, zu blicken, sondern an ihm vorbei. Auch hätte der Bronzeguß des neuen Langhoffs nichts gekostet. Das Geld hätte ich schon aufgebracht. Hacks versprach mir da auch zur Seite zu stehen. Es war eigentlich alles recht günstig, mit einer kleinen Ausnahme – es fehlte die Genehmigung eines der jeweils *Zeitweilig Amtierenden,* den Langhoff vor sein Theater zu stellen.

1991 bekamen wir einen neuen Intendanten. Es war der Sohn vom alten. Thomas Langhoff. Mein erstes Gespräch mit ihm in seines Vaters Intendantenzimmer (ich rühme mich mit Herwarth Grosse, daß wir beide es waren, die es bei der Rekonstruktion durchgesetzt hatten, daß das Zimmer erhalten bleiben müsse; zwar wurde es um ein paar Meter versetzt, aber es blieb). So saßen wir uns in Vaters Zimmer gegenüber, und ich erzählte ihm meinen Plan. Den Text dafür konnte ich inzwischen auswendig. Wir waren an das Fenster getreten, blickten auf den Vorplatz hinunter, er hatte mir seinen Arm um die Schulter gelegt. Und als der Sohn zusagte, glaubte ich ihm. Mehr als seinen Vorgängern.

Als 1996 noch immer kein Langhoff vor dem Hause stand, dachte ich an Heines Zeilen: »Ihr wollet Euch an meinem Gesicht nicht laben, nun könnt ihr euch am Hinterteile laben!« Wütend entschlossen ging ich zu Gerhard Rommel und bat ihn, mir eine Kopie von seinem Langhoffkopf gießen zu lassen. Er tat es, ich kaufte sie ihm ab, er schenkte mir noch einen schönen unbehauenen Sandstein aus Reinhardsdorf als Stele dazu. Ich ließ mir noch drei Plaketten mit den Porträts von Ernst Busch, Herwarth Grosse und Dieter Franke machen. Rommel kann so etwas sehr gut. Er machte mir diese drei Toten kostengünstig, und der Steinmetz Carlo Wloch brachte alle vier auf ihrem vorbestimmten Platz am Steine an und stellte mir das Ganze im Garten auf. Die Grube für das Fundament hatte ich selbst ausgehoben und das Fundament selbst gegossen. Und da stehen sie nun. Die vier Herren meines Planes, von denen ich zwei so gerne vor dem Theater gesehen hätte und die anderen beiden im Theater auf der Tafel der Ehrenmitglieder des Deutschen Theaters. Da das aber keiner wollte, schuf ich eben einen Ehrenhain für vergessene Schauspieler selbst. Und da meine Lüste auf Geselligkeiten nicht durch Überdruß, aber durch Erfahrung ein wenig in der Versenkung verschwunden sind, befinde ich mich nun in zwar stiller, jedoch angenehmer Gesellschaft. In etwas über zwei Meter Höhe schaut ein Theaterintendant auf unser Haus. Streng wie ein bissiger Pförtner. Und wenn man sich ein wenig bückt, dann sieht man auf der Vorderseite des Sandsteins das Abbild von Ernst Busch, auf der rechten Seite Dieter Franke und auf der linken Seite Herwarth Grosse. Die vier Herren, mit denen ich einen Plan hatte, den niemand wollte. So hatte ich mir den Plan eben in den Garten stellen lassen. Wenn man verhindert wird, die Welt zum Garten zu machen, dann macht man eben aus seinem Garten eine Welt. Und gibt ihm mit Bronze und Stein Charakter.

Als ich Carlo Wloch nach dem Preis für die Aufstellung fragte, winkte er ab und sagte, dafür nehme er kein Geld. Da bat ich Rommel, er solle noch eine Plakette machen, eine, auf der er und der Wloch drauf seien, die Schöpfer des Standbildes, die wollte ich auf der Hinterseite des Steines anbringen. Rommel sagte zu, und so warte ich schon drei Jahre. Aber das ist kein quälendes Warten mehr.

So scheint die Geschichte von Langhoffs Büste ihr Ende gefunden zu haben, sogar mit dem ursprünglich vorgesehenen Kopf. Und stand dieser Kopf nicht in Berlin, so stand er in der Mark Brandenburg. Hätte ich diese Geschichte vor zwei Jahren geschrieben, dann hätte sie damit ihr Ende gefunden. Aber ich habe sie nicht vor zwei Jahren geschrieben, sondern im Jahre 1999. Und da findet die Geschichte ihr besseres Ende. Und es macht mir das größte Vergnügen, vom besseren Ende zu erzählen.

Eines Tages bat mich Frau Silke Panzner, die treueste und beste Mitarbeiterin von Thomas Langhoff, in ihr Büro und sagte mir, daß der Intendant die Absicht hege, zwei Büsten aufzustellen. Eine Büste von Hilpert und eine von seinem Vater. Doch während von Hilpert eine Büste vorhanden wäre, fände er keine von Wolfgang Langhoff. Nun aber suche er. Zwar existiere da außer der von Rommel noch eine, die ein Vorgänger hätte machen lassen, aber die wäre zu schlecht. (Verdammich, denke ich, da hat doch so ein Nobelpimpf tatsächlich meine Idee für gut gehalten, hat mir das verschwiegen und hat's naßforsch für seine ausgeben wollen!

Nun bin ich nachsichtig gegenüber Ideenraub, es ist mir scheißegal, wer die Idee zuerst hatte, Hauptsache, die gelungene Umsetzung ist die Folge ...) Über die Zeit meiner kurzen Wut gab sich Silke Panzner den Anschein, als könne sie keine Gedanken lesen, und fuhr ungestört fort: Also fände er keine Büste, hätte Thomas Langhoff gesagt. Ich sagte Silke Panzner, ich hätte eine. Sie sagte mir, das wisse sie, darum hätte sie mich zu sich gebeten. Wir vereinbarten, plötzlich war Eile geboten, den schnellstmöglichen Termin. Dieser wurde am nächsten Mittag gefunden. Da hatte der Intendant eine halbe Stunde Loch in seinem Tagesplan.

Und ich bestellte Salow in das Theater, und er brachte den Gipskopf von seinem Langhoff mit. Eine Gipskopf, der seine sechzehn Jahre auf seinen ersten Auftritt gewartet hatte. Es war Mittags um zwölf. Die Sonne schien auf den Hinterhof des Theaters, und Salow holte seinen Kopf aus einem VW-Bus, stellte ihn auf eine Holzbank, nicht ohne vorher auf die Sonne und den Schatten geachtet zu haben, um so das beste Licht für sein Werk zu finden, und wartete auf das Urteil. Es war für ihn der erste Auftrag wieder, nach üblen Jahren des Ungeschätzten. Da stand der Künstler mit seinem Werk und wartete auf eine gute Nachricht. Er wartete wie ein halbverhungerter Hund, der geduldig der Reste harrt. Salow war ein Mann mit einstmals goldenen Händen. Mitgekommen zur Beurteilung waren Silke Panzner, der die ganze Szenerie zu danken war, und Horst Büttner, dem immer alles Folgende zu danken ist.

Thomas Langhoff stand lange und still vor seinem Vater. Mehrmals umlief er das gipserne Antlitz, wandte sich zu uns und sagte: »Ja, das könnte mein Vater sein.«
Hurra!!!

Das Geld für Kauf und Guß und Stein und Aufstellung wurde beschafft. Thomas Langhoff ließ die beiden »Alten«, den Brahm und den Reinhardt, aus dem Schatten holen, gab ihnen einen würdigeren Platz direkt vor dem Theater und gesellte ihnen zwei Persönlichkeiten hinzu, von denen jede auf die eigene Weise, dem Wechsel der Zeiten unterworfen, das Beste für ihr Theater getan hatte: Den Hilpert und den Langhoff.

ÜBER NIERENSTEINE.

Einmal hatte ich auch Nierensteine. Einen Nierenstein bemerkte ich beim Wallenstein. Ich spielte den Wallenstein, und wir beide verfielen in Kolik. So geschah, was selten war, ich privatisierte am Theater! Das soll heißen: Meinetwegen fiel eine Vorstellung aus. Dann ging mir ein Stein ab, und ich nannte ihn Biermann.

Bei Biermann fällt mir Goethe ein. Nicht daß mir bei Goethe Biermann einfiele. Und normalerweise fällt mir bei Biermann auch nicht Goethe ein. Biermann fällt mir eigentlich überhaupt nicht ein. Er braucht mir auch nicht einzufallen. Denn wenn er fällt, dann fällt er auf. Man schlage eine beliebige Zeitschrift auf – Biermann fällt aus den Zeilen. Nicht täglich, nein, aber bei dem Goethe-Jahr, dem Heine-Jahr, dem Brecht-Jahr, dem Fontane-Jahr. Kurz, bei allen Dichter-Vernichtungs-Jahren, die veranstaltet werden, um in der Volksempfindsamkeit die letzten Reste von Schulerinnerungen zu tilgen. Dann taucht der allergrößte deutsche Singschreiber aus der Gruft und lächelt ins Bild. Denn stellen die Fernsehsender beim Quotenzählen fest, daß ihre Jahresbombardements gegen die deutschen Dichter eine Handvoll Unverdrossener überlebt haben – Menschen, zu deren festem Punkt die Dichter der Welt geworden sind –, dann wird die letzte Granate der medialen Großmächte aus der Kiste geholt. Und feurig, wie in seinen jüngsten Jahren, predigt der Fontane-, Heine-, Goethe- und Brecht-Kenner Biermann seine Liebe. Und nur diese. Und das reicht dann!

Und der der Medien-Nie-Müde-Werdende vollendet die deutschen Dichtervernichtungsjahre des zwanzigsten Jahrhunderts.

Natürlich gingen mir zwischen dem siebenten und dem achten Jahrzehnt des 20. Jahrhunderts noch ein paar mehr Steine ab. Und den allen gab ich Namen, da ich sie für die Verursacher hielt. Hatten die Namensgebungen anfänglich noch ein gewisses Niveau, verkamen sie von Kolik zu Kolik, um endlich bei Intendantennamen zu landen; von da an ließ ich es. Und irgendwann bekam ich auch keine Steine mehr.

Goethe hatte übrigens auch Nierensteine. Um den beschleunigten Abgang des Kolikmachers auf den Weg zu bringen, fuhr der Dichter nach Karlsbad und trank viel Wasser. Der Stein schwamm ab, und Goethe fuhr wieder nach Thüringen. Doch dann kam ein Krieg, und er mußte seinem Herzog als Kriegsminister nach Valmy folgen. Diese Kanonade behagte ihm nicht. Wieder schlugen sich die äußeren Umstände in den inneren Organen nieder. Der Ärger über den Zustand der Welt klopfte in Goethes Nieren, und Goethe erbat Urlaub. Der Herzog, sein Freund, gewährte, doch Südböhmen war weit. Also fuhr er nach Mainz und später nach Straßburg. Karlsbader Wasser gab es da nicht, wohl aber einen Reisekoffer. Goethes Reisekoffer. In diesem lagen die niederdeutsche und die französische Fassung eines sehr alten Märchens über Tiere. Das holte der Kriegsminister raus und schrieb eine neue Fassung der alten Vorlage. Er schrieb sie in einem Versmaß, von dem es hieß, daß die deutsche Sprache dafür nicht geeignet sei. Goethe widerlegte das Vorurteil. In wenigen Wochen hatte er über 4000 Hexameter vollendet und das Eine der großen Drei aller deutschen Epen war entstanden: »Reineke Fuchs.« Und der Dichter war kolikfrei. Johann Wolfgang von Goethe hatte sich seine Schmerzen vom Leibe geschrieben. Im Urlaub. Und in Dankbarkeit erinnern wir uns seines Freundes, des Herzogs. Denn der zeigte Einsicht bei Koliken.

Einen Herzog hatte ich nicht als Freund. Aber einen Ministerpräsidenten. Also, ich habe einen Ministerpräsidenten einmal kennengelernt. Nun, ich habe einen einmal kurz gesehen. Die Geschichte von dem kurz gesehenen Ministerpräsidenten und einem Nierenstein, die möchte ich gerne erzählen. Ich bin ein Staatsbürger, mit Bühnenabsichten, den seine Freunde Ebi nennen, und gewöhnlich mischen sich Ministerpräsidenten nicht in die Nierenangelegenheiten solcher Leute. Gewöhnlich werden solche Menschen auch nicht von Ministerpräsidenten beachtet. Genaugenommen wurde ich das auch nicht, sondern der Erich mit dem Zitronenmündchen. Erich mit dem Zitronenmündchen war zu jener Zeit bereits ein ganz großer Außenpolitiker, und außer zur Kaninchenjagd besuchte er, als das zweitliebste, allzugern die im Ausland wohnenden anderen Außenpolitiker. Freuen tat er sich aber auch, wenn die ihn mal besuchten. Und so besuchte einmal ein Ministerpräsident eines unbefreundeten Nachbarstaates mit getarnten Absichten die Hauptstadt der Deutschen Demokratischen Republik.

Ungehindert konnte er die Grenzen passieren und erreichte den inneren Kreis hauptstädtischen Territoriums. So etwas war nichts Besonderes mehr in den letzten Jahren der DDR. Ja, es konnte passieren, daß gleich zwei Ministerpräsidenten auf einmal auftauchten, der eine von der einen Partei, der andere von der anderen Partei. Und just dieses geschah zum Zeitpunkt der Geschichte. Da ich jedoch nur den einen von den beiden kennenlernte, will ich bei dem bleiben. Er gehörte einer Partei an, die sich, wenn auch ständig nachlassend, einem Wert verpflichtet fühlte, dem Wert des Konservatismus. Also sah er sich veranlaßt, hier und da eine Marke zu setzen. So suchte er neben dem Erich mit dem Zitronenmündchen auch noch das Deutsche Theater auf. Gespielt wurde ein Stück von Peter Hacks. Es hieß »Senecas Tod«, und ich spielte den Seneca.

Die Entscheidung für diese Wahl war, wir ahnen es, nicht meinetwegen gefallen, auch nicht wegen Hacks. Sondern, so vermute ich mal, wegen des merkwürdigen Verhältnis-

»Senecas Tod« von Peter Hacks mit Rolf Ludwig im Deutschen Theater.

ses, das der Dichter und sein Staat seit Gedenken miteinander hatten. Das alles hatte das *Umfeld* des Ministerpräsidenten vorher rausbekommen. Was ist das: *Das Umfeld?* Genau weiß das keiner, ich auch nicht. Wahrscheinlich ist, daß *Das Umfeld* selbst nicht sagen kann, was *Das Umfeld* ist. Das umfassende Wissen über *Das Umfeld* spielt in der Geschichte auch keine Rolle. Gehen wir einfach davon aus, daß ein Besuch eines Ministerpräsidenten gründlich eingefädelter Planung bedarf. Und die macht das *Umfeld.* Und so hatte man das Ding mit dem Dichter und seinem Staat eben rausbekommen. Und das war beileibe nicht das einzige. Das *Umfeld* bekam noch mehr raus. Nämlich meinen Nierenstein. Zwei Abende vor diesem Theaterbesuch gab eine der einflußreichen, aber ebenfalls unbefreundeten Nachbarszeitungen einen Empfang. Und da unser hier eingeführter Ministerpräsident an jenem Tage nicht der einzige Besuchs-Präsident war, wurde es ein recht großer Empfang. Ein Doppelempfang sozusagen mit Doppelstrategie. Die große Wichtigkeit der beiden Ministerpräsidenten bekam eine Illumination. Und sie wurden selbstverständlich von ebenfalls wichtigen Leuten begleitet, den Unterwichtigen, zu deren Berufsbild unerläßlich gehört, mehr wichtig als groß zu erscheinen. Das eben sind die *Umfeld-Leute.* Leute, die Illuminationen organisieren und von Informationen leben und mit den erhaltenen arbeiten.

Und so erfuhr einer der *Umfeldler*, daß sein Boß sich anschickte, eine Theatervorstellung zu besuchen, die gefährdet war. Die Information lautete: Die Titelfigur nähert sich einer Kolik. Sofort funktionierte der *Umfeldler* und ließ einen seinerzeit berühmten Arzt aus seiner Heimatstadt herbeizitieren. Es war der Arzt des großen Rüttelns. Er war Herr über eine Maschine, die im Werk eines ehemals berühmten Flugzeugerbauers, welcher einst der Deutschen Wehrmacht besonders schöne Wasserflugzeuge beschert hatte, hergestellt wurde. Eine Nierensteinrüttelmaschine. So etwas gab es in der Hauptstadt der DDR noch nicht, und ich war gerührt von der Fürsorge so absolut fremder als auch hoher Menschen. Und ich war befremdet von der Fürsorge hoher Menschen von der Seite, zu der ich gehörte, die sogar den Staatssekretär für Kirchenfragen mich fragen ließ, ob ich die Nierensteinrüttelmaschine des Gegners denn wirklich benutzen wolle. (»Aber Eberhard, willst du dir von diesen Leuten wirklich helfen lassen?«) Nun, aus diesem Wirrwarr erlösten mich meine Nieren. Als sie hörten, sie sollten vom Klassenfeind gerüttelt werden, schmissen sie ihre unwillkommenen Gäste, die Steine, stillschweigend raus, und der Ministerpräsident und sein Mann konnten ungestört den Hacks gucken.

Einige Wochen später erhielt ich einen Brief von dem freundlichen und hilfsbereiten Mann aus dem *Umfeld,* der das alles veranlaßt hatte. Der Brief begann mit: »Sehr verehrter, mein lieber Herr Esche.« Schon diese Anrede hätte mir, hätte ich noch einen Stein gehabt, einen abgehen lassen. Was in dem Brief folgte, war auch nett. Er bedankte sich im Namen seines Herrn für die schöne Vorstellung und gab seiner Freude Ausdruck über unser beider Zusammentreffen. Die Begegnung zwischen ihm und mir dünke ihn wertvoll und teuer.

Es war ein richtig schöner Brief. Und auch lieb. Und wenn man bedenkt, daß wir beide uns noch gar nicht richtig kannten, aber dennoch schon so lieb hatten, ging der Brief nicht an die Nieren, aber ans Herz. Der Brief war von ihm unterschrieben, und so erfuhr ich seinen Namen. Reginald Süßhilfe. Jetzt war ich aber erst gerührt und schickte ihm dementsprechend einen rührenden Brief zurück. Den unterschrieb ich mit meinem richtigen Namen. Dann ging wieder ein wenig Zeit über die Länder, und ihre Herren und der Reginald Süßhilfe ließ mir die Neuigkeit zukommen, daß er inzwischen seinen Herrn gewechselt hätte und nun in einem Weltverbund für Fortbewegungsmittel in eindrucksvollem Dienst stünde, und wenn ich einmal Zeit hätte und in der Nähe wäre, er sich glücklich schätzte, wenn wir uns träfen.

Es traf sich. Ich hatte Mitte der achtziger Jahre ein Gastspiel im Schwabenland, und natürlich meldete ich mich. Kaum hatte ich meinen Namen genannt, verband eine überglückliche Sekretärin, und ich hatte ihn am Ohr.

Seine erste Frage lautete: »Na, Herr Esche, was fahren Sie denn für ein Auto?« Nun ja, das war schon eine Frage. Ich begriff sofort, daß die mehr vom Verführungsvermögen geleitet wurde, denn von Neugier. Zwar war Herr Reginald Süßhilfe das geblieben, was er gewesen war, ein *Umfelder,* aber nun ein *Umfelder* der Etage *Des Mittleren Einflußbereiches* im Hause einer Weltfabrik. Er war von der rechten Hand eines Politikers in die linke Hand eines der größten Fortbewegungskonzerne gewandert. Ich widerstand der Verführung und beantwortete die Frage wahrheitsgemäß. Und ich fügte Bemerkungen über meine Zufriedenheit mit dem Auto, welches mir gehörte, hinzu. Damit war die Ouvertüre gelaufen, und es folgte ein inniges, ja ich möchte sagen, ein familiäres Gespräch. Und dann geschah es, daß ich einen Fehler machte. Fehler, die mir öfter unterlaufen, wenn ich aufgeweicht bin. Und das innige Gespräch hatte mich aufgeweicht. Ich ließ diesen blödsinnigen, stumpfen, millionenmal gebrauchten DDR-Klage-Satz fallen: »Ach, ich habe von der DDR die Schnauze voll!«

Pause on the other side.

Einige wenige Sätze purzelten noch, und das Gespräch war beendet. 10 Tage später rief ich noch einmal an. Die Sekretärin entschuldigte ihren Chef mit Absenz. Dann gingen 13 Jahre über die Länder, und sie sich ein einziges dünkten, und einen gemeinsamen Bundespräsidenten hatten. Dieser lud ein für das Heine-Jahr. In seiner Residenz trug ich ein wenig Heine vor. Beim anschließenden Empfang sah ich den Herrn Reginald Süßhilfe stehen. Ich trat auf ihn zu und sagte: »Wir kennen uns.« Er sagte, indem er an mir vorbeiblickte: »Wahrscheinlich aus dem Tennisclub.«

Beim Verlassen des Präsidentensitzes, des hübschen Anwesens von Bellevue, fiel mir der Staatssekretär für Kirchenfragen in der DDR wieder ein, der mich einst fragte: »Aber Eberhard, willst du dir wirklich von diesen Leuten helfen lassen?« Plötzlich erscheint mir im nachhinein die Fürsorge der Leute meiner Seite – nicht mehr nierenfeindlich.

DER RING.

*Ich sah an alles Tun, das unter der Sonne
geschieht; und siehe, es war alles eitel und
Haschen nach Wind.
(Der Prediger Salomo, 1. Kapitel, Vers 14.)*

Ein Schauspieler ist eine öffentliche Person. Was ist eine öffentliche Person? Das begreift der Schauspieler nicht, wenn er den Beruf beginnt. Er lernt es, wenn er ihn ausübt. Da die selbstbezogene Eitelkeit ein Grundpfeiler seiner Profession ist, lernt er schnell. Schnell dringt in sein Bewußtsein, daß seine Worte und Handlungen gesellschaftlichen Widerhall finden. Selbst wenn der Schauspieler nur huhu sagt, kann ein geübter Journalist einiges daraus machen. Das kann der Schauspieler schlecht finden, das kann der Schauspieler gut finden. Er wird es schlecht finden, wenn es ihm schadet. Er wird es gut finden, wenn es ihm nützt. Doch was ihm wirklich schadet und was ihm wirklich nützt, das lernt er erst in vielen Jahren.

So müssen wir vom Schrecklichen Kenntnis nehmen: Da der erste Lernprozeß mit Schnelligkeit gepaart und daher die Zeit für das Nachdenken nicht gegeben war, dauert der zweite Lernprozeß sehr viel länger als der erste. Und ist gewöhnlich außerordentlich schmerzhaft. Dieses wiederum kann den Nutzen bringen, daß eine kleine Chance für Nachdenklichkeit gegeben wird. Ob er die Chance nutzt?

Ich meine, die meisten Schauspieler, die ich kennengelernt habe, haben die Nützlichkeit des Nachdenkens früher oder später herausgefunden. Dennoch, da das Lernen Bestandteil des Schauspielerberufes ist, bleibt zu fragen: Hat er schlecht gelernt, oder hat er gut gelernt?

Beginnen wir, damit es Spaß macht, mit dem, der schlecht gelernt hat. Und diesem gleich als Extremfall. Ein Journalist steht in der Wohnung des Gauklers und stellt Fragen. Ist der Journalist geschickt, dann stellt er die Fragen als Vertrauensperson. Das will sagen, er erscheint als eine sehr menschliche und interessierte Hörperson. Das öffnet des Gauklers Herz. Wer glaubt nicht, einen Freund gefunden zu haben, der in der Lage ist, auch Stunden schweigend zuzuhören. Schon kurz darauf sieht er einen Teil seines Herzens (alles will der Journalist, die Vertrauensperson, noch nicht offenlegen) in der Zeitung abgedruckt. Da ist der Mensch gerührt und beginnt nun an seine Wichtigkeit zu glauben. Es kommt zu Wiederholungen der vertraulichen Unterhaltungen. Es entsteht ein Verhältnis. Es kann ein viele Jahre währendes werden. Mit Höhen und Tiefen, wie es Verhältnissen eigen. Das Extreme eines solchen Verhältnisses kann sich an folgendem Beispiel zeigen: Und hätte der Gaukler sich zum hundertsten Male dem Exitus nahegetrunken, müßte er feststellen, daß die Öffentlichkeit diesen gesundheitsschädigenden Tatbestand auf merkwürdige Weise genießend wahrnimmt. Nun, der Konsument ist auch ein merkwürdiges Wesen. Doch das ist nicht der Gegenstand dieser Geschichte.

Es ist nicht die Regel, aber die Öffentlichkeit kann dem Künstler zur zweiten Arbeitsstelle werden. Wovon sich beide was versprechen: Die Medien kriegen Informationen, und der Schauspieler bekommt Angebote. Letztlich tut er es dafür. Dann wird er reich. Dann wird er alt. Dann wird er müde. Das Saufen macht keinen Spaß mehr, Erfahrung hat ihn gelehrt, mit Worten vorsichtiger umzugehen und keinem Journalisten mehr über den Weg zu trauen. Nun weiß er, daß die Zeit nahe ist, sich an das Verfassen von Testamenten zu machen. Unverdrossen beginnt er, seine Habe zu verteilen. Erst in Gedanken, dann auf dem Papier. Es kann ein neues Spiel beginnen. So muß es nicht bei der ersten Niederschrift bleiben. Denn hatte er bisher nur gelesen, was andere geschrieben, kann er nun lesen, was er selbst verfaßt. Es wird ihm zur schönsten Altersunterhaltung, Geschriebenes zu verwerfen und neu zu errichten. Ein Testament nach dem anderen Testament entsteht. Hat er wieder einmal gerecht geteilt, lehnt er sich zurück und hofft erneut, wie all die Male zuvor, daß die Erben immer gut von ihm sprechen werden. Denn ein Beruf, der einerseits von der Beliebtheit und andererseits von der Gewißheit des Unewigen seiner Tätigkeit so abhängig ist wie der des Gauklers, wünscht sich natürlich auch bei dieser Frage den Wert der Ewigkeit. Ewig beliebt sein, das wäre schön. Ist er in Gedanken bei diesem Thema angelangt, wird ihm unausbleiblich die traurige Ahnung aufsteigen, daß, wenn er Glück hat, freundlich von ihm nur die Erben sprechen werden. Die Öffentlichkeit vergißt ihn sofort. Ein toter Schauspieler ist weg vom Fenster. Die Weisheit Salomo sagt uns im Kapitel 2, Vers 2:

Von ungefähr sind wir geboren, und fahren wieder dahin, als wären wir nie gewesen. Denn das Schnauben in unsrer Nase ist ein Rauch, und der Gedanke ist Fünklein, das sich aus unserm Herzen regt.

Und Vers 3 fährt fort:

Wenn es verloschen ist, so ist der Leib dahin wie Loderasche, und der Geist zerflattert wie dünne Luft.

Alles das weiß der Ahnende wie durch Blitzesstrahl Erleuchtung, der sich nach der handschriftlichen Tätigkeit für jene Zukunft, die nicht mehr die seine sein kann, genußvoll zurückgelehnt hatte. Er schreckt hoch. Soeben hat er noch lieb von sich selbst gedacht, und plötzlich weiß er, niemand wird, wenn er seinen letzten Abgang vollzogen, noch an ihn denken. Vielleicht diese oder jene Verehrerin. Vielleicht dieser oder jener Archivar in Nachrufredaktionen an Jahrestagen. Der mit Sicherheit den ersten Nachruf schon vor seinem ersten Todestag verfaßt. Vielleicht gibt es noch einen Kollegen, der sich wird erbarmen und eine seiner ehemals ungezählten Anekdoten am Kantinentisch erzählen. Falsch erzählen, wie immer .... Das wäre das ganze, was ihm an Aufmerksamkeit verbliebe, eine zufällige Kantinenverlegenheit. Er sieht die Zeit nahen, in der ein vereinzelter Friedhofsbesucher vor seinem, des Mimen noch längst nicht verwitterten Grabstein, jedoch schon schnell vermoosten Grabe steht und fragt: »Wer war denn das?« Das alles wird dem trauernden Schauspieler, der sich soeben noch lustvoll in seinen Tod hinein vorgefühlt hatte, urplötzlich bewußt. Und nun fallen ihm all die vor ihm verstorbenen und auch von ihm längst vergessenen Kollegen ein, die einst bejubelt und gepriesen waren. Die von ihm verehrt wurden, als er noch jung war. Und er stellt sich die bange Frage: »Werden wenigstens die Jungen noch an *dich* denken?« Und er weiß die Antwort. Doch er will sie nicht wahrhaben. Da sieht er Schemen. Es sind die Schemen von jungen Leuten. Die gebannt vor kleinen Lichtflecken sitzen. Und er hört sich zu den Jungen sprechen: »Was, Ihr wißt nicht, wer Ekhof war? Schröder war? Iffland war? Matkowsky war? Mitterwurzer? Devrient? Moissi? Kainz? Pallenberg? Gustav Gründgens und Albert Bassermann? Nie habt Ihr von Ernst Busch gehört?« Die Schemen zucken mit den Achseln und verbleiben dem Internet. Da weiß der Mime, ihn haben sie schon vergessen. Schon zu Lebzeiten vergessen. Das ist bitter. Das ist die Kehrseite des Ruhmes. Heute noch auf rotem Kissen. Morgen in den Müll geschmissen. Und der trauernde Mime beginnt zu hassen, wovon er gelebt. Plötzlich haßt er die Öffentlichkeit. Er haßt die Undankbarkeit des Publikums, das, befreit vom alten Idol, nun neue Götzen anbetet. Und der Mime verfällt in tiefstes Mitleid. Natürlich, wie könnte es anders sein, mit sich selbst. Er weiß, wie sehr die Öffentlichkeit sein Innerstes wurde und ihn ausgefüllt hat, und wie hohl er nun im Grabe liegen wird, wenn sie ihm fehlt. Schmerzhaft spürt er nun die Abhängigkeit von der Oberflächlichkeit des Ruhmes und der Beliebtheit. Und es fällt ihm jener Leipziger Eisverkäufer ein, der sein Eis mit dem Ausruf anbot: »Eis am Stiel! Wer einmal leckt, der weiß wie's schmeckt, der leckt den ganzen Stiel mit weg! Eis am Stiel!« Die Öffentlichkeit – des Mimen Droge. Die Dröhnung verpufft, wie Eis zerschmilzt.

Das könnten in etwa die letzten Jahre eines nachdenklichen Schauspielers sein. Eines Schauspielers, dessen Grundpfeiler der Berufsausübung die selbstbezogene Eitelkeit war.

Man gedenkt nicht derer, die zuvor gewesen sind; also auch derer, so hernach kommen, wird man nicht gedenken bei denen, die darnach sein werden.

(Prediger Salomo, Kapitel 1, Vers 11.)

Wenn wir Salomos Sprüchen glauben, und weshalb sollten wir das nicht, werden wir weiter bei ihm finden, daß alles eitel ist. Auch das Gegenteil von Eitelkeit. Na schön. Wenn aber auch das Gegenteil von selbstbezogener Eitelkeit eitel ist, dann muß die Frage gestellt werden, was ist das Gegenteil von selbstbezogener Eitelkeit? Dann ist die Antwort: Die weltbezogene Eitelkeit. Und solche Eitelkeit unterscheidet sich sehr wohl, zum Beispiel im Maß: Die eine bleibt immer klein, da sie sich selbst zum Maßstab nimmt, die andere ist stets größer, da sie die Welt vor Augen hat.

Weiter im Beispiel: Für die kleine bekommt man in der Regel Lob, für die große im Prinzip Prügel. Damit will ich dem Onkel Salomo nicht widersprechen, ich will nur die höhere Eitelkeit als etwas Besonderes herausstellen. Eine ihrer Besonderheiten besteht auch darin, daß die weltbezogene Eitelkeit über die Ignoranz der Jungen keine Klage führt – sie geht sie an. Und von solchen Schauspielern, deren Blick über den Suppentellerrand hinausreicht, will ich auch sprechen. Sie mögen selten sein, aber nicht seltener als der vordem geschilderte Extremfall. Von einem davon soll die Rede sein. Von Eduard Freiherr von Wangenheim. Der sich Eduard von Winterstein nannte. Den seine Kollegen Ede riefen.

Es gibt viele Typen von Schauspielern. Zwar ändern sich die Typen im Laufe der Jahrhunderte, doch das tun sie mit den Moden. Darum lege ich mich spaßeshalber einmal auf den Typ des typischen Ost-Schauspielers des zu Ende gehenden Jahrhunderts fest: Nachlässig modische Kleidung mit einer leichten Neigung zum proletarischen Habitus. Abgegriffene Mütze. Oft aus Leder. Der Schritt gemessen, des öfteren eine Sorgenbelastung andeutend. Die Füße beim Laufen leicht nach außen gestellt, was dem Schritt entgegen der Sorgenbelastung etwas Heiteres gibt. Der Körper wiegt beim Laufen nach beiden Seiten. Die Hände auf dem Rücken verschränkt. Mit dem angehobenen Kopf sind die Augen in die Ferne gerichtet. Umhängetasche. Und trifft er auf seinesgleichen, lärmende Umarmung auf der Straße. Noch immer erregen im Straßenbild zwei knutschende Männer die Aufmerksamkeit der Passanten.

Diese Schilderung trifft nicht auf den Herrn von Winterstein zu.

Seit 1895 in Berlin als Schauspieler bei Brahm und Blumenthal, ab 1905 bis 1938 bei Reinhardt und später bei Hilpert am Deutschen Theater. 1938 bis 44 bei George am Schillertheater und am Schauspielhaus am Gendarmenmarkt bei Jessner. Ab 1945 wieder am DT. Die einschlägigen Lexika weisen ihn als mehrfachen preis- und ordengeehrten Künstler aus. Unter den angegebenen Ehrungen fällt auf, daß eine fehlt: Der Ring. Der »Ring des Deutschen Theaters«.

Da ich Geschichten, falls sie mich interessieren, für gewöhnlich nachgehe, kann ich mit Fug behaupten: Wurde der Ring anfänglich nur intern wahrgenommen, ist des Ringes Geschichte die, daß er keine Geschichte hat. Ich muß das wissen. Denn ich besitze den Ring. Oder hat er doch eine Geschichte? Eines nach dem anderen. Vor mir liegt die Abschrift des Testamentes von Eduard von Wangenheim-Winterstein und Hedwig von Wangenheim-Winterstein geborene Pinner. Es ist ausgestellt in Berlin-Biesdorf, Hafersteig 38, am 10. März 1961. Unter Ziffer V. ist ein Vermächtnis angeordnet, welches ich im Wortlaut wiedergebe: ... *Den goldenen Ring, gekennzeichnet DT – d. h. Deutsches Theater – erhält nach unserem Ableben der Schauspieler Herwarth Grosse vom Deutschen Theater Berlin mit der Bestimmung, ihn unter der Bezeichnung Ring des Deutschen Theaters als persönlichen Besitz auf Lebenszeit zu behalten, und der weiteren Anordnung, diesen Ring einem würdigen Schauspieler nach seiner Wahl durch letztwillige Verfügung zu vermachen, wobei dem Nachfolger die gleiche Verpflichtung aufzuerlegen ist, wie sie vom dem Schauspieler, Herrn Grosse, zu übernehmen ist. Diese Regelung soll für alle Rechtsnachfolger im Besitz des Ringes maßgebend sein. Unterläßt Herr Grosse oder einer seiner Rechtsnachfolger die Bestimmung, so ist diese von dem Intendanten des Deutschen*

Theaters zu treffen. Der Anfall dieses Vermächtnisses findet statt, nachdem wir beide verstorben sind.

Unter Ziffer VI. führt das Testament weiter eine zu errichtende Stiftung aus. Von Winterstein stellte seinen ihm von der Deutschen Demokratischen Republik verliehenen Nationalpreis von 100 000 Mark dafür zur Verfügung. Unter dem Namen »Winterstein-Stiftung« sollte ein mit 5 % jährlich zu verzinsendes Sparguthaben angelegt werden. *Der Zweck der Stiftung besteht darin, von dem Zinsertrag des Kapitals pro Jahr einen Betrag von 5000 Mark an Schauspieler des Deutschen Theaters auszuschütten, deren Auswahl dem Vorstand der Stiftung obliegt, wobei die schauspielerischen Verdienste oder die Bedürftigkeit maßgebend sein sollen. Es ist auch zulässig, in dem jeweiligen Kalenderjahr einen einzigen Schauspieler des Deutschen Theaters mit dieser Ausschüttung zu bedenken.*

Soweit die testamentarischen Ausschnitte. Um es vorwegzunehmen: Aus der Stiftung wurde nichts. Der Enkel von Eduard von Winterstein, Friedel von Wangenheim, sagte mir, eine solche Stiftung wäre vom Ministerium für Kultur nicht erwünscht gewesen. Wo dann aber die 100 000 Mark geblieben waren, das wußte er nicht zu sagen. Möglicherweise ahnte der Erblasser die Versagung der staatlichen Genehmigung und wünschte in einem Nachsatz des Testamentes: ... *daß in diesem Fall das Deutsche Theater das obige Guthaben als Sondervermögen (fiduziarische Stiftung) verwaltet mit der Auflage, es zu dem Stiftungszweck zu verwenden.* Welches mir unklar bleibt, denn wenn die Stiftung versagt wird, gibt es auch keinen Stiftungszweck mehr. Wie dem auch sei, das Geld blieb, dem Vernehmen nach, verschwunden. Aber nicht der Ring. Den trug nach Wintersteins Tod der Schauspieler Herwarth Grosse. Er trug ihn bei den

Anlässen, die er für gegeben hielt. Da er ein Mann von Haltung und Stil war, sah man den Ring nicht täglich an ihm. Wie ich Herwarth glaube zu kennen, war er unendlich stolz auf dieses Erbe, welches, so hoffte er, eine Tradition auslöst, als deren Vermittler er sich begriff. Doch gleichzeitig war Grosse ein Mann von Distinguiertheit, der, obwohl ansonsten kein Blatt vor den Mund zu nehmen er sich nicht untersagen ließ, dennoch viel zu keusch war, um den Ring an die große Glocke zu hängen. Zwar kannte Herwarth Grosse seinen Goethe: »Nur die Lumpen sind bescheiden. Tätige freuen sich der Tat.« Und Grosse gehörte zu den Tätigen im Goetheschen Sinne. Doch damit er die sich dem Ring versagende Öffentlichkeit hätte erreichen können, hätte er erst einmal von sich sprechen müssen. Und so etwas mißfiel ihm außerordentlich. Daran hinderte ihn einfach seine gute Erziehung. Die eine bürgerliche im ehemals besten Sinne war. Auch dachte er richtig: Das ist nicht mein Ring, das ist der Ring des Deutschen Theaters, und wenn ich der Inhaber bin, bin ich doch nicht der Besitzer. Die Besitzer sind alle folgenden Schauspielergenerationen. Grosse dachte, wenn ein Huhn ein Ei legt, gackert es. Ein Mensch, der nicht auf sich hält, gackert schon, bevor er das Ei gelegt hat. Doch ich, Herwarth Grosse, bin kein Huhn und bin kein Lump, bestenfalls hab ich das Ei. Und habe mich folglich in den Eierfragen in Zurückhaltung zu üben. Also: wenn ich nicht gackere, dann hat der Intendant zu gackern. Ein Intendant wird auch für Gackern bezahlt. Damit der Ring des Deutschen Theaters die Bedeutung erfährt, welche ihm vom Urheber zugedacht: Für die Kommenden einen erzieherischen Wert darzustellen. Dieser Wert liegt im Verbessern des bisher Geschaffenen. Doch kein Intendant nach Langhoff gackerte mehr für den Ring. Die Vorbilder fielen neuen Moden zum Opfer. Und Grosse blieb ein distinguierter Mann. So senkte sich das Schweigen über das Kleinod. Niemand sprach von ihm.

Es ist möglich, daß ich irgendwann oder irgendwo gesprächsweise den Ring erwähnt hörte, doch da ich zu jener Zeit mehr mit mir beschäftigt war, konnte ich dem keine Bedeutung zumessen und den Zusammenhang zwischen Träger und Schmuckstück nicht herstellen. Später konnte ich Herwarth Grosse für den Deutschen Balladenabend im DT »Ei, kennt Ihr noch das alte Lied« gewinnen. Das war eine der Gelegenheiten für Herwarth Grosse, *Den Verborgenen* in das Rampenlicht zu führen. Dann bemerkte ich *Den Kurzzeitig Öffentlichen* sehr wohl. Aber ich dachte mir nichts dabei, außer, da hat sich Herwarth, der Besondere, einen schönen Ring machen lassen. Das war alles. Nie stellte ich ihm, mit dem ich so viele gute Gespräche hatte, die Frage nach dem Ring. Einfach, weil ich dachte, es sei sein privater Ring. Hätte ich jemals zuvor einer Zeitungsmeldung entnehmen könne, daß der Ring auch eine andere als nur private Bedeutung hatte, hätte ich das möglicherweise nicht denken können. Aber eine solche Zeitungsmeldung gab es nicht. Es gab auch keinen Intendanten, der junge Schauspieler auf die Existenz des Ringes hingewiesen hätte. Und die älteren Schauspieler, die nie müde wurden, Anekdoten aus der Theaterwelt in den abendlichen Sitzungen in der Kantine zum wiederholtesten Male zum Besten zu geben, sie kamen nie auf den Ring zu sprechen. Ein Tatbestand, der bei mir nicht ohne Verständnis bleibt, aus dem einfachen Grund: Sie hatten ihn nicht.

Kurz, niemals war der Ring Gegenstand öffentlicher Erwähnungen. Nicht im Theaterlexikon, nicht im Filmlexikon. Reineweg nirgends. Im Grunde genommen gab es den »Ring des Deutschen Theaters« überhaupt nicht. Nur am linken Ringfinger von Herwarth Grosse.

An der Wiener Burg existierte ein Pendant, der »Iffland-Ring«. Der war in der Schweiz bekannt, der war in der BRD bekannt, und der war in der DDR bekannt. Aber den »Ring des Deutschen Theaters«? Den kannte niemand. Nicht in der Schweiz, nicht in Österreich, und in der BRD natürlich nicht. Das letztere möchte man ja noch verstehen. Denn ein Symbol des Widerstands war der Ring wahrhaftig nicht. Er war ja vom Ede. Aber daß in meinem Land, außer wenigen, ihn auch keiner kannte, das hätte mich nachdenklich machen müssen! Aber, wie gesagt, ich nahm ihn nicht wahr. Wurde er unterdrückt? Das kann man so nicht sagen. Schließlich kann man nur unterdrücken, was vorhanden ist. Und vorhanden ist nur, was man öffentlich als vorhanden erklärt hat. Selbst der Westen, sonst immer auf der Spur nach inoffiziellen Informationen aus dem Osten, blieb stumm. Eigentlich war das Ganze saukomisch. Denn den Ring gab es wirklich.

Einmal, ein einziges Mal bekam er Öffentlichkeit. Er bekam sie bei seiner Übergabe, denn von Verleihung kann man nur mit gewisser Einschränkung sprechen. Winterstein hatte ihn erfunden und gemeinsam mit dem Intendanten Wolfgang Langhoff beraten, wie man einen würdigen Anlaß der Übergabe bewerkstellige. Winterstein hatte John Heartfield den Auftrag für den Entwurf gegeben, und Johnny entwarf die Form und das Material und fand es passend, das vom ihm erfundene DT-Logo, welches auch über dem Portal des Deutschen Theaters prangt, auf schwarzem Steine blitzen zu lassen. Und diesen Ring ließ sich Eduard von Winterstein von Wolfgang Langhoff im August 1956 nach einer Aufführung von »Nathan dem Weisen« überreichen. Ich besitze noch einige Photographien von diesem Vorgang. Die Szene spielt auf der Bühne des Deutschen Theaters. Nathan Winterstein sitzt auf einem Sessel, um ihn herum die Kollegen des Hauses aus allen Sparten. Da erkennt man neben Bühnenarbeitern Heinrich Kilger, diesen herausragenden Bühnenbildner, Martin Flörchinger, A. P. Hoffmann, Walther Pledath, Margarethe Taudte, Ursula Burg, Amy Frank und Friedrich Richter. Neben Walter Kohls, dem Verwaltungsdirektor, steht Ellis Haydn, die treue Seele. Vor Winterstein, Nestor des Deutschen Theaters genannt, steht der große Langhoff und überreicht den Ring. Die Photos verraten nicht, wieviel Besucher der abendlichen Vorstellung zu dieser nächtlichen Ehrung geblieben waren. Aber getrost können

Wolfgang Langhoff überreicht Eduard von Winterstein nach einer Vorstellung von »Nathan dem Weisen« den »Ring des Deutschen Theaters«, 1956.

wir annehmen, daß da keiner gegangen war. Eduard von Winterstein war eine nicht nur von den Berlinern aus Ost und West hochgeschätzte Persönlichkeit. Auf dem nächsten Photo sehen wir Winterstein mit Blumen im Arm zum Publikum sprechen. Auf dem letzten hat er sich erhoben, die hinter ihm stehenden Kollegen und Kolleginnen applaudieren. Vielleicht hat er noch einmal den Ringmonolog von Lessing gesprochen. Das war die einzige Ehrung für den »Ring des Deutschen Theaters«. Das gegenteilige Schicksal des »Iffland-Ringes« ist bekannt. Dennoch, es war, so sprechen die Bilder, eine würdige Ehrung.

Saukomisch war die Übergabe des Ringes an mich. Herwarth Grosse hatte testamentarisch vermacht, daß der Ring mir zu übergeben sei. Da Grosse viel zu sehr Schauspieler war, hatte er das für sich behalten und die Überraschung vorgedacht. Er starb, und seine Frau informierte das Theater von Grosses letztem Willen, den Ring betreffend. Wir hatten zu jener Zeit just einen Intendanten, der zu jenen gehörte, die in ihren kühnsten Träumen nicht erhofft hatten, jemals Intendant an diesem Haus zu werden. Er war von jener Unschuld, zu der mir eine Geschichte von Richelieu einfällt. Kardinal Richelieu hatte einen Mann zum Minister bestimmt. Dieser findet sich am nächsten Vormittag beim Kardinal zum Lever ein. Der Kardinal empfängt. Der Minister bedankt sich. Der Kardinal fragt, wofür. Der Minister sagt: für die Überraschung. Der Kardinal fragt, welche Überraschung? Der Minister antwortet: Minister geworden zu sein. Der Kardinal fragt: »Haben Sie das nie erhofft?« Der Minister antwortet: »Nicht in meinen kühnsten Träumen.« Da sieht der Kardinal den Mann eine kurze Pause schweigend an und sagt daraufhin: »Dann habe ich mich geirrt. Sie sind entlassen.«

Leider hatten wir zu jener Zeit keinen Kardinal Richelieu. Dafür sehr viele dieser Intendanten. Unter anderem diesen, von dem hier kurz die Rede sein soll. Und das auch nur wegen des Ringes. Sonst wäre er ungeschoren davongekommen. Er war kein unfähiger Mann. Fast im Gegenteil, er hatte Meriten. Nur eben auf einem anderen Gebiet. Und wenn ihm für das real existierende Theater fast alles fehlte, dann doch nicht die Einsicht in – gegen das Theater – heraufziehende Verhängnisse. Ein Dummkopf war er nicht. Das war übrigens keiner seiner Vorgänger und keiner seiner Nachfolger in der Funktion *Des Zeitweilig Amtierenden*. Nein, ein Dummkopf war er nicht, er wußte im Gegenteil seinen Kopf bedeckt zu halten. Wenn es darauf ankam, wurde seine begehrteste Kopfbedeckung die Tarnkappe des Zwerges Laurin. So fehlte ihm die Kühnheit, sich Heraufziehendem sichtbar zu stellen. Das Beispiel des Scheiterns von des alten Langhoffs Kühnheit war allen seinen Nachfolgern bewußt, und sie verhielten sich dementsprechend. Lieber ließen sie sich schmählich aus dem Amte jagen, als Arsch in der Hose zu zeigen. Doch ich werde ernst, und das ist unpassend, denn ich hatte versprochen, daß die Geschichte des Ringes saukomisch ist. Also: *Dem Zeitweilig Amtierenden,* von dem hier die Rede ist, waren liebenswerte Eigenschaften eigen. Eine nenne ich mal: Er zeigte seiner Verwandtschaft gerne *sein* Theater. Zu diesem Behufe hatte er sich einen großen Schlüsselbund anfertigen lassen. Und an diesem Schlüsselbund hingen alle Schlüssel des Theaters. Und mit diesem Theaterschlüsselschlüsselbund konnte er alle Türen des Hauses öffnen. Und wer auch immer von seinen Verwandten kam, und er hatte viele davon, denen zeigte er mit Hilfe des Theaterschlüsselschlüsselbundes all die Zimmer des schönen Theaters, die er gerade Lust hatte zu zeigen: »Das also hier ist die Buchhaltung.« – »Das hier ist die Kaderabteilung.« – »Das hier ist die Loge des Pförtners«. Anfangs sollte er noch Verwechslungen anheimfallen. Doch als sich der Pförtner ausweisen konnte, daß er nicht der Kaderleiter war, machte unser Schlüsselfan den Fehler nie wieder.

Doch eines Tages wurde ihm eine wirkliche Überforderung zugemutet: Er sollte einen Ring übergeben. Erst mal machte er da nichts falsch. Er ließ eine Versammlung ansetzen. Die Versammlung stellte er unter die nach allen Seiten offene Tagesordnung, die da lautete: »Zu allgemeinen Fragen.« Die Versammlung der allgemeinen Fragen fand auf der Probebühne Reinhardtstraße statt, und der Sohn von Herwarth, Matthias Grosse, der dazu geladen, sieht sich unvermittelt mit einem Ring in der Hand zwischen einer Probendekoration stehen. Aber Matthias Grosse weiß nicht, wem er ihn übergeben soll. Denn der Empfänger für den Ring ist nicht da. Der Intendant, der den Vermißten ebenfalls gerade vermißt, versucht den jungen Grosse aus seiner verständlichen Verlegenheit zu befreien, stellt sich neben ihn, schaut wie suchend im Raum umher, als hielte er Ausschau nach einem, von dem er vergessen hatte, daß er vergessen hatte, dem von seinem Glücke vorher zu erzählen. Es entsteht eine Pause. Die Pause ist nicht frei von einer kleinen kriechenden Peinlichkeit. Doch dann stutzt der Intendant, zieht so alle Aufmerksamkeit wieder auf sich, und der für eine Winzigkeit verlogen wirkende sagt in den von Schauspielern nur achtelgefüllten Raum hinein: »Wahrscheinlich ist Esche wieder beim Filmen.« Die Versammlung wird abgebrochen. Nicht weil plötzlich ein Ring da war, sondern weil der Ringträger fehlte. Kurz nach diesem historischen Vorgang klingelt bei mir zu Hause das Telephon. Frau Traudel Last, unsere KB-Chefin (die Leiterin des Künstlerischen Betriebsbüros), die Beste, die wir jemals hatten, ist am anderen Ende:

»Eberhard, wo bleibst du denn? Du hattest doch Versammlung. Du solltest den Ring bekommen. Nun bist du nicht da. Das finde ich aber nicht nett von dir.«

Ich frage: »Was für eine Versammlung?«

Traudel Last: »Na, in der Probebühne. Hast du denn nicht den Aushang gelesen?«

»Traudel, Beste, wenn ich ihn gelesen hätte, dann heißt das noch lange nicht, daß ich hingegangen wäre. Das weißt du doch.«

»Ja, Eberhard, das weiß ich, aber was ist nun mit dem Ring?«

»Welcher Ring, Traudel?«

»Na, der vom Herwarth, Eberhard.«

»Ich verstehe nicht.«

»Eberhard, es gibt doch so einen Ring, du weißt doch, den der Herwarth immer trug. Nein, nicht immer, aber manchmal, ach, du weißt schon, wo oben das Signum vom DT drauf ist, in Gold. Gott, wie heißt er denn, du weißt schon, dieser Ring vom Deutschen Theater, naja, so heißt er doch.«

Ich sagte: »Ich komme sofort.«

Das tat ich. Auf dem Weg zum Theater reimte ich Erinnerungsfetzen zusammen. Sicher, irgendwann, vor Jahrzehnten war in einer Garderobe vielleicht, gesprächsweise, einmal das Wort »Ring« gefallen. Vielleicht auch die Namen Winterstein und Grosse. Den Zusammenhang hatte ich nie hergestellt. Das erwähnte ich bereits. Jetzt sah ich Herwarths Hand. Er trug den Ring, wenn er ihn trug, links! Oder trug er ihn rechts? Nach den Erinnerungsfetzen Rechtsträger-Linksträger fiel mir überhaupt nichts mehr ein. Soviel wußte ich: Herwarth Grosse, einer der wenigen, bei dem ich bei meinen Eskapaden in meinem Theater hin und wieder Unterstützung fand, hatte ein Geschenk für mich. Daß er dieses als Überraschung gedacht hatte, fand ich gut. Daß mich keiner auf diese Überraschung vorbereitet hatte, fand ich nicht gut. Schließlich war der Intendant, der es hätte tun müssen, nicht der Weihnachtsmann, der mit Überraschungen aufzuwarten hatte, und der Ring war keiner unbefleckten Empfängnis entsprungen. Die Vereinigung von Ring und Finger mußte nicht im dunklen Stübchen stiekum vollzogen werden. Unter Ausschluß der Öffentlichkeit. Als geschähe hier etwas Unreines. Und der, dem der Ring übergezogen werden sollte, mußte nicht im dunklen über den Vorgang gehalten werden. Aber genau das lag hier vor.

Viel später erfuhr ich sogar, daß der Schlüsselringintendant ein Verbot ausgesprochen hatte. Er mißachtete Grosses Wunsch, den Ring im Verlauf der Trauerfeier, welche traditionstreu im DT stattfand, durch seinen Sohn überreichen zu lassen. Er verbot ausdrücklich die Überreichung des Ringes. Da diese Trauerfeier wie immer eine öffentliche Angelegenheit war, blieb der Intendant der Tradition *Ringtheater* – was ich nicht sehe, das juckt mich nicht – treu.

Ich erreichte das Theater. Eilte durch das Vorzimmer, öffnete ohne Klopfen die Tür *Des Zeitweilig Amtierenden.* Er stand vor einem Schrank. Für einen Moment dachte ich, ob er in diesem Schrank seinen großen Schlüsselbund aufbewahrt, mit dem er seiner Verwandtschaft die Theatertüren öffnet und schließt. Er schaute hoch. Mir schien er erschrocken. Ich hörte ihn sagen: »Ach, da sind Sie ja!«

Ich sagte: »Wo ist der Ring!«

Er stand noch immer vor dem Schrank, in welchem ich die Theaterschlüssel wähnte. Dann wandte er dem Schrank den Rücken, beugte sich eher hastig als gelassen zum Schreibtisch, zwang sich zur Ruhe und öffnete wie beiläufig die Schublade. Er brachte ein kleines rotes viereckiges Etui zum Vorschein. Es war so klein, daß man es hätte mit Mittelfinger und Daumen fassen müssen. Er umquallte statt dessen mit seiner weißen weichen Hand das, was ihm nicht gehörte, und sagte: »Wir können ja noch einmal eine Verleihung ansetzen.« Ich befand mich im Zustand kältester Wut, welche das Herz nicht hinderte, im Halse so zu schlagen, daß ich vermeinte, man könne es sehen. Ich hätte den Mann totschlagen können.

Es ist bekannt, daß ich das nicht tat. Weniger bekannt ist, daß ich mit Zeigefinger und Daumen in diese weiße weiche Masse, die seine Hand war, fuhr, das Etui griff und diesen Vorgang mit den Worten begleitete: »Geben Sie her!« Und verließ den Raum.

So wurde ich Träger vom »Ring des Deutschen Theaters«. Erst Ringholer, dann beinahe Ringkämpfer und nun Ringträger. Sozusagen.

Nun, das ist lange her. Die Reihe *Der Zeitweilig Amtierenden* wird noch immer fortgesetzt. Kaum muß der eine gehen, steht schon der nächste vor der Tür. Und der nächste wird alles besser machen. Das tut er dann auch, bis er alles verschlechtert hat und der nächste vor der Türe steht. Man muß kein Hellseher sein, um die Wiederholungen der Geschichte fortzusetzen. Das wiederholt sich und wiederholt sich, und ich habe den Ring noch immer.

Getragen habe ich ihn, wenn ich mich recht erinnere, nur zwei oder drei Mal. Dann stets zu der Vorstellung von Heinrich Heine »Deutschland. Ein Wintermärchen«. Ich konnte ihn nur am kleinen Finger tragen, denn ich hatte ihn nicht von Herwarths Fingermaß auf das meinige ändern wollen. Auch trage ich an meinen Wurstfingern außer dem Ehering nur ungern Ringe. Doch ist das nicht der eigentliche Grund. Auch ist die Öffentlichkeit nicht der eigentliche Adressat des Ringes. Der Ring ist kein außenpolitisches Objekt, er ist ein innenpolitisches. Hätte er im Theater eine Rolle gespielt, wäre er ein Ziel für junge Schauspieler geworden. Das heißt nicht, sie hätten sich verbessern sollen, damit sie den Ring kriegen. Sich zu verbessern ist die natürliche Bewegung der Talente. Dafür bedarf es keines Ringes. Aber ich stelle mir 100 Jahre vor. 1956 hatte Eduard von Winterstein ihn sich überreichen lassen. 1961 Herwarth Grosse. 1983 Esche. Die Ringgeschichte schreibe ich heute, wir haben 1999. Wenn der Ring des Deutschen Theaters aller 20 Jahre den Besitzer wechselte, dann würden bis zum Jahre 2056 noch 3 oder 4 Auserwählte das Dingelchen haben. Das gehörte dann zur Tradition des Hauses, genauso wie seine im Foyer aufgestellte Tafel der »Ehrenmitglieder des Deutschen Theaters«.

Viele Jahre lang hatte ich versucht, den Dieter Franke und den Herwarth Grosse drauf zu kriegen. Vergeblich. Mir ist der Einwand bekannt: »Was hätten denn die Toten davon?« Ich sage dann immer: die Toten nichts, aber die Lebenden, die sich strebend bemühen. Und das nicht allein mit dem Ziel, sich selbst zu verbessern, sondern im chancenlosen Bemühen, mit ihrer Kunst die Menschen zu verbessern, nicht nachzulassen. Denn vergessen wir nicht: So schlecht wie die Zeiten für das Theater 1999 sind, sind sie 2056 nicht mehr.

Ringel-Nachsatz mit Anhang.

Der Schlüsselbundintendant blieb natürlich nur kurze Zeit. Ihm folgten weitere *Der Zeitweilig Amtierenden*. Mit allen denen sprach ich über das Problem des Ringes. Alle diese zeigten die seit Jahrzehnten gepflegte Ignoranz. Wenn es nicht Neid war, dann war es Nichtachtung der Traditionen des Deutschen Theaters. Und so offenbarten sie ihr Unverständnis gegenüber dem Wechselspiel Zukunft und Tradition. Denn humanistische Tradition, wird sie lebendig gehalten, kann eine gute Aussicht in die Zukunft geben. So wie das Beschäftigen mit Geschichte dem Menschen das Ertragen der Gegenwart erleichtert. Vergessen wir die Bagage. Nur eine von all den mit der Ringfrage Belästigten war ehrlich. Befragt, was denn ihre Meinung zum Ring des Deutschen Theaters wäre, schaute sie mich einen Moment verwundert an, dann sagte sie: »Schmeiß ihn in die Spree, oder nimm ihn mit ins Grab.«

Inzwischen gibt es viele Ringe. Wir können beobachten, daß mit Abnehmen der Qualität des Theaterspielens die Anzahl der Ringe stieg. So brachte der Verband der Theaterschaffenden der DDR kurz nach Herwarth Grosses Tod und der beschriebenen Übernahme des Ringes einen neuen Ring auf den Markt. Man gab ihm den guten Namen »Wolfgang Heinz« und fand dafür den besten Träger in meinem geliebten Kollegen Dietrich Körner. Körner durfte ihn aber nur 2 Jahre behalten, denn der Ring des Verbandes der Theaterschaffenden war ein Wanderring für Kurzstrecken. Dennoch zeigte damit die DDR, daß man sie nicht als direkt ringfeindlich betrachten durfte.

Ringelspiel bleibt Ringelspiel. An der Idee von Iffland und

Winterstein geht so etwas ohne Wirkung vorüber. Wer vom Grundsatz der Meisterschaft ausgeht, der weiß den Unterschied zwischen Beschränktheit und Beschränkung. Wer sollte so vermessen sein, die Zukunft des Theaters nur von seinem gegenwärtigen Zustand aus zu betrachten. Darum werden für das Kommende in allen Nationen, in welchen die deutsche Sprache Bedeutung hat, nur zwei Ringe den Platz einnehmen, den auch die Theater, zu denen die Ringe gehören, gefunden haben. Den ersten Platz. Die Wiener Burg und Das Deutsche Theater Berlin. Der »Ring des Deutschen Theaters« und der »Iffland-Ring«. Es gibt für Komödianten keinen Nobelpreis. Weshalb auch? Was sie erfinden, ist flüchtig. Es gibt aber diese beiden Ringe, nenne ich sie die Nobelringe. Und so komme ich nicht umhin, da ich die Geschichte von jenem erzählt habe, die Geschichte von diesem zu erzählen.

Der Iffland-Ring ist ein Eisenreif mit Diamanten und dem Porträt des 1759 geborenen Schauspielers und Theaterautors August Wilhelm Iffland. Der Legende nach vermachte er nach seinem Tod den Ring dem Schauspieler Ludwig Devrient und dieser seinem Neffen Emil Devrient. Von letzterem kam er auf Theodor Döring, und dieser übergab ihn Friedrich Haase. Von Haase ist bekannt, daß er den Iffland-Ring wirklich besessen hat. Bis zu Haase war die Geschichte des Iffland-Ringes nur eine nicht bewiesene Überlieferung. Das wiederum läßt für mich zwei Schlüsse zu: Entweder nahm die Öffentlichkeit des Ringes Existenz erst mit Haases Tod – er starb 1911 – zur Kenntnis, oder es hatte ihn vorher gar nicht gegeben. Für das letztere spräche die Tatsache, daß in keinem Theateralmanach des vorigen Jahrhunderts, in keinem Lexikon, ja, noch nicht einmal in Eduard Devrients »Geschichte der deutschen Schauspielkunst«, dem umfangreichsten Standardwerk des 19. Jahrhunderts, des Ringes Existenz Erwähnung findet. Eduard ist der Neffe vom großen Ludwig und der Bruder von Emil, den beiden Ringträgern vor Döring und Haase. Eduard hätte ihn doch wenigstens nennen müssen, schon aus Familienstolz! Oder? Oder aber, und zu dieser Auffassung neige ich aus verständlichen Gründen: Der Iffland-Ring ist natürlich von Iffland. Er hat ihn erfunden, wie Eduard von Winterstein den »Ring des Deutschen Theaters«, nur die Öffentlichkeit hat ihn fast ein Jahrhundert nicht zur Kenntnis nehmen wollen. Daß so etwas geht, habe ich ja auf vielen Seiten soeben erzählen müssen. Und setze ich die Geschichte der beiden Ringe in den Zusammenhang des langen Verschweigens, des Verschweigens eines für Komödianten bestimmten Ringes, dann hat der Wintersteinring zwar das gleiche Schicksal wie der Iffland-Ring, bloß – der Iffland-Ring hat das Schicksal viel länger gehabt. Denn die Geschichte des Wintersteinringes wird gedruckt werden und an die Öffentlichkeit kommen, schon zur Frühjahrsmesse 2000, in Leipzig. Und Leipzig ist eine Heldenstadt. Ob es wieder eine Buchstadt wird, das werden wir sehen. Und dann wird das Buch – und die Geschichte vom »Ring des Deutschen Theaters« – gelesen werden. Für letzteres sorgt schon der Titel des Buches, der mit dieser Geschichte wieder nichts zu tun hat. »Der Hase im Rausch.«

Doch fahren wir fort mit der Geschichte des »Iffland-Ringes«, die nun eine öffentliche Geschichte wurde. Dem »Burgtheater 1776-1976« ist zu entnehmen: »Friedrich Haase hat bis zu seinem Lebensende, 1911, den Ring verwahrt. Am Tage nach seinem Tode empfing ihn Albert Bassermann.« Bassermann wollte den Ring schon zu seinen Lebzeiten weiterreichen und erwählte Alexander Girardi. Girardi freute sich sehr und starb. Da suchte der Albert Bassermann einen neuen Kandidaten und fand ihn bald in Max Pallenberg. Kaum vernahm der Max die Freude, starb er auch. Zwar nicht vor Freude, sondern bei einem Flugzeugabsturz. Doch immerhin, Albert Bassermann wurde zögerlich bei seiner Suche. Doch es gab zu jener Zeit so viele Talente, und Bassermann entschied: Alexander Moissi. Ob Moissi vor seiner tödlich verlaufenden Grippeerkrankung davon erfuhr, das weiß ich nicht. Jedenfalls fiel er auch aus. Und Bassermann erklärte nun, daß er keinen Ringträger mehr benennen werde, da zu befürchten stünde, daß dieser dann ebenfalls vor der Zeit verstürbe. (»Ich werde den Ring niemandem mehr vererben, sondern ihn an einer würdigen Stätte deponieren.«) So geschah es, daß Albert Bassermann, bevor er am 10. Oktober 1935 emigrierte, mit dem Ring das tat, was man in solchen Fällen wohl zu tun pflegt, er ließ den Ring im Museum, übergab ihn dem österreichischen Burgtheatermuseum. Welches den Ring mit allen Dokumenten und Porträts und Rollenbildern aller bisherigen Inhaber aus den Beständen der Theatersammlung im Bundestheatermuseum ausstellte und am 22. Dezember 1935 mit einem erläuternden Vortrag der Öffentlichkeit vorführte. Als Bassermann am 15. Mai 1952 starb, wurde die Entscheidung, wer wird der Neue, von einem Gremium gefällt. Das Gremium bestand aus Bühnenangehörigen der BRD, Österreichs und der Schweiz. Dieses Gremium beschloß, den Ring Werner Krauß zu verleihen. (In dem Buch »Burgtheater 1776-1976« steht die Begründung: dem größten deutschsprachigen Schauspieler. Es soll keine Kritik an dem würdigen Buch sein, wenn ich anmerke, daß das für mich zu jener Zeit Ernst Busch war.) Werner Krauß erhielt den Iffland-Ring im Foyer des

251

Burgtheaters in Anwesenheit der Wiener Öffentlichkeit am 28. November 1954. Werner Krauß hinterlegte am 6. Dezember ein Kuvert, so schreibt es das Statut vor, in welchem er den Namen jenes Schauspielers nannte, den er für würdig ansah. Dieser war Joseph Meinrad. Dem folgte Bruno Ganz.

Da ich aber ansah alle meine Werke,
die meine Hand getan hatte, und die Mühe,
die ich gehabt hatte, da war es
alles eitel und Haschen nach Wind und
kein Gewinn unter der Sonne.
(Prediger Salomo Kapitel 2, Vers 11.)

REINEKENS ENDE
IM PALAST DER REPUBLIK.

Es war im Sommer des Jahres 1989. Dem letzten Sommer der Deutschen Demokratischen Republik. Dem letzten Spieltag der Saison am Theater im Palast, welches sich kleinmütig »TIP« nannte. Es war Montag, der 31. Juli, auf dem Spielplan stand »Reineke Fuchs« von Johann Wolfgang von Goethe. Ein deutsches Epos. Seine 4312 Hexameter behandeln den unaufhaltsamen Aufstieg eines Hühnerdiebs zum Reichskanzler. Ein Vorgang, der mir als Prophetie zu jenem Zeitpunkt in keiner Weise bewußt war.

Zu Recht wird der verehrte Leser sofort die Unfähigkeit des Schauspielers im allgemeinen, der Bedeutung des Textes im besonderen zu entsprechen, erkannt haben. Wenn er mir liebenswürdigerweise zugute halten würde, daß wir zu jenem Zeitpunkte keine Reichskanzler hatten, aber dafür Engpässe, wird er mir, so hoffe ich, meine damalige Begrenztheit nachsehen und einer kleinen Geschichte aus den Tagen vor der freiwilligen Volksenteignung mit einiger Gunst folgen.

Engpässe waren *ein* Grund, weshalb in jenen Jahren die Theater meist ausverkauft waren, es war wahrhaftig nicht der *einzige,* aber es war *einer.* Engpässe verlangten nach Überwindung. Die Theater, schon seit den 70er Jahren zunehmend mit Theaterabbau beschäftigt, indem sie sich mehr den Ventilfunktionen und weniger den Inhalten zuwandten, boten eine Lösung durch Lachen. Es wurde viel gelacht in der Deutschen Demokratischen Republik; einschränkend muß ich allerdings hinzufügen, daß mehr gelacht als verfolgt wurde. Aber natürlich hatte ich damals nicht den richtigen Überblick, ich machte ja auch nur einen Theaterabend – oder Vortragsabend, wenn man so will, manche nennen das auch Leseabend. Das aber ist nun wirklich falsch, ein bißchen kränkend sogar, schließlich hatte ich Monate gebraucht, um den vielen Text ins geplagte Köpfchen zu kriegen, genaugenommen ein halbes Jahr. Daß der Schauspieler in seiner nicht zu bremsenden Eitelkeit den verehrten Leser schon vor seinem Auftritt einen Blick hinter die Kulissen seiner Stirn werfen läßt, hängt mit der Verumständung zusammen, daß er nicht ganz zu Unrecht vermutet, daß der Zuschauer ihn vor allem seiner Gedächtnisleistung wegen bewundert, was den Komödianten nun schon wieder kränkt, denn letztendlich gehört er ja nun wirklich nicht zu den Kopfarbeitern.

Der 31. Juli 1989 war ein sonniger Tag. Die Vorstellung sollte 19 Uhr beginnen. 10 Tage lang hatte ich den Text, wie sich das gehört, schön geübt. Ich hatte meinen Nachmittagsschlaf gehalten und zur Stärkung eine Kleinigkeit zu mir genommen (nein, keinen Alk, Alk löscht bei mir zwar nicht den Durst, aber den Text), um nun, so war die Planung, fürbaß zur Vorstellung zu schreiten; natürlich heiter. Heiter muß man zu seinem Verhängnis laufen. Heiter! Was geht es die Leute an, wenn der Künstler sich über den Zustand der Welt grämt und grämlich die Bühne betritt; der gebildete Zuschauer bezahlt seinen Eintritt im allgemeinen nicht für das Privatleben des Künstlers, außer dieser versteht sein privates Unbehagen über Gesellschaftliches in gesellschaftliches Interesse zu bringen. (Es ist mir bewußt, daß ich, um meine Beweisführung nicht zu stören, das große Bedürfnis der Menschheit nach Klatsch, zum Beispiel: schlägt er seine Frau noch immer, oder trinkt er Gott sei Dank wieder, jetzt unterdrücke.) Und was nützt es dem Schauspieler, wenn er mit dem Gestus »Ich liebe euch alle« die Bühne betritt, und keiner glaubt's ihm?

Palast der Republik. Briefe aus Berlin von Heinrich Heine.

Zurück zum 31. Juli 1989. Ich hatte also an meinem Gestus gearbeitet; ich hatte geübt, ich hatte geschlafen, ich hatte gegessen, ich hatte und ich hätte, wenn da kein Hund gewesen wäre.

Jetzt stutzt der strapazierte Leser und denkt, was will der Mensch uns eigentlich erzählen? Bitte haben Sie weiter die Geduld, die Sie bisher aufgebracht haben, dem Dargebotenen zu folgen. Woraus Sie doch immerhin den Schluß ziehen konnten, daß eine meiner Unfähigkeiten darin besteht, beinahe keine Geschichte ohne Unterbrechung zu erzählen. Bitte nehmen Sie die Unterbrechungen, und ich versichere Sie, da folgen noch mehr, als meinen Stil an. Ich bin doch nicht der einzige, der das Handwerk des Schreibens nicht beherrscht und seine Unfähigkeit als Stil verkauft! Ich fahre also sofort fort mit der Geschichte, aber zu dieser Geschichte gehört ein Hund. Ich bitte Sie, es ist eine Theatergeschichte, und bald werden Sie entdecken, daß sie in Goethe ihren Ursprung hat. Und Goethe ist von Hunden vom Theater gejagt worden; dem Hundeleiter Carsten mit seinen Hunden aus Leipzig, engagiert von der Konkubine vom Herzog Karl August, der Frau Caroline Jagemann aus Weimar. Es war eine Zeit, in der man, wenn man am Theater die Intrige mit Hunden in Szene setzen wollte, noch Hunde engagieren mußte. Das ist heute einfacher. Heutzutage wird die Rolle des Hundes von den Regisseuren übernommen.

Doch die Geschichte, die ich erzählen will, soll keine Hundegeschichte werden, obwohl's mich juckt, schon wegen der modernen Hunde; nein, in dieser Geschichte kommt einfach ein richtiger und kein falscher Hund vor, weiter nichts. Sie beginnt mit ihm im oben erwähnten bedeutsamen Jahre, östlich der Elbe geboren, an einem nicht näher zu bestimmenden Ort. Es reicht zu wissen, was Fontane wußte: der Rheinländer hält alles Land östlich der Elbe für Sibirien. Irgendwo in Sibirien also, in der Nähe von Wittstock, erblickte Nana, so heißt der kleine Hund, das Licht der Hundewelt. Nanas Hundeblut war kein sibirisches, es war englisches. Also ausländisches. Die Rasse klingt auch so: Airdale-Terrier. Geschlecht: weiblich.

Im Mai geboren, konnte Nana im Juli von ihrer Mutter Abschied nehmen und lebte schon einige Tage bei mir. Ich lebe schon seit 1961 im Westteil von Sibirien, in Berlin. In Ostberlin. Wo auch der Palast der Republik stand. Und schon sind wir wieder beim 31. Juli 1989. Ich hatte, wie gesagt, alles Nötige an Vorbereitungen getroffen, durchaus Nana mit einbezogen und, jetzt geht die Geschichte schon richtig los, das Auto mit allen für den Urlaub, für die Reise, also, wenn Sie so wollen, für die Menschenrechte nicht zu gebrauchenden Dingen vollgestopft. Denn es war ja der letzte Spieltag der Saison, und am nächsten Morgen sollte der Urlaub beginnen – mit einer langen Autofahrt, zu zweit, mit Nana.

Der Leser des aufkommenden 21. Jahrhunderts wird es kaum verstehen, wie man sein Auto, welches ja ungeschützt auf der Straße steht, noch in den späten 80ern des 20. Jahrhunderts am Abend *vor* der Abreise packen konnte, regelrecht zum nächtlichen Einbruch herausfordernd, ohne zu argwöhnen, daß hätte eingebrochen werden können. Wie soll man das erklären? Heute haben sich die Leute schon daran gewöhnt, daß die Polizei erst nach der Katastrophe kommt. Damals war das eben umgekehrt. Das Schreckensregime war unberechenbar. Das Auto also gepackt, mit Nana ausgiebig Gassi gegangen, Textbuch und Brille in die Tasche gesteckt, noch ein letzter Blick auf das Morgige: Autoschlüssel, Autopapiere – »Wo sind die Autoschlüssel?« Blick auf die Uhr, noch habe ich Zeit, 19 Uhr beginnt die Vorstellung, jetzt ist es 17 Uhr. Zwei Stunden habe ich noch. Ich beginne zu suchen, ruhig erst, dann systematisch: Wann war ich zuletzt am Auto, hatte ich die Schlüssel beim gassi-gassi bei mir? Ich könnte sie da verloren haben. Richtig, wieder runter zum Park, Nana mit, freut sich das Hundchen, ich weniger, ich sage: »Nana such!« Der Hund ist lernfähig, aber erst 10 Wochen alt, und so zeigt sie statt Gehorsamkeit Begeisterung, weil ich soviel mit ihr spreche. Keine Schlüssel im Gras. Ich blicke auf die Uhr. Noch Zeit. Aber etwas weniger. Ich muß in der Wohnung noch einmal suchen, systematischer. Nana sieht einen Hund, es ist ein Bernhardiner, Nana beginnt schon früh, sich zu übernehmen. Die Zeit wird knapp. Endlich wieder in der Wohnung. Nichts. Vielleicht steckt der Schlüssel noch unten am Kofferraumschloß? So etwas kommt vor. Blick aus dem Fenster hinunter auf das Auto ... der Schlüssel steckt. Steckt wie gedacht. Ich reiße die Tür auf, stürze die Treppen hinunter, auf die Straße hinaus: Keine Schlüssel im Schloß, Fata Morgana.

Was soll ich machen? Die Zeit ist abgelaufen. Ich muß zur Vorstellung. In das Theater im Palast.

Ich will Sie nicht mit der Beschreibung meines damaligen Seelenzustandes langweilen, statt dessen möchte ich diesen durch ein zur Sache gehörendes Geschichtchen erläutern. Es ist also nicht direkt eine Unterbrechung.

Es gibt eine alte Schauspieleranekdote: Einst spielte ein Kollege Schauspieler die Rolle des Geistes in William Shakespeares Stück »Hamlet«. Kein ganz einfaches Stück. Der Regisseur, einer von der damaligen modern art, hatte angewiesen, der Kollege Geist solle die Bühne im Finstern betreten und erst, wenn er spräche, habe er mit einer mitgeführten Taschenlampe sein Gesicht ganz kurz anzuleuchten. Nun ja, das ist ein Einfall. Ein Regieeinfall (so nennt man das heute), und subjektiv ist das durchaus begründet, den Schauspieler im Dunkeln auftreten zu lassen, denn Sie müssen sich vorstellen, während der Proben sitzt der Regisseur ja unten im Parkette auch im Dunkeln. Aber es ist auch verständlich, daß er, wie der Schauspieler, Helligkeit wünscht. Und sei es nur ein Lichtlein, sprich: Lämpchen; das ist doch nachvollziehbar. (»Und weißt du schließlich gar nichts mehr, kommt irgendwo ein Lichtlein her.«) Um die Helligkeit nicht nur im Äußerlichen, denk ans Lämpchen, zu finden, begibt sich der Regisseur nach innen, man nennt das Selbstfindung. Das meint, das Stück, das er zu inszenieren vorgibt, versteht er ja nicht, das weiß er auch.

Wirklich dumm sind die wenigsten Regisseure, also bemüht er sich auch nicht weiter um Stückverständnis. Doch finden muß er was. Sonst kommt er nicht in die Zeitung. Also sucht er was. Und was sucht er? Er sucht sich selbst! Er kitscht sich in einen selbstschöpferischen Zustand hinein, um um das Stück, welches er inszeniert, herumzukommen. Dafür braucht man schon Einfälle. Das macht sich auch bezahlt, denn vertraglich tauchen die Einfälle später nicht als Dichterverhunzung, sondern als Bearbeitungshonorar auf. Die Selbstfindung erweist sich also durchaus als probates Mittel, die Welt zu verarschen und sie gleichzeitig dafür anzuklagen, daß sie sich das gefallen läßt. Und so liefert er, wie von selbst, eine schöne politische Haltung gleich mit. Die kostet nichts, aber bringt was ein. Und der Beifall des Pöbels ist ihm gewiß. Shakespeare ist vornehmer und nennt das nicht Pöbel, er nennt das: die Gründlinge im Parkett. Der Regisseur hat aber auch Probleme. Ich nenne mal eines: Er sieht sich gezwungen, andere Regisseure nachzumachen. Denn das Feuilleton stellt Forderungen: »Was ist der Trend?« – »Wohin tendiert gerade die Mode?« Ganz wichtige Fragen! Die das Feuilleton erst mal auch nicht beantworten kann, aber es stellt sie. Die Fragen haben mit dem Theater nur am Rande zu tun, für das Feuilleton aber stehen sie in der Mitte. Der Regisseur ist also auch ein Gejagter. Er muß andere Regisseure kopieren, die das Schröpfen ebenso lustvollschmerzlich wieder anderen Regisseuren nachmachen, aber er darf sich dabei nicht erwischen lassen. Denn er muß als Original-Genie gelten. Sonst kommt er nicht an die großen

Häuser. Wie sich also voneinander unterscheiden? Ähnliche Frauen haben sie schon, bleibt also nur die Kleidung. Und da unterscheiden sie sich voneinander sehr wohl: Die einen tragen schwarz oder grau von Boss. Die anderen tragen grau oder schwarz von Armani.

Jetzt habe ich mich aber in der Geschichte ganz schön ablenken lassen. Eigentlich will ich eine Theatergeschichte erzählen, bin dann aber auf einen Hund gekommen, daraufhin auf einen Regisseur, und habe den Schauspieler (der als Geist im Dunkeln auftritt) vollkommen vergessen. Jetzt denke ich beim Beschreiben von Regisseuren selbst schon wie ein Regisseur – oder Intendant. Jetzt gehe ich aber zu weit. Nein, ich mache es kurz: Unser oben erwähnter Regisseur spricht also zu sich selbst: »Ich bin hier unten im Dunklen, also soll der da oben auch ins Dunkle.« Unter uns gesagt: Natürlich spielt Gevatter Neid hier auch eine kleine Rolle. Der Zuschauer kennt ihn nicht, will ihn auch gar nicht kennenlernen, na, das kränkt doch. Der Zuschauer kennt nur den Schauspieler, und wenn der Schauspieler gut ist und der Regisseur nicht stört, erkennt der Zuschauer, wenn er das Glück hat, mitdenken zu dürfen, sogar den Dichter! Das ändert jetzt der Regisseur.

Eigentlich sind sie eine gute Erfindung. Es gibt sie noch gar nicht so lange, und die Schauspieler hatten sie sich miterfunden, damit sie nicht, wie es ihrer Gauklerart entspricht, zuviel Unsinn auf der Bühne treiben. Aber ewige Zauberlehrlinge, die die Komödianten sind, hatten sie sich einen Besen erfunden, der sie nun von den Bühnen Europas fegen wird und bestenfalls Reste des Albernen und Ulkigen, also der Schauspieler Unarten, von ihnen übrig läßt, getreu der modernen Regiekonzeption: »Fröhlich soll unser Bombenkeller sein.« Doch soweit sind wir noch nicht. Unser Kollege Geist tritt also im Finstern auf, hört sein Stichwort und knipst das Lämpchen an. Das Lämpchen aber tut es nicht. Ob nun ein Regieteufelchen im Lämpchen sitzt oder der Requisiteur kein Batteriechen ins Lämpchen getan hat, weil gerade eine spätbürgerliche Sparzeit herrschte, wie dem auch war, unser Kollege Geist spricht im Finstern seinen Text bis zum düsteren Ende und verläßt die Bühne, wie er gekommen, im Finstern. Ein Regietraum war wahr geworden. Niemand im Zuschauerraum hatte den Schauspieler wahrgenommen, nur hatte man in der herrschenden Nacht jemanden undeutlich grummeln hören.

Er, jetzt meine ich wieder den Kollegen Schauspieler, wankt zu seiner Garderobe, erreicht sie, sinkt auf seinen Schemel, stemmt die Ellenbogen auf den Schminktisch (»Schon seit Jahrhunderten sitzt er / am steinernen Tisch, auf steinernem Stuhl / sein Haupt auf die Arme stützt er«), schaut im Spiegel ins bleich geschminkte Gesicht, faßt sich in die nach oben gesteifte, wirre Perücke und spricht die historischen Worte: »Da schminkt man sich wie ein Arsch, da sieht man aus wie ein Arsch, und dann geht die Lampe nicht.«

Bitte nehmen Sie diese Unterbrechung als das, was sie ist: Eine zu der Geschichte gehörende. Denn den Theaterabend mit »Reineke Fuchs« habe ich ohne Regisseur gearbeitet. Genau wie alle meine anderen Soloabende. Nicht, weil ich dafür keine brauchte, sondern einfach deshalb, weil es keine Regisseure mehr gibt.

Zurück zum 31. Juli 1989. Dem Tag, an welchem ich mich mühte, eine gute Vorstellung zu liefern und trotzdem meine Menschenrechte zu wahren, nämlich eine Reise zu machen.

Da hatte ich seit mehr als einer Woche den Text gebimst, den Tag der Vorstellung mit Sprechübungen, Leseübungen, Atemübungen, mit was allem noch verbracht, sogar das ungewohnte Hündchen zeitlich unterbringen können – und nun war *meine* Lampe aus und meine gute Laune weg. Die heitre Gelassenheit, die man braucht zur vollen Konzentration für einen zweieinhalb Stunden währenden Abend, nur mit dem Dichter allein auf der Bühne stehend, war futsch. In erläuterter Seelenverfassung verließ ich die Wohnung und schritt zum Theater. Ich erreichte es. Nun ja, Theater, ein richtiges Theater hatte der Palast natürlich nicht. Dafür zwei. Eins im Treppenhaus, Fassungsvermögen 300, und eins in einem 340 Zentimeter hohen Zimmer, in welches 130 Leute fast ungepreßt hineinpaßten.

Doch wie dem auch sei, man konnte darinnen Theater spielen. Und was man auch gegen Vera Oelschlegel, die Intendantin des Zimmer- und Treppenhaustheaters, vorbringen will, ihr, und fast nur ihr waren diese beiden Möglichkeiten zu verdanken.

Es war 19 Uhr. Der köstlich improvisierende Cembalist Armin Thalheim eröffnete das Verhängnis, mit Variationen zu dem Thema »Fuchs, du hast die Gans gestohlen«. Er bekam einen schönen Applaus. Also waren die Leute in guter Stimmung.

Ich war dran. Auftritt. Ausverkauftes Haus. Gut, das Zimmer hatte nur 340 Zentimeter Höhe, aber immerhin Abend für Abend 130 Zuschauer, und es war die 150. Vorstellung, die Jahre zusammengezählt gar nicht so wenig Leute für einen toten Klassiker. Diese Menschen hält man nicht, wenn man grämlich als Verdrossener (heute würde man sagen, als Bürgerrechtsgewerbler) die Bühne betritt; also stehe ich mit dem Peter-Alexander-Gestus (Sie erinnern sich: »Ich liebe

Euch alle«) auf dem Gerüst und weiß gleich, die glauben's mir nicht. Wie sollten sie auch, ich hatte ja nur eines im Kopf, meine Menschenrechte: Wie komme ich morgen früh ins Auto! In meinen Urlaub! Ich hätte mir den privatisierenden und dennoch gestuslächelnden Kopf vom Rumpfe reißen mögen!

Neben dem Text:
Pfingsten, das liebliche Fest war gekommen;
es grünten und blühten Feld und Wald;
auf Hügeln und Höhn, in Büschen und Hecken
übten ein fröhliches Lied die neuermunterten Vögel ...
klingelten die Autoschlüssel im Hirn. Das Gedicht besteht aus 12 Gesängen. Ich begann mit dem Ersten Gesang: hum dada hum dada hum da. Zweiter Gesang: hum dada hum dada hum da, im Hexameter-Rhythmus, also immer 6 Hebungen in einer Zeile. Das Publikum hält durch. Dritter Gesang: hum dada hum dada hum da ... oft trösten wir Schauspieler uns nach mäßiger Leistung mit dem Satz: Die Leute merken es nicht. Das ist ein Irrtum und Selbstbetrug. Ein gutes Publikum kriegt alles mit, es läßt es sich nur nicht anmerken. Ein gutes Publikum ist immer wohlerzogen. Der beste Teil des Theaters, nach dem Dichter, ist das Publikum. Jedenfalls hatte ich bis vor kurzem noch den Glauben. Doch ist seine Leistungsfähigkeit im Ertragen von Trallala enorm. Das ist der Nachteil der Wohlerzogenheit. Es ist, seiner Toleranz wegen, von mir schon oft stillschweigend verflucht worden: Wie oft bin ich aus schlechten Inszenierungen, von oben hinlänglich erwähnten Regisseuren in Szene gesetzt, aus dem Theater gelaufen, die Leute blieben sitzen. Manchmal frage ich mich, was mehr zu bewundern ist, ihr Kopf, der so viel Scheiße aushält, oder ihr Arsch, der soviel Scheiße aussitzt.

Vierter Gesang, in der ersten Reihe sitzt ein Mann und schläft. Der Mann hat recht. Er schläft nicht Goethes wegen, das traute er sich nicht, neben ihm sitzt seine Frau, er schläft meinetwegen.

Ich will nach Hause. Ich rezitiere weiter. Der Mann schläft. Ach, wäre ich doch an seiner Stelle. Während mein Mund den Goethe spricht, denkt mein Kopf aus Shakespeares Heinrich dem Vierten: »O süßer Schlaf, du Amme der Natur, warum liegst du in verqualmten Hütten, auf unbequemen Pritschen ausgestreckt, statt in der Großen duftdurchtränkten Zimmern.«

Das geht, es klingt unwahrscheinlich, daß man, während man seine Rolle spricht, im selben Moment an etwas ganz anderes denkt, es klingt schizophren, und das ist es auch. Es ist immer ein klares Zeichen für eine Art »von der Rolle« sein. Der Mann hat recht, daß er schläft, aber er stört. Ich muß etwas tun. Aber was?

Mitten während des Fünften Gesanges höre ich auf, den Text zu plappern, und wende mich dem Manne zu.

»Mein Herr, wir beide haben ein Problem.« Der Mann wird munter. »Sie schlafen, und ich spreche. Sie stört mein Sprechen nicht, doch mich Ihr Schlafen. Ich strebe eine Lösung unseres Problems an. Darum habe ich unterbrochen, und dafür bitte ich um Verzeihung. Ich schlage vor, wir untersuchen, wer von uns beiden das größere Problem hat. Ich beginne mit unser beider Gemeinsamkeit: Wir gehen beide nicht gerne ins Theater. Ich, weil ich schlechtes Theater hasse, also genau das, was ich gerade tue, und Sie gehen nicht gerne ins Theater, weil Theater langweilig ist, und auch da gebe ich Ihnen vollkommen recht, nur können Sie dabei im Gegensatz zu mir schlafen. Ich unterstelle, Sie hatten heute einen Scheißtag, Sie mußten schon heute Morgen im guten

Anzug zur Arbeit gehen, bloß weil Ihre Frau seit 18 Jahren sagt: Warum gehen wir nicht mal ins Theater.«
Ich hatte es getroffen, ich sah es seiner Frau an. Er war schon zu Beginn des Zweiten Gesangs eingeschlafen, sie hatte gesehen, daß ich das mitbekommen hatte und blickte mir die ganze Zeit Beruhigung zu. Viel Genuß hatte sie von meinem Vortrag also auch nicht gehabt. Jetzt blickte sie Erstaunen. Er, erst verdutzt, dann verblüfft, grinste und winkte kurz mit beiden Armen Beschwichtigung. Eigentlich verstanden wir drei uns auf Anhieb. Doch ließ ich nun nicht mehr locker, endlich waren mir diese unnützen Autoschlüssel, samt Menschenrechten, aus dem Hirn geplumpst, auch hatte ich eine Lösung versprochen, und so fuhr ich, zu ihm gewendet, fort: »18 Jahre lang den Argumenten einer Frau zu widerstehen ist heldenhaft. Doch beharrlich, wie Frauen sein können, wenn sie sich einmal etwas in den Kopf gesetzt haben, lassen sie nicht nach. Was sollen die Männer machen, die Frauen sind nun mal, was das Theater betrifft, der poetischere Teil des Menschengeschlechts, und sollten die Männer auch die klügeren sein, im Theater nützt ihnen das gar nichts, also geben sie nach. Auch auf die Gefahr hin, daß das ihre einzige Klugheit ist. Auch verschärfte Ihre Frau die Argumentation. Sie führte an: die Restaurants im Hause, die teilweise gute Küche, das Wernesgrüner Bier und – möglicherweise das Argument der Argumente: gleich unter dem Theater eine Bowling-Bar. Was heißen könnte, nach der Theaterstrapaze endlich guten Gewissens eine ruhige Kugel zu schieben. Alles das, dazu die Möglichkeit, Ihr schlechtes Gewissen, seit 18 Jahren zu einem nicht übersehbaren Berg aufgehäuft, mit einem Rucke abzutragen, hatte schließlich zum Siege Ihrer Frau und somit zum Triumph der sozialistischen Losung: ›Werktätige, erstürmt die Höhen der

Kultur‹, geführt. Also gingen Sie mit. Mit Krawatte. Doch solch eine Anstrengung hat Folgen: Nach dem Siege schläft man ein. Und das gönne ich Ihnen auch, wenn es nur nicht bei mir wäre und wenn ich Ihnen dabei nicht zusehen müßte. Sehen Sie mal, Sie sitzen in der ersten Reihe; gut, das ist Ihnen im Schlafe nicht bewußt, doch ich sehe es. Ich sehe aber auch die Menschen die neben und hinter Ihnen sitzen – die Massen!!! 129 Besucher, die ich erreichen will, was mir sicher auch gelänge, wenn ich nicht immer nur Sie sähe. Und da bin ich schon bei meinem Problem. Mein Problem sind überhaupt nicht Sie, mein Problem ist ein kleiner Hund.«

Und ich erzählte die Ihnen, verehrter Leser, schon bekannte Geschichte, natürlich nur die vom Hund, dem Autoschlüssel und den Menschenrechten. Und schloß: »Entscheiden Sie nun, wer von uns beiden das größere Problem hat.«

Natürlich hatte ich das größere, ich stand ja oben. Also lachten und jubelten die Massen, das Ehepaar, von dem ich erzähle, fühlte sich dabei im Mittelpunkt und nicht verraten, ich hatte mich wieder gefangen, und Goethe hatte gewonnen. Am Schlusse gab es langen Applaus und eine gute Schlußpointe. In der ersten Reihe saß noch ein Mann, welcher aber nicht geschlafen hatte, sondern am Ende der Vorstellung sich von seinem Platz erhob, in meine 5. Verbeugung hineinschritt und ein zusammengefaltetes Zettelchen hinaufreichte. Auf dem Zettel stand seine Adresse, sein Beruf und die handgeschriebene Mitteilung, daß er als Autoschlüsselschlosser gerne behilflich wäre und bis morgen früh mir helfen könne.

Das, verehrter Leser, ist der Schluß von dieser Geschichte und ihren Unterbrechungen. Ich habe auch noch andere Geschichten vom Palast der Republik zu erzählen, doch diese

Die Kamelfrage von Heinrich Heine, 1990.

Die Kamelfrage mit der Lanzelot-Puppe aus dem »Drachen«, 1990.

handelt vom Berliner Publikum, das ist der Grund, weshalb ich sie ausgewählt habe.

Lieber aber, viel lieber wäre mir gewesen, ich hätte mich nicht von den verloren geglaubten Autoschlüsseln irritieren lassen und statt dessen von Anfang an eine gute Vorstellung gespielt. Denn: Was sind Menschenrechte wert, wenn sie nicht zu einer guten Vorstellung führen.

Die beschriebene Vorstellung von »Reineke Fuchs« von Johann Wolfgang von Goethe fand am 31. Juli 1989 statt und beendete die Spielzeit 1988 zu 1989 des Theaters im Palast der Republik. Nach den Ferien hatte ich noch eine Vorstellung am 25. September. Noch eine Vorstellung folgte: Es war der 9. November. Das war der Tag, als die Mauer fiel. Den letzten Reineke im Palast der Republik hatte ich am 24. November 1989.
Der Palast des Volkes wurde geschlossen.

WAS IST GROSS?

Es klingelte das Telephon auf der Burg. Die Burg steht auf einem Feld, das Feld liegt nicht weit von der Kreisstadt. Die Kreisstadt ist keine Kreisstadt mehr, das Feld ist noch ein Feld, aber der Besitzer ist kein Besitzer mehr, und die Burg ist keine Burg, ob sie jemals eine gewesen, interessiert nur meinen kleinen Sohn, und deshalb nennen wir sie so und – weil ich dort seit 1990 eine Mauer baue.

Die Stimme am Telephon war die eines älteren Mannes. Der Dialekt eine Mischung von Brandenburgisch und Lausitzerisch. Er stellte sich vor als ehemaliger Chefredakteur der ehemaligen Kreiszeitung der ehemaligen Kreisstadt, der jetzt, weil er noch viele der im ehemaligen Kreis lebenden ehemaligen Kulturschaffenden aus der ehemaligen DDR kenne, manchmal seiner ehemaligen Zeitung helfe, welche jetzt keine ehemalige mehr ist, sondern sich dem Neuen *zugewendet* verpflichtet zeige, ohne sich dem Vergangenen gegenüber als vergeßlich zu erweisen, woraus sich auch der Grund des heutigen Anrufs erkläre, nämlich zur Artikelserie »Was macht eigentlich ...« mich zu fragen: Was macht eigentlich Eberhard Esche?

Und nun fragte er: »Na, Herr Esche, was machen Sie denn so?«

Ich antwortete: »Das sage ich Ihnen nicht!«

Er lachte gebührend und kehrte zur Eingangsfrage zurück: »Also, jetzt im Ernst.«

Ich sagte: »Das ist Ernst.«

Kurze Pause, dann hatte er sich der neuen Situation angepaßt, der Mann hatte Lebenserfahrung, seine Stimme bekam eine sanftere Färbung, wie man sie einsetzt, wenn man einem Marienkäferchen das Schielen beibringen will: »Aber unsere Menschen«, er verbesserte sich »unsere Leser haben das Bedürfnis und wollen schon gerne erfahren, was die Schauspieler, die sie noch von früher her kennen, jetzt so machen.«

Ich sagte: »Das Bedürfnis ist mir nicht unbekannt geblieben, und ich weiß, daß das Bedürfnis noch Steigerungsmöglichkeiten in sich birgt, und es spricht für die Leser Ihrer Zeitung, daß sie uns nicht vergessen haben und auch nicht gewillt sind, dieses in nächster Zukunft zu tun, und es spricht für Ihre Zeitung, daß sie sich dafür verwendet; dennoch bitte ich Sie, mit der Bedürfnisssuche nicht bei mir anzufangen, sondern jene zu fragen, die sich nicht so zickig geben, wie ich es tue.«

Er antwortete, indem er elegant umschiffte, daß ich nicht der erste seiner Ansprechpartner wäre, er hätte vor mir schon eine ganze Reihe von Künstlern gefragt und auch interviewen können, und diese hätten sich alle dankbar gezeigt über die Art, wie er die Unterhaltungen geführt hätte, und nun bäte er mich. Er verstünde schon meine Scheu, es wäre ihm, von früher her gesehen, nicht entgangen, daß ich eine, na, wie sagt man, *Pressescheu* hätte, aber ich solle mir keine Gedanken machen, er verbesserte sich, Sorgen machen, er würde kein Wort drucken, das nicht von mir wäre, und es wäre für ihn selbstverständlich, mir das Ergebnis unserer Unterhaltung im Anschluß zur Begutachtung vorzulegen.

Ich bedankte mich für die erwähnte Rücksichtnahme, ich hätte das auch nicht anders erwartet, bitte ihn aber zu verstehen, daß ich meine Absage trotz der günstigen Konditionen nicht revidieren würde, ihn bitte, mir dennoch gewogen zu bleiben und damit das Ende unseres Gespräches leider herannahen sähe.

Es spricht für meinen Partner aus der ehemaligen Kreisstadt, daß er nun keinen Überredungsversuch mehr unternahm, aber es spricht auch für ihn, daß er nicht beleidigt tat und abrupt aufhängte (natürlich bin ich nicht unerfahren, was den Ablauf solcher Art von Unterhaltungen betrifft), sondern mich bat, ihm noch eine private Frage zu gestatten. Ich gestattete, und er fragte: »Warum lehnen Sie Interviews ab?«

Meine Antwort war: »Das ist eine gute Frage. Die will ich gerne versuchen zu beantworten: Schauspieler geraten, unter anderem, auch deshalb in das Licht der Öffentlichkeit und den Genuß der Bewunderung, weil sie, unter Zuhilfenahme dessen, was sie für ihren Kopf halten, Texte auswendig lernen und diese Texte danach auf Klingelruf wiedergeben können. Im allgemeinen sind das Texte von Autoren, ja, es kann sogar der Fall eintreten, daß es Texte von Dichtern sind, das wäre dann ein günstiger Fall. Vermögen nun die Schauspieler, sich durch Einverleibung des Auswendiggelernten glaubhaft durch gefälliges oder gar gutes Spiel zu entäußern, dann ist das für sie und das Publikum von Vorteil, der nicht zu unterschätzen ist, und sie sollten es bei diesem belassen und nicht die Öffentliche Meinung dadurch behelligen, daß sie durch Preisgabe ihrer *eigenen* Texte sich möglicherweise als alberne Dummköpfe zeigen, das heißt, sich unter Wert verkaufen.«

Für einen Augenblick war Funkstille auf der Gegenseite, auch ich fühlte mich erschöpft und gleichzeitig ein wenig überrascht, hatte ich mich schließlich einer Meinung entäußert, die ich so präzise noch nie gedacht hatte. Meinen Partner dagegen vermeinte ich mehrere Male schnaufen zu hören, dann änderte sich seine Stimme, mit einem Male sprach nicht mehr ein Ehemaliger von was und von wo auch immer mit mir, sondern ein Mensch, den man auch auf Baustellen oder ähnlichen ehemaligen Arbeitsplätzen hätte auffinden können, und er sagte: »Wissen Sie, Herr Esche«, und er rollte sein Lausitzer R, »für mich, ja, für mich, und ich mach das Geschäft schon lange, ja, für mich sind Sie der Größte ...«, er zögerte und wiederholte, »der größte ...«, er suchte noch immer nach dem richtigen Wort – und er fand es schließlich, »der Größte hier im Kreis.«

Damit hatte unser Gespräch ein schönes Ende gefunden. Und nach einigem Nachdenken mußte ich ihm recht geben: In dem Kreis, von dem er sprach, war ich nicht nur der größte, sondern auch der einzige Schauspieler. Wie sich durch die polizeiliche Meldestelle erfahren ließe.

DER BEGINN MEINER WANDERUNGEN.

Vier Jahrzehnte meiner vertraglichen Bindungen an das Deutsche Theater in Berlin hatte ich mit Hauen und Stechen durchgebracht, bis ich das Hauen und Stechen bis obenhin satt hatte und vom seßhaften Schauspieler zum reisenden Gaukler verkam. Also begab ich mich, gezwungenermaßen, auf die Straßen der freien Marktwirtschaft, um Angeboten, die ich bisher nicht so recht zur Kenntnis nehmen wollte, nun mit etwas mehr Unkenntnis, will sagen, Toleranz zu begegnen. Damit ich dem mit den Zuständen des freien Straßenlebens durchaus vertrauten Leser ein Beispiel aus jener anderen Welt, aus der er die Schauspieler zu kommen wähnt, nahebringen kann, will ich eine kleine, unbedeutende, aber wahre Geschichte aus der Künstlerwelt erzählen. Die Geschichte beginnt so:

Ein Herr Düsenvogel aus Bonn am Rhein meldete sich am Telephon: »Herr Esche, wir kennen uns von der Godesburg in Bad Godesberg bei Bonn, als Sie für die Bayerische Vereinsbank so einen Auftritt mit Reineke Fuchs hatten. Sie werden sich möglicherweise nicht mehr an mich erinnern, aber meine Frau sagte, das war doch nett damals auf der Godesburg, ruf den Mann doch mal an. Und das tue ich nun und wollte Sie fragen, ob Sie Lust hätten, unten in Bayern an der österreichischen Grenze einmal aufzutreten?«

Ich fragte: »Wieder für die Kunden der Bayerischen Vereinsbank?«

»Nein«, sagte der Herr Düsenvogel, »diesmal für junge, aufstrebende Wirtschaftsleute.«

Ich sagte: »Ja, das ist möglich. Wollen Sie wieder den Reineke Fuchs?«

Mein Gesprächspartner zögerte nur kurz: »Nun, was haben Sie denn noch?«

»Nun, da hätte ich das Wintermärchen von Heine.«

»Ach ja, die Winterreise«, sagte er versonnen und wissend zugleich.

»Nein, das Wintermärchen«, sagte ich geduldig. Denn die Verwechslung von Winterreise und Wintermärchen war mir nicht unbekannt, ich höre sie, so lang ich schon das Epos spreche. Das erste Mal hörte ich es von einem Berliner Oberkritiker, dem Herrn Schumacher. Das war vor über einem Vierteljahrhundert. »Deutschland. Ein Wintermärchen.« Wiederholte ich.

»Na, das meine ich doch«, fiel mir mein rheinischer Geschäftspartner ins Wort und vollendete: »Denk ich an Deutschland in der Nacht, bin ich um den Schlaf gebracht.«

Herr Düsenvogel kicherte ein wenig selbstironisch, doch ich überging das und erwiderte: »Ja, das sagen Sie richtig, das schrieb er mal an seine Mutter, zwar nicht in diesem Gedicht, aber Sie haben recht, im Wintermärchen besucht er sie.«

»Na, das sage ich doch, und wie lange dauert das?«

»Sie meinen die Reise?«

»Nein, das Märchen.«

Da wußte ich, er wollte das Ganze kürzer und sagte: »Ich hab's natürlich auch kürzer.«

»Das ist gut. Was kostet das?«

Ich nannte das Anderthalbfache meines Preises, wegen der Kürzung, und ärgerte mich sofort, daß ich nicht das Zehnfache genannt hatte, da er das Anderthalbfache mit einem schlichten »In Ordnung« quittierte. Und nur scheinbar davon unbeirrt fuhr ich fort und sagte: »Dieser Abend heißt ›Eher geht ein Kamel durch ein Nadelöhr, als daß ein Reicher ins Himmelreich käme‹, aber ich warne Sie, das hatte schon das Interesse der Deutschen Bank, die mich für einen Abend in ihren Olymp in die Frankfurter Chefetage gefragt hatte, erlöschen lassen.«

Herr Düsenvogel lachte beruhigend und fragte, von wem denn dieses Gedicht mit dem Kamel wäre. Ich blieb sachlich und versicherte ihm, daß das Programm sowohl Gedichte enthielte als auch Prosatexte. Der Titel des Programms wäre ja wirklich wie ein Gedicht, aber dennoch wäre es nur einem Zitat von Jesus entlehnt und das Ganze eine Zusammenstellung von Texten, die von Goethe, Heine, Fontane und aus einem beliebten Gedicht von Ludwig Uhland stammen, aber da *ich* es zusammengestellt hätte, hätte es natürlich eine östliche Sicht.

Da lachte Herr Düsenvogel wieder und sagte: »Von der Ostmark her gesehen, das ist gut, wir wollen es ja auch an die Grenze der Ostmark haben mit Ihnen.« Er lachte noch einmal über seinen Scherz. »Wissen Sie was, schreiben Sie mir kurz, um was es in diesem Programm geht, dann kann ich das meinem Chef vorlegen.«

Ich erwiderte, daß ich im Moment zeitlich verhindert wäre, es ihm aber gerne jetzt hier am Telephon erzählen könne. Das schien er nicht zu wollen und sagte, wenn ich schon nicht könne, könne das doch meine Frau für mich erledigen. Auch dieses mußte ich abschlägig bescheiden mit dem wahren Argumente, daß meine Frau gerade ein Kind zur Welt gebracht hätte und dadurch den ganzen Tag recht beschäftigt sei.

Es spricht für Herrn Düsenvogel, daß ihm das einleuchtete, denn er sagte: »Na gut, dann erzählen Sie schon.«

Also erzählte ich: »Wissen Sie, es beginnt mit Don Quichotte.«

Herr Düsenvogel unterbrach und lachte wieder, er lachte länger und sogar herzlicher, als er vordem über seinen Scherz mit der Ostmark gelacht hatte, dann kriegte er sich wieder ein und sagte: »Don Quichotte? Na, das ist doch gut. Quichotte ist immer gut.«

Jetzt hatte Herr Düsenvogel mich überrascht, fast verstört, ich wußte nicht, ob er mich für einen Don Quichotte hielt, da hätte er recht gehabt, oder ob er mich beleidigen wollte, ich unterstellte beides und beendete den rührenden Versuch, den Inhalt meines kleinen Theaterabends »Eher geht ein Kamel durch ein Nadelöhr, als daß ein Reicher in das Himmelreich käme« am Telephon zu erzählen, und sagte: »Enden tut der Abend mit Rothschild.«

Herr Düsenvogel fragte: »Mit dem Bankier?«

»Ja, mit dem Bankier. Heine ließ sich von Rothschild in gewissen Zeitabständen immer mal ein bißchen bestechen, damit er ihn, den Rothschild, lobe, und so schrieb er, der Heine: Da es den Reichen nur auf Erden gut ginge, solle man Bedingungen schaffen, daß es den Reichen auch im Himmel gut geht.«

Dieses war, ich gebe es zu, keine einleuchtende Auskunft über meinen Abend, deren verminderte Helligkeit mich auch nicht dadurch entschuldigt, daß ich von altersher immer denke, daß man sich aus Höflichkeitsgründen bei Ferngesprächen zur Kürze gehalten sieht, um die Telephonrechnung des Gegenübers nicht anmaßlich ins Ungebührliche zu steigern. Ich hörte das Ergebnis meines Unvermögens auch am Atmen meines Gesprächspartners, ich wußte, was er dachte. Er dachte, wie, in Gottes Namen, soll man mit diesen eingeborenen DDR-Bürgern Geschäfte machen. Doch er fing sich wieder, es ist beachtlich, was diese Leute an Geduld mit unsereinem aufbringen, und er versuchte es noch einmal mit einem Scherz, den er als Frage formulierte. Die Scherzfrage lautete: »Die Hauptsache, es kommt kein Kommunist drin vor?«

»Doch« sagte ich, »das schon, ein Kommunist kommt drin vor, der Heine nämlich bezeichnet den Jesus als solchen.«

Da sagte Herr Düsenvogel aus Bonn am Rhein mit großer Freundlichkeit, die die Verachtung, die darin steckte, keineswegs vertuschen sollte: »Ach Jesus!«

So kam es, daß ich bis heute nicht die österreichische Grenze von der bayrischen Seite her sehen konnte.

EINE KURZE PHASE
MEINER KÄUFLICHKEIT.

Einmal war ich auch in Salzburg, als Schauspieler, zu den Salzburger Festspielen, zum Salzburgerspielen eingeladen. Shakespeares »Coriolan«, die Rolle des Menenius Agrippa. Den Coriolan gab Bruno Ganz und den Menenius der Wiener Komiker Otto Schenk, doch der hätte soviel zu tun, daß er nicht könne, erfuhr ich eines Tages im Mai des Jahres 1993, kurz vor Beginn der Salzburger Proben am Telephon von dem Regisseur Peter Stein, und er lud mich zur Übernahme der Rolle ein. Darüber freute ich mich sehr. Ich hatte zwar noch nie etwas von Stein gesehen, er übrigens, so glaube ich, auch nichts von mir, doch stellte sich nun heraus, wir hatten voneinander gehört.

Neulich, ich springe mal schnell ins Jahr 1996, frug mich ein Regisseur Lang, ob ich bei ihm in der »Dreigroschenoper« den Peachum spielen würde. Von Lang allerdings hatte ich schon mal was gesehen, aber ich sagte trotzdem zu. Ich bitte Sie, der Peachum!
Als wir uns nach der 6. Probe zu einer grundsätzlichen Aussprache, die zur Trennung führte, beim Intendanten trafen und ich ihn nun meinerseits frug, wie er auf die Idee gekommen sei, obschon er mich kenne, mich für die Rolle zu fragen, schließlich könne ihm nicht zu Ohren gekommen sein, daß ich mich irgendwann geändert hätte, antwortete er ehrlich und offen, ganz so, wie er annimmt, daß es sei-

ner Art entspräche, er hätte mich neulich auf der Straße gesehen und gedacht, das müsse doch gehen.

Damit sage ich, und bin schon wieder bei der Salzburger Einladung, ob man schon mal voneinander gehört hat oder einander auf der Straße traf – eine Besetzung kann immer rausspringen. Und Salzburg, ich bitte Sie, das Mekka für Schauspieler. Schon die Verträge, die sie da mit einem machen, zeugen vom Selbstwertgefühl der Salzburger Festspielleitung. Obwohl, das muß ich der Gerechtigkeit halber hinzufügen, sie etwas mehr zahlen als für die Mitwirkung bei einer Fernsehgala mit dem Dresdner Künstler Emmerlich. Doch Geld ist nicht alles, es lockt auch der Ruhm, die persönliche Reklame: »Der war in Salzburg, der hat bei Stein den Menenius gespielt«, so heißt es dann und hebt das Ansehen höher, als wenn man bei Emmerlich mitgemacht hätte. Und dagegen hatte ich nichts einzuwenden und sagte zu.

Am 7. Juni 1993, einem Montag, setzte ich mich in Tegel in ein Flugzeug, und mit dem flog ich über München nach Salzburg. Da landete ich auch und traf kurz danach Frau Deborah Warner. Frau Warner ist aus England, und Warner wird Worner ausgesprochen, das »r« ganz hinten im Hals. Ich beschreibe das deshalb so genau, weil Frau Warner kein Deutsch verstand, aber die Regisseurin war. Ein Umstand, der für eine Operninszenierung überhaupt keine Schwierigkeiten bewirken würde. Ein Sänger guckt zum Dirigenten, und wenn er seinen Blick während der Proben über diesen hinaus richtet, reicht es, wenn er erkennt, daß ihn aus der Ferne der Regisseur durch Gesten zum Liegen auffordert. So etwas begreift jeder Sänger. Heutzutage lernen die Sänger schon auf der Sängerschule, wie man die Stütze im Liegen kriegt. Aber beim Schauspiel, so bilde ich mir, unbelehrbar, wie ich nun mal bin, immer noch ein, ist doch das Wort, nicht der Ton das Wichtigste. Dann aber sagte ich mir, wenn man die heutigen Regie-Wunder sowieso nicht versteht, ist es wirklich gleichgültig, ob man sie auf deutsch nicht versteht oder auf englisch. Und mein Englisch, das muß keiner wissen, ist auch nicht sehr verständlich. Frau Warner war also die Regisseuse, und Stein war es auch, aber die Frau Warner ebenfalls. Stein war sozusagen der Ober- und sie die Unterregie. Und – ich hatte noch keinen Durchblick und war mit allem einverstanden.

Natürlich bin ich überheblich. Ich hatte bis 1989 an Film- und Theaterangeboten schon einiges ausgeschlagen; auch außerhalb der Grenzen der DDR, und das seit 1961. Ich schuf mir meine »Privilegien« selbst. Ich gab nicht viel auf Straßenbekanntschaften und Hörensagen, ich wollte, daß man mich fragte, weil man meine Arbeit kannte. Und obwohl das jetzt wieder nicht vorlag, hatte ich trotzdem zugesagt. Das Jahr 1989 und Salzburg sprengen eben manches Vorurteil. Und dann: der Menenius, eine Rolle, für die ich weiter als bis Salzburg gelaufen wäre; und natürlich erinnerte ich mich noch, wie Wolf Kaiser der Menenius am Berliner Ensemble war. Helene Weigel spielte die Volumnia. Und jene beiden Vertreter der den Großen folgenden Generation, die Maßstäbe setzten und das DDR-Theater der sechziger Jahre prägten: Ekkehard Schall war der Coriolan und Hilmar Thate der Tullus Aufidius. Die großen Theaterspieler. Und die vielen anderen verdammt guten Kollegen. Das liegt schon lange zurück, und das Berliner Ensemble war damals noch ein Theater und hatte seine Leute noch. Und wenn es 100 mal ein Museum geworden war, so war es doch

Wolf Kaiser.

ein gutes Museum, und manches vergißt man nicht; und Wolf Kaiser sowieso nicht! Kurzum, ich wollte den Menenius spielen.

Ob ich das wirklich wollte, daran zweifelte ich schon nach der ersten Probe.

Wer schon einmal in Salzburg war, weiß, wo das Festspielhaus steht, und kann aus Meyers Konversationslexikon von 1906 erfahren, daß einst neben dem Bürgerspital, in der Hofstallgasse, die Kavallerie-Kaserne stand und daneben sich eine 1607 gegründete Reitschule befindet. Und in eben dieser Reitschule fand die erste Probe statt. Die Reitschule war das Theater, das Festspielhaus, auf dem der »Coriolan«, nach einer etwa 4 Wochen dauernden Probenzeit, stattfinden sollte. Die unglaubliche Breite der Bühne wurde durch ihre fast nicht vorhandene Tiefe wettgemacht und das Ganze von einem auf- und zuschiebbaren Dach behimmelt. Eindrucksvoll. Ebenso der Zuschauerraum. Eindrucksvoll. Ich fragte mich, ob ein in der 10. Reihe links sitzender Zuschauer ein Wort versteht, wenn man nach rechts spricht und umgekehrt, denn der Zuschauerraum war ebenfalls sehr breit. Andrerseits sagte ich mir, wenn hier schon so lange Erfolge gemacht wurden, wie vermeldet ist, muß Verständlichkeit doch herstellbar sein, kurz, eine Frage des Arrangements. Das heißt, die guten, alten Regeln von Herrn von Goethe einhalten, möglichst nach vorn sprechen.

Als ich Frau Warner meine Zweifel und meine Zuversicht übersetzen ließ, winkte sie freundlich lächelnd ab und sprach von 22 Pferden auf der Unterbühne.

Die Felsenreitschulenbühne hat nämlich, wie ich nun bemerkte, noch eine Unterbühne, und die konnte man heben, einsehbar machen und Pferde hineinstellen. Richtige Pferde, schließlich sollte hier nicht irgendein Coriolan gegeben werden, sondern ein richtiges, realistisches und doch modernes Theater. Felsenreitschulenunterbühnentheater. Eindrucksvoll. Nachdenklich ging ich in mein für die Festspielzeit gemietetes Heim.

Von diesem ließ sich uneingeschränkt Gutes sagen. Ich gestehe, daß ich davon so angetan war, daß ich vorerst alle Theatereinfälle vergaß. Ich bewohnte das Parterre einer mit Antiquitäten eingerichteten Villa. Die Villa stand in einem Garten. In dem Garten konnte man Waldhimbeeren pflücken. Durch den Garten floß ein kleiner Bach, und von der Terrasse aus sah man hinauf auf die Festung Hohensalzburg. Nein, besser hätte ich es nicht haben können. Man muß sich das vorstellen, so viele Menschen besuchen jährlich die Stadt, quartieren sich in Hotels ein, essen in Restaurants, während ich eine eigene Küche, eine Wohnung hatte, die gar nichts von einem Hotel an sich hatte, und ich bekam das Ganze auch noch bezahlt. Naja, die Wohnung nicht, für die Miete mußte ich schon selbst aufkommen, und die war nicht niedrig, aber immerhin. Schluß mit dem Lamentieren. Ich werde es schaffen.

Für den nächsten Abend lud mich Peter Stein zu sich nach Hause ein. Seine Pfalz war auf der Hinterseite der Hohensalzburg gelegen und bestand aus einem kühl eingerichteten Appartement. »Mein« Haus war schöner, aber er kochte einen ausgezeichneten Spaghetti. Als Sachse bin ich natürlich Soßenesser, aber der Spaghetti war »al dente«. Wir gingen in sein Arbeitszimmer, und er ließ mich seine Vorarbeiten sehen. Er hatte 6 verschiedene Übersetzungen von Shakespeares Coriolan in einem Folianten nebeneinandergestellt und hineingeklebt, dazu seine Notate gefügt. Seine Kommentare darüber zeigten: Er kennt das Stück. Endlich mal wieder ein Regisseur, der versucht, das Stück zu begreifen. Das war lange her. Wolfgang Langhoff, Wolfgang Heinz, Benno Besson, Adolf Dresen am Deutschen Theater in Berlin. Glücklich verließ ich Peter Stein und schlief sehr beruhigt ein.

Tatsächlich überstand ich die nächsten Proben. Da war ja auch Rolli – Rolf Ludwig. Er spielte eine kleinere Rolle, war, obzwar schon krank, wie immer vergnügt und ich noch mehr, war doch einer von zu Hause dabei. Ich bin nicht sehr vaterländisch, und ich hatte auch kein Heimweh, aber Rolf war der einzige Ossi.

Die Zuführung der beiden deutschen Staaten war vor 3 Jahren vollzogen, und die Fremdheit zwischen uns Schauspielern aus Ost und West ungeheuchelter geworden. Ich will sagen, als es die Grenze zwischen uns noch gab und man sich begegnete, spielte man sich Liebenswürdigkeiten vor, die keiner verpflichtet war einzuhalten. So war man sich einig. Jetzt stand man sich grenzenlos gegenüber, und das zeigte man sich, beidseitig. Und da innerhalb des Theaters Eigentumsfragen keine entscheidende Rolle spielen, eher die Frage nach dem Platzhirsch steht, war die Atmosphäre nicht antagonistisch, vielleicht freudianisch, aber sicher weidmännisch.

Proben unter fremden Umständen zwingen anfänglich immer zur Verhaltung, man kennt sich nicht, hatte bisher darunter nicht sonderlich gelitten und war nun gezwungen, sich kennenzulernen und wiederum darunter nicht zu leiden. Hinzu unser gelerntes und gelebtes Ost-Sein und West-Sein. Ich habe die Profession, die ich ausübe, nicht schlecht gelernt, das stößt schon unter normalen Umständen nicht unbedingt auf Zuneigung. Es geht im Theater wie im Sport immer um den Platz. Und hier in Salzburg, der Domäne der West-Seinler, um Salzburger Plätzchen.

Die Proben. Da war der Kollege 1, ein drahtiger Mann mit Westhabitus, freundlich und kühl. Kollege 2 sportlich, Kollege 3 knurrig, und Kollege Ganz trug einen Mantel, der Menschenscheu signalisieren sollte, um sich zu schützen. Das verstand ich bestens, und wir hatten keine Schwierigkeiten miteinander. Schwierigkeiten hatte ich mit der Regie. Das ist bei mir nicht neu. Aber Frau Warner machte, ohne böse Absicht, einen grundlegenden Fehler, sie mengte sich schon während der ersten Gehversuche ein. Das mag ich nicht. Das ist, als wollte man einem Porträtmaler schon bei den ersten 2 Pinselstrichen Einmengendes sagen. Nun verstehe ich natürlich die Regie, sie ist, wie ich, ebenfalls unsicher, und auf vielen Proben sehe ich überhaupt nicht gut aus. Es ist nicht nur einmal passiert, daß ich mir bis zur Premiere und oft auch darüber hinaus im Wege stand. So etwas verlangt von dem unten sitzenden Probenvorsitzenden Vertrauen und Geduld.

Geduld hatte sie, aber (so empfindlich bin ich nun auch noch) mehr mit den Kollegen, denen sie bei jeder passenden Gelegenheit das Wörtchen »great« zurief, mir nie, im Gegenteil: Sie hatte Einwände. Die hatte ich mir gegenüber auch, deshalb ja die Proben, die ich normalerweise zum An-mir-Arbeiten nutze, möglichst ungestört. So hatte ich schon recht früh in meinem Theaterleben begriffen, daß es nur zwei Sorten von Regisseuren gibt: eine Sorte, die stört, und eine Sorte, die nicht stört. Diese von mir gefundene Formulierung ist natürlich eine Entgleisung, da sie ja die Meister mit den Pfuschern in einen Topf schmeißt und davon ausgeht, daß es mehr Pfuscher als Meister gibt, eine Erkenntnis, die im gemeinen Alltag als Erkenntnis gilt, nicht aber an den Theatern der Gegenwart. Folglich hatte ich schon von Anbeginn der 70er Jahre an eine ungeheure Beliebtheit in Regie- und anderen Kreisen errungen. Nun schien ich schon am 2. Tag meiner Salzburger Visite wieder in diese ungeheure Beliebtheit zu geraten. Was ich, ich schwöre das, überhaupt nicht will, ganz im Gegenteil, ich bin seit meiner Geburt eine handgeschnitzte Harmoniehure.

Doch dann dämmerte mir ein Verdacht. Die Regisseuse hatte einen triftigen Grund für ihre Unzufriedenheit, ich war ihr nicht modern genug. Dieses sah ich ein. Da stand ich nun, nicht unbedingt Standbein-Spielbein, wie es der herr-

liche Wolfgang Langhoff noch konnte, aber immerhin versuchte ich zu zeigen, was ich auch erst mühselig gelernt hatte und womit ich mich bis zu meinem Lebensende plagen werde, nämlich den Text zu verstehen und verständlich zu machen. Und das, bei Heiner Müller, ist nicht modern! Also warf ich mich in den Sand. Oder drücken wir es einmal so aus: Um Anerkennung bemüht, ließ ich mich freien Willens auf die Fresse fallen. Wie gesagt, es war in einer ehemaligen Reitschule, es sollten Pferde auftreten, diese sollten natürlich nicht im Keller, sprich Unterbühne bleiben, und so hatte die gesamte Spielfläche für uns, die Schauspieler, und später für die Hufe der Pferde eine dicke Sandschicht. In die ließ ich mich fallen. Ich hatte den Weltruhm H. Kupfers und seiner Opernaufführungen schon vor einem Jahrzehnt begriffen, der darin bestand, daß die Kollegen Sänger und Sängerinnen beim Singen sich sitzend, liegend und wälzend auf dem Boden aufzuhalten hatten. Nicht, um zu zeigen, was sie drauf haben, nämlich, gut zu singen, sondern vielmehr, mit dem Vehikel Gesang ihre Seelenlage zu transportieren. Ein Transportmittel, an welches der Komponist beim Komponieren einfach noch nicht gedacht hatte, was aber jetzt der Regisseur glücklicherweise für ihn tun kann. Als ich vor Jahresfrist Kupfers Wagners Ring sah, konnte ich anschaulich Kupfers Wurzelfindung folgen, als er aus dem Geschlecht der Wälsungen ein Gezücht von Wälzlingen machte; ich hatte das nur blöderweise vergessen. Jetzt fiel es mir zum Glücke wieder ein, und ich warf mich in den Sand, und Frau Warner rief: »Great.« Um ganz sicher zu sein, daß ich auf der richtigen Schiene war, stand ich für einen Moment auf – und warf mich kurz darauf wieder nieder, und wieder rief sie: »Great!« Und hatte wieder gute Laune. Ich nicht.
Da lag ich nun im Dreck und war modern. Doch was soll

es. Ein Probentag geht zu Ende, und der nächste Probentag muß heiter beginnen, und einen Tag später war ich wieder heiter da. Bis es zu jenem Tag der Hutprobe kam.

Die Probe begann 11 Uhr. Ich hatte auf meiner Terrasse gefrühstückt, mir mit den erwähnten Waldhimbeeren eine Vitaminzufuhr eingebildet, den Blick auf die Festung genossen, dabei ein wenig Text gelernt, ich war guter Dinge und pünktlich im Theater. Probe mit Maria Wimmer und Bruno Ganz. Laut Regie und Stück mußte Frau Wimmer einen Hut in der Hand halten, um diesen dann als Mutter Volumnia ihrem Sohn Coriolan zu überreichen. Nachdem Frau Wimmer den Hut ein Weilchen in der Hand gehalten hatte, wollte sie den Hut mit einem Male nicht mehr halten. Bruno Ganz aber bestand darauf, die Regie schwieg. Die Szene wurde wiederholt. Frau Wimmer wollte den Hut nicht halten, Herr Ganz bestand darauf, die Regie schwieg. Die Szene wurde wiederholt. Frau Wimmer wollte ..., ich sagte: »Frau Wimmer, ich halte den Hut.«

Bruno Ganz schaute verblüfft, er hatte recht, ich hatte mit der Sache nichts zu tun, aber er schwieg, dafür hörte man jetzt die Regie, und diese rief: »Great!« Das sagte sie sehr oft, wie wir nun erfahren haben. Die Szene nahm ihren Fortlauf. Besser gesagt, ihre Wiederholungen. Ich *mit* Hut. Frau Wimmer *ohne* Hut. Ich hatte mich natürlich nicht als Hutträger angeboten, um Hutträger zu bleiben; ich spielte den Menenius Agrippa, einen berühmten römischen Feldherren; ich hatte es wirklich, ich schwöre das, für den Frieden getan! Ich bin Sachse, wir sind historisch friedliebend, wir haben noch nie einen Krieg gewonnen. Nicht in der ganzen deutschen Geschichte seit der Gründung des Heiligen Römischen Reiches Deutscher Nation im Jahre 800 nach Christi Geburt unter Karl dem Großen. Schlachten schon, Schlachten haben wir schon gewonnen, besonders unter Napoleon, aber eben niemals einen Krieg, und ich muß immer lachen, wenn ich höre, Leipzig wäre eine Heldenstadt. Ich bitte Sie, ich bin da geboren, ich muß das doch wissen. Aber vielleicht war Held, in dieser ganzen revolutionären Aufregung, damals, nur ein Druckfehler und es hatte Huld heißen sollen. Ja, eine Huldenstadt ist Leipzig schon. Die Messeonkels schwärmen seit der Gründung der Messen davon. Manch einer von ihnen hatte in Leipzig so viel Huld genossen, liest man, daß er sich danach in Behandlung begeben mußte. Hätte er geglaubt, was er hätte lesen können, wäre ihm das erspart geblieben. Aber wer lernt schon vom Lesen.

Zurück nach Österreich. Ich sagte also verbindlich lächelnd: »Ich möchte nun den Hut wieder zurückgeben.« Frau Wimmer schwieg, aber Frau Warner nicht mehr, sie ließ übersetzen: »O no, Esche with the hat is great.« Jetzt schwieg ich, und es war an mir, Verblüffung zu gucken. Frau Wimmer versuchte die Grade meiner Verblüffungsmöglichkeiten noch zu steigern. Sie bestätigte die Regie und meinen Hutdienst mit den erstaunlichen Worten: »Ich finde es wunderrrrbarrrrr, wie Herr Esch, so war doch Ihr Name?? mit dem Hut auftritt, und in der Art, wie er ihn hält.« Ich hatte gar keine Art, das Ding zu halten, ich hielt ihn nur auf Abruf, denn ich dachte, auch die Regie braucht eine Chance zum Eingreifen. Kaum dachte ich das, nahm sie die und wiederholte: »Mr. Esch with the hat is great«.

Jetzt wiederholte die junge Frau auch noch meine von der älteren Dame vorgegebene Namensänderung. Ein bißchen hatte ich jetzt die Schnauze voll, aber ich bezwang mich und wiederholte mit diesem sich langsam zum Überdruß steigernden verbindlichen Lächeln meine Abneigung, nicht gegen den Hut oder sonst irgend jemanden, sondern allein gegen die Tatsache, daß der neue Sachverhalt, den ich in unbedachter Weise selbst vorgeschlagen hatte, dem dramaturgisch begründeten Ideengehalt des Stückes widerspräche. Ganz zischte mir zu: Er hätte sich sowieso gewundert, daß ich mich freiwillig als Hutbote angeboten hätte. Ich murmelte verlegen zurück, weil ich Sachse wäre, das konnte er nun in dem Moment wirklich nicht verstehen und schaute mich auch so an.

Aber Frau Wimmer, die eigentliche Huthalterin, ließ den Vorwurf, sich am Stücke zu vergehen, nicht auf sich sitzen und verwies auf ihre langen Theatererfahrungen und daß sie wohl wisse, was in einem Stück vor sich ginge, aber daß man doch nicht immer am Alten hängen müsse, sondern auch dem Neuen aufgeschlossen gegenüberstehe, und das hätte sie besonders von einem Jungen aus dem Osten wohl erwartet.

Das kam nicht unerwartet, war aber stark. Sie hatte mich durch Themenwechsel, mit politischer Anspielung, in eine Ecke gesetzt, in der ich noch nie gestanden hatte und auch nicht die Absicht hege, mich jemals in diese zu legen. Also stellte ich die Grundsatzfrage: Der Hut ohne mich oder das Ganze ohne mich. Schweigen.

Unten und oben. Es war schon klar, solche Fragen sind nicht mehr von der Unterregie zu lösen, das einzige, was sie nun für möglich hielt, war, die Probe abzubrechen.

Und das hub sie an zu tun, da geschah das vollkommen Unerwartete: Kollege Ganz stellte sich auf meine Seite, indem er mit sehr scharfen Worten Frau Wimmer angriff. Und das tat er sehr lange und sehr heftig. Die arme Unterregie Frau Warner rutschte tiefer in ihren Stuhl und verfärbte sich.

Es war selten, daß ich Beistand von Kollegen erfuhr. Gut, Ganz verteidigte seine Rolle, aber damit auch mich, das ist doch in Ordnung. Frau Warner blieb im Zustande der Unentschlossenheit und brach die Probe ab. Ich lief zu meinen gemieteten Waldhimbeeren und war im Zustand der Weltpolitik, ich war ratlos.

Am nächsten Tag fiel die Probe aus. Am Abend rief der Regie-Assistent an und teilte mit, daß am nächsten Tag, 12 Uhr, eine Aussprache mit Stein und den Kollegen im Ballettsaal stattfände. Unter der Hand aber, und dem Siegel strengster Verschwiegenheit, er flüsterte durch das Telephon, als hätte ein vergangener oder noch seiender oder bald kommender Service das Hören, daß Stein die Proben selbst übernehmen würde. Das schien eine Lösung. Es befreite mich von meinem inzwischen gefaßten Abreiseplan. In der Nacht davor hatte ich alle mir nahestehenden Menschen erreicht, alle drei spendeten Trost, und ich hätte seelisch unbeschwert die Heimreise antreten können. Ein Vertragsbruch war es nicht, ich hatte den Vertrag nicht unterschrieben, so etwas tat ich nie, das hatte ich bei der DEFA gelernt, außerdem war es nur fair, dem Unternehmen Salzburger-Coriolan-Festspiel durch rechtzeitigen Abgang keinen Schaden zuzufügen. Erleichtert schlief ich ein, ich konnte bleiben.

Der Ballettsaal war wie alle Ballettsäle der Welt nicht klein, er hätte das zwanzigfache an Coriolan-Darstellern gefaßt, von denen aber bei weitem nicht alle erreicht worden waren, so daß wir gesellig in der Mitte des Raumes auf im Halbkreis gestellten Stühlen Platz fanden. Der Halbkreis fand sein unrundes Ende durch das Präsidium. Stein, Warner und der Assistent, der Flüsterer der vergangenen Nacht, der jetzt als Dolmetscher fungierte, saßen uns gegenüber. Stein eröffnete mit einem sachlichen Vortrag über die Funktion des Festspielgeschäftes, verwies auf die Tatsache, daß schon weit vor Probenbeginn die Inszenierung ausverkauft gewesen sei und nannte die Summe der daraus erzielten Einnahmen. Er streifte die Motivation der Beteiligten, wobei er meines Erachtens die Schauspieler meinte, und führte den Begriff Geldgier an. Daran anschließend sprach er von der neuen Situation der deutschen Einheit.

Dann sprach Deborah Warner. Sie sprach von der Eigenheit der deutschen Schauspieler, sich abhängig vom Regisseur zu machen, und stellte ihre Arbeitsweise gegenüber, dem Schauspieler alle Freiheiten zu lassen, um schließlich am Ende die daraus zu ziehenden Vorteile in der Premiere sehen zu lassen. Sie hielt die Darlegung ihrer Theorie für neu, und sie stellte sie uns eindringlich und warmherzig vor.

Dann sprach wieder Stein, er blieb auf Distanz zur Theorie seines Schützlings, streifte die Pferdefrage mit leichter Ironie und deutete bei aller Toleranz einen kleinen Zweifel über die Anzahl der Gäule an. Dann sprach er über den Hut und sagte, daß nach erneutem konzeptionellen Nachdenken der Schluß zu ziehen sei, daß Esche den Hut nicht tragen könne. Dann lobte er Deborah Warners englische Inszenierung vom »Coriolan«, die er gesehen hätte und die der Grund gewesen sei, diese hochbegabte junge Regisseurin nach Salzburg zu laden. Herr Stein endete mit der Frage, ob noch jemand Fragen hätte. Schweigen. Stein hatte nichts von einer möglichen Übernahme der Regie gesagt. Stein schloß die Versammlung. Ich sah mich gezwungen, dieses zu verhindern, und hielt eine kleine Rede, indem ich mich an den Flüsterer wandte, um Deborah Warner zu übersetzen, daß ich sie bewundere, einmal wegen des Mutes, diesen Shakespeare zu inszenieren, und zum anderen trotz ihrer Jugend ewige Fragen der Schauspielkunst, auch der deutschen, aufs neue anzugehen. Ich, leider, wäre ein alter Herr, dem diese Fragen dummerweise öfter schon begegnet wären und der, abgesehen, daß er sie in dieser Gegenüberstellung in der gegebenen Situation für überhaupt nicht relevant hielte, in seiner verkalkten Voreingenommenheit zugunsten der althergebrachten Technik der Schauspielkunst verharren würde und so leider zu dem Schlusse kommen müsse, daß zwischen uns der Zustand der Unvereinbarkeit hergestellt wäre. Dann wendete ich mich zum Stein, dem ich nun ohne Übersetzungshilfe dankte für die Freundlichkeit, mich für die Rolle zu fragen, als auch für die konzeptionelle Sicht in der Hutfrage, aber dennoch auf meinem Schluß der Unvereinbarkeit beharren müsse. Ich streifte die von ihm gestriffen Fragen der deutschen Einheit und führte meine Erfahrungen an, die ich 3 Jahre nach dem Anschluß im Osten wie auch im Westen gemacht hätte, die darin bestünden, daß ich in den deutschen Gesichtern, auf dieses Thema angesprochen, mehr Haß als Liebe glaubte gefunden zu haben, also auch hier der Tatbestand der Unvereinbarkeit sich darböte. Dann sprach ich noch einmal zu Frau Warner und ließ ihr übersetzen, daß ich ihre Kraft bewundern würde und sie bitte, der Angemessenheit meines Alters das Kompliment zu gestatten, daß sie sehr schöne Augen habe, und meine Unbelehrbarkeit in Freundlichkeit aufzunehmen und von der Besetzung Esche-Menenius Agrippa Abstand zu nehmen.

Es war keine gute Rede, sie war natürlich nicht vorbereitet, war ich schließlich derjenige gewesen, der überrascht worden war; war ich mal wieder einer Hintergrundinformation aufgesessen, nämlich daß in diesem Falle Stein wieder Regisseur werden würde. Auch gebe ich die Rede in der Erinnerung wieder, was sie nicht besser macht. Dennoch, sie hatte die beabsichtigte Wirkung: Stein schloß die Versammlung mit der Bemerkung, daß er meinen Entschluß zur Kenntnis genommen habe. Er verließ den Raum. Nach ihm die anderen. Ich blieb noch einen Moment sitzen, neben mir saß Ganz, er schwieg.

Ich stand auf, um zu gehen, wandte mich zu ihm zurück. Er saß, so schien es mir, merkwürdig versteinert auf seinem Stuhl. Ich bedankte mich noch einmal für seine Solidarität, bedauerte meinen Abgang und versuchte dennoch, meiner Freude Ausdruck zu geben; er unterbrach und fragte: »Welcher Freude?« Ich antwortete, ihm begegnet zu sein. Er gab keine Antwort, er schien noch mehr in sich zurückzukriechen. Ich verließ den Ballettsaal. Hinter der Tür stand der Kollege 1, er drückte mir die Hand, schaute mir in die Augen und sagte: »Sie haben eine wundervolle Rede gehalten.« Das kam unerwartet. 1 war schon die Treppe hinuntergelaufen, als ich ihm in meiner Verwirrung noch nachrufen konnte: »Ach Gott, die Rede war schlecht.« Beßres fiel mir nicht ein. Da wollte ich ihm nachlaufen. Da hielt mich Kollege 2 auf, er umarmte mich, er schlug mir mit seinen Sportlertatzen anhaltend auf den Rücken und wiederholte mit jedem Schlag: »War gut, war gut ...!«

Ungeschickt wackelten wir zwei, jeder ein Bein auf der oberen Stufe, ein Bein auf der unteren Stufe, nicht ungefährdet, auf der steinigen Treppe.

Kollege 3, welcher an der wackelnden Gefahrenzone vorbei ein paar Stufen tiefer geschritten war, blieb plötzlich auf dem nächsten Treppenabsatz stehen, drehte sich zu uns zurück, hob beide Arme und wiederholte mehrere Male: »Was wollen Sie, ich bin Opportunist! Ich bin Opportunist!«

Ich rief ihm nach: »Ich doch auch, ich doch auch, ich habe bloß so enge Grenzen.« Dann stand ich allein auf der Treppe, immer noch ein Bein oben, ein Bein unten, wie mich der Kollege 2 hinterlassen hatte. Ich stand in großer Verwirrung. Ich hatte in meinem Theaterleben gelernt, Angriffe besser auszuhalten als Beistand. Das Unerwartete des Beistands macht die Knie weich. Am liebsten wäre ich in Salzburg geblieben.

Ich ziehe aus diesem Ereignis keine falschen Schlüsse. Der verhinderte Treppensturz ist ein sehr schönes, aber kurzes und romantisches Vorkommnis. Die vorher herrschende Fremdheit ist die zunehmende Realität. Eine Beinah-Treppenschwalbe ist auch kein Beinah-Sommer. Trotzdem: Es ist passiert, und darüber bin ich nicht unfroh. Wenn ich einen Schluß ziehen müßte, dann wäre es dieser:
Ich hatte 3 Jahre Zeit gehabt, um die für uns DDR-Bürger neuen Abhängigkeiten der Schauspieler kennenzulernen. Das so nicht Gekannte war mir bekannt geworden. Und täglich lernt man dazu, ohne sich dadurch zu verbessern. Auch das ist neu.
Ich kann immer nur lächeln, wenn ein Außenstehender, der einmal kurz in den Theaterbetrieb guckt, mir seine ehrliche Verwunderung ausdrückt, wieso sich Schauspieler soviel gefallen lassen. Ich kann dann immer nur antworten, weil sie arbeiten wollen und Angst haben, daß man sie daran hindern kann. Und diese Angst ist sehr berechtigt. Das mag der Grund sein, weshalb ich auf meiner kurzen Phase der Käuflichkeit bestehe.

Alles was folgte, ist kurz erzählt. So kurz wie das eisige Trennungsgespräch mit Stein. Dafür schrieb mir Deborah

Warner einen warmherzigen Brief. Dann war ich wieder in Berlin.

Kleine Schlußpointe: Noch einmal war ich zu meinem Theater, dem Deutschen Theater, zurückgekehrt. Es war weit über 3 Jahrzehnte hinaus und viele schwache Intendanten hinweg ein Inhalt meines Lebens gewesen. Der amtierende Intendant des Deutschen Theaters, Thomas Langhoff, hatte von meiner teuren Reise mit Rückkehr gehört, einer Reise, die mir Geld hätte bringen sollen und nun statt dessen kostete; er hatte sich bei Stein auch versichert, daß es so abgelaufen war, sagte mir eines trüben Tages in der von ihm gelifteten Kantine: »Für jeden deutschen Schauspieler ist Salzburg das Ziel, das er einmal im Leben erreichen will, und nur einen kenne ich, der darauf scheißt, und der ausgerechnet muß an meinem Theater sein.«

Vorläufige Schlußbemerkung: Viele Gerüchte laufen durch die Berliner Theater. Das Jahr 1997 beginnt, und schon hat sich ein neues dazu gesellt. Es heißt, ehemalige Ostschauspieler will man nicht zu oft mehr in den Medien sehen. Ein Gerücht kann heutzutage gar nicht albern genug sein, um es nicht doch wenigstens auf den Grad seiner Albernheit hin einmal kurz in Betracht zu ziehen. Das lehren die jüngsten Erfahrungen. Ich glaub's ja trotzdem nicht. Ist dem aber so, fällt mir ein Gespräch ein, das ich 1990 mit einem niedersächsischen Publizisten hatte, der es mit der DDR gut meinte. Er sagte: »Die Wessis machen alles falsch, was sie nur falsch machen können.«

Ich antwortete: »Sie machen alles richtig!«

DIE ENTDECKUNG.

Im Juni 1998 widerfuhr mir eine ungewohnte Ehre. Ich wurde gefragt, ob ich ein Jury-Mitglied werden wolle. In Schwerin, zu einem Filmkunstfestival. Ich sagte zu und reiste hin.

17 Filme standen zur Beurteilung, einer von diesen war zum Hauptpreis zu küren. Das war der Grund, weshalb ich mir alle 17 ansehen mußte. Am Abend vor der Preisverleihung trat die Jury zusammen, und so lernten sich ihre Mitglieder kennen. Die Woche bis dahin hatte man in dunklen Kinos zugebracht und war so verhindert, sich zu sehen. Zwei von ihnen kannte ich bereits, wenn auch nur flüchtig, den Juryvorsitzenden Christoph Hein, den Dichter, und die Filmregisseurin Helke Misselwitz, beide, wie man weiß, aus dem Osten. Die anderen zweie aus dem Westen lernte ich nun kennen, von denen der eine ein Fernsehdirektor war und der andere ein Filmregisseur und Produzent.

Die hohe Qualität dieser Gruppe erwies sich in kürzestem Zeitraum. In einer knappen Stunde hatten wir 15 Filme ausgesondert, und zwei Filme blieben übrig, als potentielle Anwärter für den Schweriner Filmkunstfestivalhauptpreis.

Nicht, daß die zwei außergewöhnlich gut waren, aber die 15 anderen machten es uns so leicht. Ich glaube schon, daß damit Schwerin einen europäischen Rekord in Bezug auf Kürze der Wahrheitsfindung hätte erreichen können. Jetzt galt es nur noch aus den zweien den einen zu finden. Möglichst ebenso rasch.

Christoph Hein machte das ganz korrekt, er ließ geheim abstimmen. Das heißt, er hatte Wahlformulare vorbereitet, die verteilte er an uns, wir füllten ganz geheim, also unter so einer Art lächelnd vorgehaltener Hand, die Scheine aus und gaben sie mit ernstem Antlitz, hinter welchem sich ein verschämtes Lächeln ohne Mühe verbarg, zurück. Unser Vorsitzender prüfte sie und gab die einzelnen Entscheidungen bekannt, natürlich ohne Namensnennung. Es war ja, wie gesagt, eine Geheime Abstimmung. Zwei von uns hatten sich für den einen Film und zwei von uns für den anderen Film entschieden. Da wir aber fünf waren, zeigte es sich, daß die Wahlbeteiligung unter 100% lag. Von Filmverdrossenheit konnte aber bei dem Wahlignoranten nicht die Rede sein, denn es war der Fernsehdirektor.

Er meldete sich sofort und freiwillig, und er nannte mit einer sowohl gewinnenden als auch entschuldigenden Melange von Lächeln den Grund für sein Fernbleiben vom Wahlvorgang: Er hätte nämlich für den einen Film das Geld gegeben, und den anderen hätte er nicht gesehen. Das leuchtete jedem ein, und so wurde noch einmal gewählt, da es, wie angedeutet, 2 zu 2 stand, und es hätte schon 4 zu 0 oder wenigstens 3 zu 1 stehen müssen, wenn man den Fernsehdirektor außerhalb läßt, was keiner wollte, nur er selbst, damit am nächsten Abend der Hauptpreis vergeben werden konnte. Die Wahlwiederholung fand statt, wieder unter lächelnd vorgehaltener Hand, denn wir saßen schließlich nebeneinander an einem ovalen Tisch in einem mäßig gelüfteten Raum eines ehemaligen Interhotels, schon immer am Bahnhof gelegen und schon immer ab 21 Uhr mit dem international auffallenden Küchenschluß gesegnet. Heute aber machte das Hotel generös eine Ausnahme, immer mal kam jemand rein und brachte ein bis zwei Häppchen, schließlich war Filmkunstfestival. Also Ausnahmezustand für das Schweriner Hotelgewerbe. Nicht aber bei der Wahl.

Der Vorsitzende, Herr Hein, nahm unsere erneute Wahlbeteiligung entgegen, musterte sie ernsthaft und gab in seiner milden Art das Ergebnis bekannt: 2 zu 2.

Nun, es war erst eine reichliche Stunde vergangen, halb acht hatten wir begonnen, in einem Stündchen, so dachte sicherlich nicht nur ich, haben wir den Gewinner, und einigen mußten wir uns. Denn wir hatten die Auflage bekommen, nicht zwei Preise zu vergeben. Wir waren nicht in Berlin, wir waren in Schwerin. Nicht nur diese Tatsache hatte dem eifrigen Festivalkomitee schon genügend Mühe gemacht, auch die 14 000 Mark für den Hauptpreis zusammenzubetteln war kein Bimbes. Und so ein Festival kostet was. Uns zahlten sie ja auch etwas: die Fahrtkosten, dann Spesen von 1 000 Mark (naja, für eine Woche, schließlich mußten wir uns ja 17 Filme ansehen) und die Zimmer in dem feinen Interhotel am Schweriner Bahnhof. Also schlug unser Vorsitzender ein Päuschen vor. Dankbar standen wir auf, verließen den stickig gewordenen Raum und bildeten in den wenigen Gängen des Hotels verschiedene Grüppchen.

Auf der Toilette traf ich mit Hein zusammen. Trotz geheimer Abstimmung konnte es bei 4 an der Wahl teilnehmenden Wählern nicht entgangen sein, wer wen gewählt hatte, und ich sagte zu Hein, ich fürchte, hier geht es um eine Ost-West Begegnung. Ich meinte damit natürlich nicht die Toilette, sondern die Wahl. Hein lächelte freundliche Verneinung, und kurz darauf fanden wir uns im Versammlungsraume wieder.

Der Fernsehdirektor bat um das Wort. Er sagte, er wolle sich nach wie vor nicht an der Abstimmung beteiligen, er fände das nicht fair, aus den oben genannten Gründen, er gäbe aber zu bedenken, daß die von ihm finanzierte Produktion einem Fernsehpublikum besser anstehen würde als der von ihm noch nicht gesehene Film (er sagte nicht, daß er hierbei ein wenig log, denn gesehen hatte er den Film schon, nur wurde er beobachtet, wie er den Saal noch vor Filmende verlassen hatte; das sprach sich natürlich, während der Päuschen, unter der Jury rum, aber jeder von uns war viel zu höflich, um auf diesem Punkt zu insistieren), und er schlüge vor, so fuhr der Fernsehdirektor fort, daß die Jurymitglieder, dieses überdenkend, sicherlich zu einer alle Beteiligten befriedigenden Lösung kommen würden.

Der Fernsehdirektor war ein Mann mittleren Alters, unauffällig gut gekleidet, mittlerer Größe. Er hatte wache Augen, die zuweilen aus dem verhalten freundlichem Gesicht scharfe Blicke durch die randlose Brille verteilen konnten. Davon unbeeindruckt, fragte der Vorsitzende, ob sich der Herr Direktor nicht doch an der Abstimmung beteiligen wolle, das schließlich würde, da er bei einer erneuten Wahl das gleiche Ergebnis befürchte, die Abstimmung zu einem eindeutigen Ergebnis bringen.

Der Direktor lehnte freundlich lächelnd ab und bat den Vorsitzenden doch die Abstimmung zu wiederholen, schließlich hätte er seine Meinung gesagt. Alle spürten die Bedeutung, die in den Worten des Fernsehdirektors lag. Der Vorsitzende wiederholte. Sein Vorrat an vorbereiteten Wahlformularen schien unerschöpflich. Geduldig füllten wir aus. Jeder das, was er schon immer gewählt hatte. Mein Nachbar zur Rechten, der Filmregisseur und Produzent, stimmte für den Film »Die Siebtelbauern«, mein Visavis, Frau Misselwitz, ebenfalls, ihr Nachbar, mein direktes Gegenüber, der Fernsehdirektor, hielt sich, das wissen wir bereits, raus, und mein linker Nachbar, der Vorsitzende, und natürlich ich, stimmten zum wiederholten Male für den Film von Andreas Dresen »Raus aus der Haut«.

Jetzt aber wird es Zeit, die beiden Filme zu erzählen, in Kurzfassung, versteht sich. »Die Siebtelbauern«, ein österreichischer Film, erzählte, wie ein verstorbener Bauer testamentarisch seine Knechte und Mägde zu den Erben des Hofes macht. Die Handlung spielt im vorigen Jahrhundert und ist vom Thema her und vom Spiel der Darsteller, wenigstens zum Teil, ein ungewöhnlicher Beitrag. Der Plot hat eine politische Brisanz, welche die meisten der gesehenen Filme nicht andeutungsweise aufwiesen. Ich dachte beim Ansehen des Films an Heinrich Heines Reise nach Helgoland. Auf der Insel erfährt er 1830 von der Pariser Revolution. Heine geht sofort auf ein Schiff, setzt nach Frankreich über und jubelt: »Die kleinen Leute haben gesiegt, die kleinen Leute haben gesiegt.« Er erreicht Paris, und die kleinen Leute hatten den Sieg schon wieder verschenkt. So auch im Film. Die kleinen Leute bekamen den Hof und hatten ihn in kurzer Zeit wieder verloren.

Ich war sehr beeindruckt und fand die Wahl meines Nachbarn, des Produzenten, und Helke Misselwitz' eine richtige Wahl.

Warum gab ich dann dem Film von Dresen den Vorrang? »Raus aus der Haut« spielte auf einer Oberschule der DDR. Der Schuldirektor, sehr gut von Otto Mellies als strenge, dogmatische Erscheinung dargestellt, erwischt zwei vor dem Abitur stehende junge Menschen, einen Jungen und ein Mädchen, mit einer Westzeitung unter der Schulbank. Diese fürchten, nicht zum Studium empfohlen zu werden und kidnappen den Schuldirektor. Die Idee zum Kidnapping entnehmen sie dem Westfernsehen, in welchem gerade die

Schleyer-Entführung gesendet wird. Der entführte Schuldirektor wird in Omas Häuschen deponiert, nach der Schulprüfung wieder freigelassen, von der verwaisten Schulleitung erst als vermißt gemeldet und nun nach Wiedererscheinung nur mit Mühe wahrgenommen und, da er über seine Entführer schweigt und niemandem eine plausible Begründung für sein Verschwinden und Wiederauftauchen einfällt, vom Schuldienst suspendiert. Der Schuldirektor bringt sich um.

Mir erzählte dieser Film, daß zum einen anarchistische Taten, wie bei der Schleyer-Entführung geschehen, kleinbürgerlicher Unsinn sind, denn man beseitigt kein System, wenn man einen Repräsentanten desselben ermordet, und zum anderen, daß die DDR unter einem gefährlichen Infekt litt, sie strebte im Laufe ihrer Entwicklung zunehmend danach, den Westen in zu vielen Dingen nachzuäffen. Bis in die Schulen hinein. Wie wir an dieser Entführung ein hübsches Beispiel finden. Des Schuldirektors Strenge bekommt so ein anderes Gewicht, und seine Fairneß, seinen Entführern schlimmere Folgen zu ersparen, indem er ihre Namen verschweigt, zeigt ihn als Charakter. Ein Charakter war aber eine Seltenheit, auch unter DDR-Bedingungen. Und so wurde für mich der Schuldirektor zur Hauptrolle. Was aber das Seltene gesamtdeutscher Bedingungen betraf: Der Film von Andreas Dresen war mit leichter Hand gemacht. Am ernsten Gegenstand wurde Komik abgehandelt. Nun, wenn das nicht eine deutsche Qualität ist.

So also der Inhalt der beiden Filme. Und so die Begründung meiner Wahl. Und so stand es wieder 2 zu 2. Eine lächelnde Ratlosigkeit kroch über den ovalen Tisch in der stickigen Luft des niedrigen Zimmers in dem popligen Hotel am kleinen Bahnhof in der schönen Stadt Schwerin. Wieder hielt der Fernsehdirektor eine Rede. Diese war nun eindeutig an Hein und mich adressiert, und obwohl sie nicht dringlicher als die erste vorgetragen wurde, Dringlichkeit im Ausdruck des Vortrags entsprach nicht der Wesensart dieses kultivierten Mannes, war dem kalten Glanz seiner Augen unverkennbar anzumerken, daß der Fernsehdirektor mehr Gewicht in ihr wähnte.

Hein und ich blieben unbeschwert, unbeeindruckt. Man schlug ein Pause vor, damit jeder noch einmal seinen Entschluß überprüfen möge, um dann wieder beieinander und erneut in den Wahlvorgang zu treten, schließlich müsse man, so hieß es, auch der wartenden Presse ein Ergebnis mitteilen. Wir machten Pause.

Christoph Hein und ich hatten keinerlei Absprachen miteinander getroffen. Weder davor, noch mittendrin und nicht danach. Ich kannte ihn, wie gesagt, nur flüchtig und ich gestehe, ich war ihm schon ein wenig gram, schließlich war er es gewesen, der einst die Messestadt Leipzig zur Heldenstadt umbenannt hatte. Eine städtische Charakterverschiebung, die dem Dichter Hein noch lange als toter Vogel in der Hose kleben wird. Ich meine, ich bin ein Leipziger, und so kann man nicht mit einem umgehen. Leipzig will schließlich weiterleben und wie schon seit Jahrhunderten Geschäfte machen. Für Leipzig gilt, in einer Abwandlung des Stalin-Zitates: »Die Helden kommen und gehn, aber die Geschäfte bleiben bestehn.« Das würden selbst die Niedersachsen einsehen, die ja auch eine Messestadt haben und seit Heinrich dem Löwen ihre Helden in andere Städte schicken. Unverständlicherweise bis heute. Ob das Helden sind, wird sich noch durch den bekannten Heldentest herausstellen: Helden leben nicht lange. Nein, ich war Hein gram, und Absprachen hatten wir keine. Wir dachten nur gleich, zumindest in der

Wahlphase, und nun sagte er mir in der Pause: »Es ist eine Ost-West Begegnung.« Ich nickte. Wir gingen wieder rein. Wir wählten wieder. Wieder das gleiche Ergebnis. Wieder eine Rede des Fernsehdirektors. Wieder eine Wahl –.

Da war es halb zwei in der Nacht. Der Fernsehdirektor, der während des Abends wiederholt sein Funktelephon benutzt hatte, schlug vor, sich eine Kassette des Dresenfilms kommen zu lassen und sie heute nacht noch anzusehen. Ich bot ihm an, lieber zu schlafen, da er ja bis heute früh gewiß nicht seine Meinung geändert haben würde. Lächelnd sagte der Fernsehdirektor: »Das können Sie nicht wissen.« Damit hatte er recht. Die Jury trat auseinander.

Am nächsten Mittag trat sie wieder zusammen. Sie wählte. Das Ergebnis: 3 zu 2. Der Fernsehdirektor hatte für die Siebtelbauern gestimmt. Der Filmregisseur und Produzent auch. Der Hein und ich wie gehabt, doch hatten wir Gesellschaft bekommen. Die Misselwitz war die dritte Stimme. Der Dresenfilm hatte gesiegt. Mir wurde übel. Mein erster Gedanke war: Warum versucht die Misselwitz, ihre Karriere zu zerstören? Sie ist Dokumentarfilmerin. Ein Genre, welches unter heutigen Umständen nicht mehr so recht finanziert wird. Die Jungs und die Mädchen aus der Berliner Otto-Nuschke-Straße hatten im DEFA-Dokumentarfilmstudio ihr Brot und ihre Arbeit und viel Zeit zum Räsonieren gehabt. Das ist vorbei. Und nun stehen sie vor der platten Existenzfrage. Neben ihr sitzt der Fernsehdirektor. Man ist doch nicht gleich ein schlechter Mensch, wenn man die Wahrheit ein Weilchen für sich behält. Bisher hatte sie richtig gelegen. So viel ist so ein Filmpreis auch nicht wert. Und Patriotismus? So eine Art Ostsolidarität? Na, ich weiß nicht, an die glaubt ja noch nicht einmal die PDS so recht. Sonst täte sie doch nicht den alten DDR-Fehler wiederholen, immer geradeaus nach dem Westen zu schielen.

Die Herren Verlierer, der Fernsehdirektor und der Filmregisseur und Produzent, saßen versteinert. Der Filmregisseur und Produzent sagte zur Misselwitz gewandt: »Warum?« Obwohl ich diese Frage, wie gerade geschildert, ebenfalls gestellt hatte, wenn auch stumm, hatte der neue Fragesteller doch einen anderen Grund, sie laut zu stellen. Ich spürte im Kern seiner Frage eine Ungehörigkeit. Ich jedenfalls habe noch nie einen Menschen gefragt, warum er CDU oder SPD oder PDS wählt oder warum er überhaupt wählen geht. Andererseits muß ich mein Wundern gestehen, daß ich wiederum sehr oft gefragt werde, weshalb *ich* nicht wählen gehe, merkwürdigerweise werde ich dieses erst seit 1990 gefragt, obwohl ich nie ein Hehl daraus gemacht habe, daß ich schon viel länger nicht zu Wahlen gehe. Ich würde schon gerne gehen, aber ich habe die Erfahrung gemacht, daß man danach hat zahlen müssen, und das halte ich für die verkehrte Welt. Zur Wahl geht man doch, weil man sich Verbesserung ausrechnet, also etwas rausbekommt. Oder liege ich da falsch? Ich jedenfalls habe verstanden, daß der einzige Vorwurf, den die Westler uns Ostlern machen, daß wir nicht rechnen könnten, richtig ist. Jetzt will ich also das, was ich nicht gelernt habe, nachholen, und das darf man mir nicht vorwerfen.

Da war das Filmkunstfestival wirklich besser, da bekam ich tausend Mark für das Wählen und die Hoffnung auf den Weg, daß für das nächste Mal eine bessere Unterkunft besorgt werden würde. So gesehen hatte sich die Wahl in Schwerin gelohnt, wenn nur nicht, nach vollzogenem Akt, einer diese ungehörige Frage »Warum« in den Raum gestellt hätte. Da klebte sie nun in der schon wieder stickigen Luft des noch immer popligen Hotels, und draußen tutete ein Zug und drinnen versprühte eine ungesunde Spannung. Hein spürte das ebenfalls sofort, stand verlegen auf, blieb einen Moment gebeugt stehen und entschuldigte dann sein Nichtbleibenkönnen, er müsse noch die Rede für heute abend vorbereiten. Er hatte recht und ging.

Zurück blieben 3 Männer und eine Frau. Zwei der Männer lösten sich langsam aus ihrer Versteinerung und begannen die Frau auszufragen, erst sanft, dann immer noch sanft. Die Frau schwieg. Die Männerfragen wiederholten sich, sie begannen sich der sanft verhüllenden Verpackung ihrer Fragen zu entledigen und stellten sie dringlicher: »Sie haben doch gestern noch ...« – »Wie können Sie ...« – »Was ist Ihr Grund?«. Ich schob mich dazwischen: »So eine Wahl wäre ja deshalb auch eine Wahl, weil eine Sinnesänderung ...« Die Männer hörten mir zu, bis ich fertig war und wendeten sich dann sofort wieder der Frau zu. Ihre Fragen blieben die gleichen. Nur ihre Fassungslosigkeit machte ihre Stimmen höher und den Ton spitzer. Ich spielte den Ritter der schönen Argumente: »Meine Herren, wenn man Schwäche zeigt, zeigt man Stärke, weil man Lernfähigkeit beweist. Das verlangt keine Verurteilung, sondern Achtung.«

Die Herren ließen den Ritter wieder ausreden und hackten dann weiter. Die Frau schwieg. Ich versuchte es noch einmal mit Versöhnung, die klappte natürlich wieder nicht, da kriegte ich aus dem Stand die Wut, und ich hörte mich sagen: »Meine Herren, sie überschreiten die Grenzen meiner Geduld«, und unterdrückte, Gott sei Dank, was mir schon in den Augen und in den Fäusten lag: »Hören Sie auf, sonst haue ich Sie in die Fresse.«

Dummerweise kann ich so etwas. Und bin nicht stolz darauf, daß ich so etwas kann. Denn lieber wäre mir, ich wäre nicht in Situationen geraten, an deren Beginn des Ablaufs ich unschuldig war, jedoch nicht an ihrem Ausgang. Bleich verließ ich den Raum.

Kurz darauf bedankte sich Frau Misselwitz bei mir und versicherte, man hätte sie danach in Ruhe gelassen. Mir war noch immer schlecht. Was war mir da geschehen? Wir hatten doch gewonnen. Unser Kandidat war durchgekommen. Also ein Sieg! Das war es! Zu lange hatte ich mich ans Verlieren gewöhnt. Nicht an das Siegen. Daß die Großdeutschen nicht verlieren können, zeigt jede Fußballweltmeisterschaft. Das weiß man. Das ist nichts Neues. Was war das Neue, an das mein Magen sich nicht gewöhnen wollte? Ich war das Siegen nicht gewöhnt! Das war es. Das war die *Entdeckung.* Die Niederlagen zu *ertragen,* das hatte mich im Laufe der Zeiten die Leichtigkeit, die Heiterkeit gelehrt, Lebenserfahrungen geschaffen, die permanente Tagessieger so nicht lernen können, und sie hatten mich den Mut gelehrt, die nächste Niederlage unverdrossen anzugehen. Siegen ist was für kommende Generationen. Nicht für unsereinen. Und nun kriegt man einen Sieg. Geschenkt: Quasi über Nacht, und der Magen blubbert.

Nun, ich mache es kurz. Da ich in Niederlagen so gut trainiert zu sein vorgebe, bin ich den Nachweis schuldig, wie ich das mit den Siegen schaffe. Ich meine, mit dem hier geschilderten. Ich schaffte es: Ich überlegte (so was habe ich früher auch selten getan), und dann fiel mir ein mir vorzustellen, wie sich unsere Jurypartner bei ihrem Sieg, wenn sie ihn denn gekriegt hätten, verhalten hätten? Die Antwort bekam ich ohne Überlegung. Ganz einfach, Sie wären auf einen zugekommen, hätten einen auf die Schulter geklopft und gesagt: »Na, war gut mit uns!« Das hätten sie fairerweise mit uns gemacht. Das machte ich nun auch mit ihnen.

Der Fernsehdirektor war sofort nach der Preisverleihung unsichtbar geworden. Der Dresen und seine Mannschaft freuten sich wie die Kinder und über die Maßen über die kleine Summe und die hohe Ehre, und ich ging zu dem Filmregisseur und Produzenten, klopfte ihm auf die Schulter und sagte: »Na? War doch gut mit uns.«

EINE NACHBARLICHE UNTERHALTUNG.

Im Jahre 1997 war der August heiß und trocken in der Mark Brandenburg. Ich nahm den Gartenschlauch, trat vor das Tor und tränkte ein Bäumchen. Es war eine neu gepflanzte Ahorn-Esche. Gegenüber, an des Nachbarn Scheune, arbeitete ein Mann. Als er mich sah, lockte sein Lächeln zu einer landesüblichen Sitte, er war einem Päuschen zugeneigt. Darauf reagierte ich landesüblich und ließ den Hauch eines Solidaritätslächelns über mein verschwitztes Antlitz huschen. Er akzeptierte und verließ sein Werk. Er trat zum Zaun und begann ein Gespräch. Der Mann hatte Mittelgröße, einen schmalen Kopf, blöndliches Haar, war etwa 55 Jahre alt und hatte wache, nicht unfreundliche Augen. Er eröffnete das Gespräch mit der Wahrheit des Tages:

»Es ist janz schön heiß heute.«

Sein g war ein j. Das will sagen, er sagte nicht ganz, sondern janz. Das ist im Preußischen üblich, doch war sein a mehr ein o. Das ist im Preußischen weniger üblich. Also kam er aus jenem Teile Sachsens, in welchem Preußen sich einst als Besatzungsmacht zeitweilig aufgehalten hatte, er kam aus dem Anhaltinischen. Das ist so eine Art Berliner Sächsisch und wird im Hallischen und Magdeburgischen gesprochen. In dieser Sprache erklärte er seine landesübliche Neigung zum Päuschen mit einem Blick zur Sonne:

»Da schaffst du höchstens einen halben Kubik am Tag.«

Mit Kubik meinte er Meter, und die Meter meinten die Feldsteine, die er zum Restaurieren der märkischen Feldsteinscheune handhabte. Daß er mich duzte, sollte nicht bedeuten, daß ich ihm zur Hand gehen sollte, es erklärte sich auch nicht aus der modischen Unart der Jedermanns, jeden zu duzen und jedem ein Tschüß hinterherzurufen; die falsche Maske, mit der man in jedem Bäckerladen, damit man eine tote Semmel mehr kauft, vom Verkaufspersonal drangsaliert wird, als wären wir alle Republikaner in der Tschüß-Republik. Nein, es erklärte sich aus dem Ursprung der Unart: Er hielt mich, mit meinem Gartenschlauch in der Hand, für einen arbeitenden Kollegen. Ich fühlte mich geehrt. Er deutete hinter mich und sagte:

»Da wohnt der Schauspieler Esche.«

Ich nickte und hielt den Strahl des Schlauches unbeirrt auf meinen jungen Baum gerichtet.

Er fuhr fort:

»Der wird auch älter geworden sein.«

Das ließ ich offen und schwenkte statt dessen unentschieden den Kopf zwischen ihm und dem Schlauch, er nickte dazu:

»Ich kenne die alle vom Berliner Ensemble. Ich kenn die alle, die Schauspieler. Auch den Kaiser. Den Wolf Kaiser. Den habe ich bewundert. Sein Meister Falk war große

Klasse. Lange her. Und nun ist er tot. Und wenn ich darüber nachdenke, wie er gestorben ist, muß ich auch sagen, ich möchte mich nicht in seine Lage versetzen, aber ich verstehe ihn. Es ist nicht einfach für einen Mann, sich selbst aus dem Fenster zu werfen. Und daß er das getan hat – das ist schade, denn der Mann war gut. So etwas kann man nur von der Zeit her begreifen. Naja, das ist eben die Marktwirtschaft.«

Mein Baum hatte genügend Wasser geschluckt, es wurde Zeit, den Hahn abzudrehen, da hörte ich ihn sagen:

»Ich finde den Esche ...«

Er unterbrach sich, ich blickte hoch, seine Augen forschten, wie stehst du zu deinem Arbeitgeber. Ich verharrte im neutralen Gestus. Er bemerkte es und suchte eine ebenfalls neutrale Fortsetzung der angefangenen Charakterisierung, er war offensichtlich anpassungsfähig, und beendete den Satz, zögerlich bestimmt und doch nach allen Seiten offen, mit:

»... sympathisch!«

Ich hielt den Strahl des Gartenschlauches schon auf den weiteren Umkreis des Eschen-Ahorns, dahin, wo noch gar keine Wurzeln sein konnten, gerichtet, konnte dennoch nicht verhindern, daß meine Augen etwas Glanz bekamen. Er wiederum verstand, daß ich meinem Arbeitgeber gegenüber zumindest nicht feindlich gesinnt war, und setzte das Gespräch mit der halben Wahrheit des ausgehenden 20. Jahrhunderts fort:

»Es sind schon komische Zeiten.«

Da es sich nun nicht mehr um mich handelte, gab ich das neutrale Getue auf und bestätigte mit: »Das kann man wohl sagen.«

So gelang es uns, in ein Gespräch zu kommen. Er begann:

»Jetzt habe ich ne Baufirma in Berlin, bin also Unternehmer, aber arbeiten tue ich hier schwarz, sonst komme ich nicht auf meine Kosten.«

Er lächelte in den Himmel. Dazu ließ er sich Zeit. Dann wiederholte er:

»Naja, das ist eben die Marktwirtschaft.«

Angenehm kalt umspülte das Wasser meine Füße, einsam ragte das Bäumchen aus einem See. In diese Sommerpause hinein hörte ich ihn sagen:

»Ich mit meiner Gutmütigkeit. Das ist die Epoche der harten Bandagen. Da steht dir einer gegenüber, du denkst, er lächelt noch, da liegst du schon längst flach auf der Schnauze. Zweimal haben die mir schon in die Knie getreten, aber unten bleiben kommt für mich nicht in Frage. Die Wiederauferauferstehung ist ein Lernprozeß.«

Er hatte die Rede zum Himmel gelächelt, nun senkte sich sein Kopf, und er sagte mir sonderbar ernst in die Augen:

»Das sind keine Bandagen, das ist die nackte Brutalität. Das knallt einen auf die Bretter und tritt nach wie in den amerikanischen Filmen. Eigentlich tun sie mir leid. Es sind so hoffnungslose Menschen. Die einzige Hoffnung, die denen bleibt, besteht darin, daß der andere unten bleibt. Naja, das ist eben der Rechtsstaat.«

Dann hob er den Arm, zeigte auf mein Bäumchen und lächelte wieder.

»Dein Bäumchen hat wohl Durst?«

Ich zuckte mit den Achseln, und fast übergangslos fuhr er fort:

»Ich war Oberstleutnant bei der Nationalen Volksarmee. Ich habe in Moskau studiert, bei der Sowjetischen Militärakademie. Weißt du, wenn du da beim Morgenappell auf dem Kasernenhof standest und Tausende von Soldaten in Habacht in der dämmerigen Morgentrübe standen und der diensthabende Major die Losung des Tages und den Namen der Akademie über den weiten Platz donnern ließ, dann hattest du keine Sekunde an der Stabilität des Systems gezweifelt.«

Mein Partner hatte den Namen der Sowjetischen Militärakademie der Union der Sowjetischen Sozialistischen Republiken in so perfektem Russisch vorgebracht, daß ein Hauch von Erinnerung über den sommerlichen Hof schwebte. Es war ein Name, viel länger als der Berliner Fernsehturm hoch ist. Die Szene hatte einen leichten Hauch von Pathos bekommen, mein Bäumchen genügend Wasser getrunken, doch der Wasserhahn befand sich weit hinter dem Haus, und so ließ ich trinken, und wir, das Bäumchen und ich, verharrten in der U-Boot-Position.

»Weißt du, wir haben ja die Augen offengehalten, die Engpässe in der Sowjetunion waren uns nicht unbekannt geblieben, und wenn ich einen sowjetischen Freund, einen Offizier, fragte, wie es um die Frage der Engpässe stünde, also die Ernährungslage wäre, antwortete er: Der Zar hätte alles runtergewirtschaftet, und jetzt muß die Regierung das erst wieder in Ordnung bringen. Und stellte ich einem alten Mütterchen, vor einem Bäckerladen nach Brot anstehend, die gleiche Frage, war die Antwort: Beim Zar war alles besser, aber die Jetzigen haben keine Ahnung. Und du wußtest nicht, hat das Mütterchen mit dem Zaren den Zaren gemeint oder Stalin! Weißt du, zwischen diesen Antworten haben wir gestanden. Und jetzt? Ich kenne eine ganze Reihe von sowjetischen Offizieren, gute Leute, ausgezeichnete Soldaten, weißt du, wo die sind? Bei der Mafia! Ja, bei der 0Mafia! Der Ludwig Erhard hatte schon recht. Die Marktwirtschaft ist das einzig Wahre!«

Ich sagte:

»Das stimmt, zumindest: So sieht es aus, im Moment, aber wenn man die Fragen der Marktwirtschaft und ihrer scheinbar unendlichen Expansionsmöglichkeiten bis zum Ende denkt, dann bedeutet das den Untergang der bestehenden Ordnung oder Unordnung, die man Zivilisation nennt. Jetzt, wo der Sozialismus tot ist, ist der Kapitalismus von der Kette. Und keiner scheint sich zu finden, der sie ihm wieder anlegt. Ich habe nichts gegen gezähmte Kapitalisten. Aber ungezähmte beißen sich tot. Von mir aus sollen sie, aber ich will nicht dabei sein. Aber ich bin dabei. Das ist ein Problem.«

Er antwortete:

»Das ist ein Problem. Aber daß es unser Problem geworden ist, daß es so weit gekommen ist, daran hatte das sozialistische Lager doch einen großen Anteil, und dieser Anteil, so sehe ich das, besteht in seinem Versagen. Wenn man richtig darüber nachdenkt, kommt man zu dem Schluß, daß wir durch unser Verschwinden die Welt beschissen haben.«

Ich sagte:

»Da gebe ich dir recht. Doch bis es zu diesem Ende kam, haben wir uns selbst beschissen. Auch mit unserem Wunschdenken. Ich glaubte, daß wir einen Cäsar brauchten, das halte ich nicht für Wunschdenken; dann glaubte ich einen zu sehen, und es brauchte Zeit zum Erkennen, daß es nur ein Kauf-Zar war, der den Namen trug: Du Hast Den Farbfilm Vergessen Mein Michael.«

Mein Witz schien nicht der seine zu sein, oder ich hatte ihn unterbrochen, und er setzte nur fort:

»Und unsere Wirtschaft war nicht in Ordnung.«

Wir waren beide in Hitze geraten, und keiner ließ sich nicht beirren, auch ich nicht:

»Das stimmt, aber wenn man bedenkt, daß der Honecker zwar kein Agent, aber ein eitler Dummkopf und Mittag kein

Dummkopf, aber ein Agent war, dann ist es schon erstaunlich, wie lange das System gehalten hat.«

Da hatte ich ihn, sein Gesicht begann zu strahlen, und ich hörte ihn sagen mit dem gleichen Pathos, mit dem er den Namen der Moskauer Akademie zitiert hatte:

»Da hast du den Hammer auf den Nagel gehalten. Auf einen sehr schwachen Nagel. Mit einem unglaublich starken Hammer. Nenne mir doch einmal ein System in dieser Welt, welches über zwei Jahrzehnte hin, ein großes Ziel kleingeistig durchwurstelnd, so durchgehalten hätte wie das sozialistische in der Deutschen Demokratischen Republik.«

Dann ließ er das Strahlen verglimmen, wir wußten, der Abschied nahte, gesagt war längst nicht alles, aber, wie erwähnt, der Sommer war sehr heiß. Er deutete eine Körperbewegung zu seinen märkischen Feldsteinen an, ich eine zu meinem Bäumchen, in die Bewegung der Tagesnotwendigkeiten hinein kreuzten sich noch einmal unsere Blicke, und er sagte, indem er mich plötzlich siezte:

»Sind Sie der Vater von Herrn Esche?«

HUNDETHEATER.

Einst stellte der gebildete Theatergänger, der im Begriffe stand, ein Theater aufzusuchen, folgende Frage: »Von wem ist das?« Mit dieser Frage meinte der Zuschauer den Dichter. Nicht selten folgte dem noch eine zweite Frage: »Wer macht das?« Womit die Schauspieler und Schauspielerinnen bedacht waren.

Mit diesen Fragen haben die Regisseure gründlich aufgeräumt. Zwar hat der Theatergänger, der, ich muß das so deutlich sagen, sich noch immer nicht hat entmutigen lassen, in das Theater zu gehen, noch immer eine Frage, aber die Antwort erheischt nur noch einen Namen: Den Namen des Regisseurs. Das ist neu in der Geschichte des Theaters. Das Neue erklärt sich daher: In den vergangenen Jahrhunderten konnte die Frage nach dem Regisseur so überhaupt nicht gestellt werden, da man nur Fragen stellen kann nach Dingen, die existieren. Oder nach Wünschen, die man sich gerne erfüllt sähe. So stellt sich die nächste Frage: Seit wann gibt es Regisseure. Diese Frage wird verschieden beantwortet. Ich sage, seit Max Reinhardt. Obwohl mir nicht entgangen ist, daß Shakespeare, Molière, Goethe, die Prinzipale oder ersten Schauspieler Einfluß auf die Vorstellungen ihrer Theater nahmen. Von Goethe ist es verbürgt, daß er bis zur Dressur mit seinen Schauspielern ging.

Sicher haben Prinzipale wie Schröder und andere den Charakter ihrer Theater mitbestimmt. Wie dem auch immer war, es gab den Begriff Regisseur, der aus dem Französischen kommt, schon zu Goethes Zeit, aber kaum in der Bedeutung, die ihm heute zukommt. Noch in Spemanns »Das goldene Buch des Theaters. Eine Hauskunde für Jedermann« von 1912 steht: *Zwischen dem Intendanten und dessen Büro und dem Personal steht als Amphibium halb geschäftlicher, halb künstlerischer Natur, oft als Prellstein und Sündenbock der Regisseur.* Das ist sicher keine schlechte Beschreibung, und sie verrät über die Hauskunde hinaus die Mitwirkung an dem Werklein, die ihm von erfahrenen Theaterleuten wie Max Grube, Dr. Paul Lindau und Ernst v. Possart geschah. Wir wissen, noch zu Schillers Zeiten in Mannheim war der Regisseur der Mann, der hinter der Bühne stand und dem Protagonisten nicht nur den Text soufflierte, sondern auch mit Zurufen wie: »Abgang! Abgang!« und »Auftritt! Auftritt!« zur Seite stand. Denn das sogenannte Schauspielertheater war eben nur Schauspielertheater. Und Schauspielertheater dürfte nicht das sein, was ich unter Theater verstehe. Jedenfalls nicht unter großem Theater.

Stellen wir uns einen Mimen vor, der das erste Fach verkörpert. Das Publikum liebt *ihn,* er weiß das. Er liebt *sich,* das weiß das Publikum. Und beide genießen das. So spielt er los. Vorn an der Rampe. Da ist das beste Licht und die erste Reihe am nächsten und der Auftritt der anderen Schauspieler am entferntesten. Denn hinter der Kulisse steht der Kollege, der nach ihm an der Reihe ist, und scharrt mit den Hufen – er wartet auf seinen Auftritt. Das Stichwort dafür hat der Rampentiger zu geben. Doch der gibt es nicht. Zwar ist das verabredet. Aber er denkt nicht dran. Das einzige, was er da vorne an der Rampe denkt, ist: »Bin ich heute gut! Mann, bin ich heute gut!« Das ist Macht, die spielt er aus. Und das lange. An das Stück, welches er eigentlich zu spielen hat, denkt er längst nicht mehr. Er denkt nur an sich. Da ist er wirklich zu Haus. Der Text des Dichters ist längst gesprochen worden. Doch an der Rampe ist's so schön! Also eigne Texte her. Die liebt das Publikum. Und macht's ihr Liebling ihnen schön, dann ist das Wertvolle des Abends nicht der Dichter und gar sein Stück, sondern nur des Stehgeigers Solo. Das Publikum durchschaut das Spiel – und spielt mit. Es juchzt und jauchzt. Und hinter der Kulisse steht der Kollege und scharrt mit den Hufen – er wartet auf sein Stichwort. Das ist der Grund, weshalb der Regisseur in der Gasse steht und Richtung Rampe »Abgang! Abgang!« ruft. Und wir können sicher sein, daß, wenn der Abgang erfolgt, der nächste Auftritt nicht anders läuft als der erste. Denn der Kollege hinter der Kulisse brennt darauf, dem Affen vor ihm zu zeigen, wer hier der Größte an der Rampe ist und wer die besten Extempore beherrscht. Es gab mal ein Theater, wovon die Volksbühne am Luxemburgplatz nur träumen kann.

Schiller schrieb einst an Iffland einen reizenden Brief, in welchem er sich bedankte, daß der große Iffland in seinem, Schillers bescheidenem Stück »Kabale und Liebe« den Präsidenten spielte. Der ganze Brief ist eine einzige Eloge und nur am Schluß bemerkenswert. Er endet mit dem Satz, ob es ihm, dem großen Schauspieler, möglich wäre, statt seiner eigenen Texte die von Schiller zu sprechen. Ist es da verwunderlich, wenn Goethe den Ruf bekam, er dressiere seine Schauspieler? Tat er das nicht zu Recht? Denn nicht alle waren ein Iffland oder ein Ekhof, welche letztlich, auch das muß gesagt werden, nicht vorwiegend von der Gaukelei lebten. Doch das Heer der Gaukler sprach seinen Dialekt, da noch weithin unbekannt war, was hochdeutsch ist, und es bewegte sich so, wie es abgeguckt oder angewöhnt war. Doch Goethe hatte Größeres vor. Von Weimar aus die deutsche

Sprache zu bilden und aus diesem Grunde, als Mittel zum Zweck, die deutschen Theater verbessern. Verbesserungen aber in Taten umgesetzt, unterliegen Gesetzen. Zum Beispiel dem Gesetz von Anwendung von Macht. Die Anwendung aber geht in den langen Anfangsphasen nicht ohne Dogmatismus. Denn das Publikum seiner Zeit war nicht schlechter und nicht besser als seine Schauspieler. Und Goethes Gunst beim Publikum wurde nur wenig befördert, wenn er bei Texten, die er nicht für komisch hielt, wohl aber die Zuschauer, sich drohend aus der Seitenloge in den Saal hineinbog und so über den Köpfen der Gründlinge bedrohlich schwebend rief: »Man lache nicht!« Nein, beliebt war der Mann nicht. Was für ihn spricht. Er war gefürchtet. Was nicht gegen ihn spricht.

Doch was Wunder, daß das die Widerstandskämpfer lockte. Widerstandskämpfer dieser Art aber entstehen nicht aus Gründen, die sich damit befassen, Verbesserungen des Lebens zu betreiben. Zwar geben sie das vor, und vielleicht meinen sie das auch, doch um das umzusetzen, was sei meinen, dafür fehlt ihnen, oberhalb des Meinens, der Überblick übers Ganze. Diesen Mangel aber wissen sie auszugleichen durch große Empfindsamkeiten, durch große Gefühligkeiten, durch das Vortragen des Unwägbaren. Und einem dräuenden, drängenden Wollen zum Unklaren. Sie verstehen sich als Individuen, wollüstige Aufmerksamkeiten erregend, wie sie einen, der sich die Verbesserung des Lebens in der Tat vornimmt, vernichten. Diese Arbeit aber ist sehr anstrengend, und darum wirken die Vertreter dieser Spezies meist ein wenig verdrossen. Ganz gleich, ob sie sich noch unterdrückt fühlen oder die vermeintliche Unterdrückung beseitigen ließen. Die aufgesetzte Verschwörermaske ist innen mit Haftpulver beschichtet. Die Verdrossenheit gehört einfach zu ihren ewigen inneren und äußeren Merkmalen. Deshalb sollte man sie im Grunde genommen nicht Widerstandskämpfer nennen, sondern die Verdrossenen. Eine dieser »Widerstandskämpferinnen«, oder nennen wir sie um des Friedens der Gleichberechtigung willen Intellektuellin, saß und lag dem Freunde Goethes, dem Herzog Karl August, ganz nah. Es war die erste Diseuse und Heldin des Weimarer Theaters, Karoline Jagemann. Die Mätresse des Herzogs. Als sie hörte, daß es in Leipzig einen Hund gäbe, startete sie die Intrige. *Ein untergeordneter Schauspieler, namens Karsten, besaß einen Pudel, dessen Gelehrigkeit ihn auf den Gedanken gebracht hatte, ihn zur Hauptrolle eines Melodramas »der Hund des Aubry«, das zur Zeit in Paris Aufsehen machte, abzurichten und damit in Deutschland umherzugastieren. Der Plan gelang vollkommen, die vornehmsten Theaterdirektionen nahmen den Pudel mit offenen Armen auf, die ersten Künstler mußten sich zu seiner Genossenschaft herablassen (Ludwig Devrient spielte in Berlin den vom Hunde verfolgten Bösewicht), und das hohe und niedere Publikum war von der Hunde Komödie entzückt.*

Und die Jagemann ergriff die Initiative, oder lassen wir hier besser wieder den just zitierten Eduard Devrient aus seiner »Geschichte der deutschen Schauspielkunst« die Geschichte erzählen: *Einflußreiche Personen des Hofes waren nach den Künsten des Hundes lüstern ... Der Großherzog wurde dem Pudel geneigt gestimmt und die Zumutung an Goethe gerichtet: das vierbeinige Talent nach Weimar zu berufen. Goethe antwortete lakonisch: Schon in unsern Theatergesetzen steht, daß kein Hund auf die Bühne kommen darf.* Damit hatte Goethe dem Herzog die Entscheidung überlassen, und der entschied sich für die Jagemann. Die ließ den

Pudel auftreten, und Goethe fand, daß er sich mit der Anordnung der Bibliothek in Jena zu befassen habe, und reiste ab. Der Auftritt des Hundes auf der Weimar'schen Hofbühne fand statt am 12. und 14. April 1817, 1 Jahr und 10 Monate nach der Schlacht von Waterloo. Weimar hatte endlich wieder einen großen Theatererfolg.

Goethe erhielt zwischen den beiden Aufführungen am 13. April ein Schreiben von Serenissimi:

Aus den Mir zugegangenen Äußerungen habe Ich die Überzeugung gewonnen, daß der Herr Geheimrat von Goethe wünscht, seiner Funktion als Intendant enthoben zu sein, welches Ich hiermit genehmige. Karl August.

Devrient schreibt weiter: *Das war der Ausgang der letzten Schulepoche der deutschen Schauspielkunst. Die Wiege des idealen Dramas, die Kunststätte, welche das Schauspiel zum edelsten Geschmack, zum höchsten Gedankenleben erheben sollte, war auf den Hund gekommen. Es liegt eine furchtbare Ironie in allen Beziehungen dieses Vorganges. Goethe, dem man so oft vorgeworfen, daß er die Schauspieler wie Papageien und Hunde dressieren wolle, wurde von einem dressierten Pudel aus dem Feld geschlagen. Der Absolutismus, der alle seine Unternehmungen getragen hatte, richtete sich nun gegen ihn selbst. Der größte Mann seines Jahrhunderts, der Freund seines Fürsten, mit dem er das brüderliche Du tauschte, mit dem er in einer Gruft ruhen sollte, wurde um des Gelüstes willen: einen Pudel Komödie spielen zu sehen, preisgegeben.«*

Ich denke, jetzt habe ich den geneigten Leser auf etwas scharf gemacht, was er noch nicht kennt: das Hundetheater. Schon kennt der Leser, falls er zu den Unverdrossenen zählen sollte, die Theater aufzusuchen nicht unterlassen mögen, alle Spielarten der Vielfalt des Regietheaters. Turntheater. Sporttheater. Kotztheater. Wixtheater. Kacktheater. Furztheater. Sudeltheater. Nur Hundetheater, das kennt er noch nicht. Und da ich mich in dieser Erzählung darauf eingelassen habe, selbst vorsichtig zu sein und lieber andere zu Wort kommen zu lassen, lasse ich Sie mit dem Dichter Peter Hacks und dem Hundetheater einen Moment allein. In seiner »Geschichte meiner Oper« schreibt der Dichter über das Hundetheater:

Kennen Sie Hundetheater? Das Hundetheater ist von den Formen der Schaubühne eine der poetischsten. Es besteht darin, daß verkleidete Hunde die Geschicklichkeit haben, in einer Dekoration, welche Serlios Scena Comica ähnelt, auf den Hinterbeinen aus einer Tür heraus und in eine andere Tür hinein zu laufen. Die Hunde sind, durch ihr Kostüm, als bestimmte Figuren kenntlich, als Pfarrer oder Apothekerin, Apotheker oder Dirne; die Türen aber zeigen die Orte an, Pfarrhaus, Apotheke, Bordell. Je karger die Mittel einer Gattung sind, desto nachdrücklicher fordern sie die Phantasie des Künstlers. Es hatte mich stets gereizt, ein Stück fürs Hundetheater zu schreiben: ein Stück, dessen gesamte Verwicklung sich daraus erklärt, wer wann aus wessen Haus in wessen Haus geht; denn, wie gesagt, mehr können die Kreaturen nicht.

Nur ungern widerspreche ich dem Dichter. Und sollte ich es einstmals getan haben, dann tat ich es genußvoll, denn ich wußte es im voraus, daß er Recht im nachhinein bekäme. Und bekam er es, so hatte ich wieder etwas gelernt. Doch dieses Mal muß ich ohne Hoffnung auf Verbesserung widersprechen. Der Dichter beschreibt die Hunde ungenügend. Ich unterstelle die Möglichkeit des Nicht-Besser-Wissens. Und da bei der Wahrheitssuche Freunde sich nichts schenken dürfen, lege ich los. Fast alles kann man aus der Distanz beurteilen, aber eben nicht alles. Allgemeines Hundetheater kann man natürlich aus der Ferne für das halten, was es ist, eben allgemeines Hundetheater.

Ganz anders aber verhält es sich, wenn wir unser Augenmerk dem besonderen Hundetheater zuwenden. Und dem besonderen Hundetheater – so meine Unterstellung – hat der Hacks noch nie beigewohnt. Ich schon. Ich habe es erlebt und daraus den Schluß ziehen müssen: So ein Hund kann mehr. Ich habe das wirklich selbst erlebt. Das heißt, nicht direkt erlebt, ich habe es gesehen, und das von ganz nah. Von der Theatergasse der Kammerspiele des Deutschen Theaters. Näher kann man nicht beiwohnen.

Es war im Jahre 1963 und in einem Stück von William Shakespeare. »Zwei Herren aus Verona«. Und erleben mußte es der Schauspieler Fred Düren. Und veranlaßt hatte es der Regisseur Benno Besson. Dennoch trifft sie beide keine Schuld. Den Schauspieler nicht und den Regisseur nicht. Schuld hatte des Hundes Talent. Ich fange an: Düren spielte den Clown Lanz, und Lanz hatte mit einem Hund aufzutreten. So steht es bei Shakespeare. Darum ließ Besson eine Annonce in die Zeitung setzen: *Deutsches Theater sucht für eine Inszenierung von Benno Besson einen Hund.* Und da Besson meinte, es müsse ein ruhiger Hund sein und Besson nicht nur über Menschenkenntnis, sondern auch über Hundekenntnis verfügte, meinte er, ein Hund vom Rentner könne dem entsprechen. Flugs fügte man der Annonce noch den Satz bei *möglichst Rentnerhund.* Die Annonce war schon 2 Tage später in der Zeitung, und am gleichen Tag waren die

Kammerspiele und die danebenliegenden Räume des Deutschen Theaters ein Hundezwinger geworden. Es hatten sich an die 150 Rentner gemeldet. Die sogar oft über mehrere Hunde verfügten, und so, schätze ich, hatten wir an die 190 meist rasselose Hunde in unseren beiden Theatern.

Spät, aber nicht zu spät, begriff Besson die Macht der Presse und schickte die Herrschaften alle wieder weg, ohne auch nur einen Hund vorsprechen zu lassen. Sich nicht zügelnd, murmelte er: »Rentnerhund stinken nach Rentner, das kann ich in meiner Inszenierung nicht gebrauchen.« Dieser unfreundliche Satz wurde nur dadurch gemildert, daß Besson immer ein wenig so tat, als beherrsche er nicht die deutsche Sprache. Gut, die Rentner waren gegangen, die Hunde auch.

Doch wir brauchten einen Hund. Was tun? Horst Büttner hatte die rettende Idee: »Wir haben doch neben dem Theater die Tierklinik der Charité, da können wir doch mal einen Hund fragen.« Das tat man, und ein Hund sagte zu. Er war ein stiller Hund und war lieb. Er war abgrundtief häßlich, doch wo man ihn hinsetzte, blieb er sitzen, auch Stunden. Ohne Murren und Knurren. Er war fügsam und freundlich und entsprach in jeder Hinsicht der Wunschvorstellung eines jeden Regisseurs der Neuzeit, der sich so den Schauspieler wünscht. Der Hund war ein Muster der Langmut und Bescheidenheit oder, um nicht um den Brei herumzureden: Der Hund war absolut teilnahmslos. Das aber war die Goldbesetzung für diese Rolle. Denn Lanz sagte von ihm: »Der Hund vergießt keine Träne und spricht während der ganzen Zeit kein Wort, und ihr seht doch, wie ich den Staub mit meinen Tränen lösche.« Mit diesem Hund also trat Düren an jenem Abend, den ich vorhabe zu schildern, auf. Düren stellte sich in die Mitte der Bühne nahe der Rampe. Der Hund saß neben ihm. Alles wie verabredet. Man nennt das auch inszeniert.

Düren sollte eine kleine Weile ruhig stehen und nicht sprechen. Düren tat das. Er hielt die vereinbarte Pause. Doch dann läßt er die verklingen und öffnet den Mund, um seinen ersten Satz zu sagen. Doch bevor er den herausbringt, beginnen die Leute zu lachen. Düren denkt: Ich habe doch noch gar nichts gesagt, was gibt es da zu lachen. Düren schließt wieder den Mund. Das Lachen verebbt. Düren läßt verebben und öffnet wieder den Mund. Da lachen die Leute wieder. Noch stärker als beim ersten Mal und länger. Düren läßt den Mund offen und denkt: Ich bin es nicht, dann ist es der Hund. Düren schließt den Mund und wendet seinen Kopf ein wenig nach rechts und senkt ihn nach unten und schaut auf den Hund. Der Hund pinkelt an sein Bein. Dürens Bein. Der Saal tobt. Düren läßt toben. Düren hebt wieder den Kopf. Er blickt stumm in das Publikum. Dann dreht er den Körper nach rechts, zieht die Hundeleine etwas strammer und schleift den Hund, der noch nicht ausgepinkelt hat, zur rechten Seite des Proszeniums. Da kommt er an und bleibt stehen. Dann blickt er wieder stumm ins Publikum. Dann wendet er den Blick zum Hund. Der Hund pinkelt nicht mehr. Die Leute haben sich zur Ruhe gezwungen, nur vereinzeltes Glucksen tönt noch aus dem Saal. Düren läßt die Ruhe stehen, dann öffnet er den Mund, und der Saal bricht los. So etwas habe ich noch nie erlebt, ein solches unbändiges, absolut ungehemmtes Brüllen und Lachen. Im Saal saß eine tobende Meute. Düren denkt jetzt etwas schneller. Er schaut nicht mehr auf den Hund, er schließt nur den Mund und denkt: Jetzt wird der Hund doch nicht geschissen haben? Düren wendet den Kopf nach unten: Der Hund hat geschissen. Jetzt ergreift Düren die Initiative, er reißt den Hund an der Leine und steuert wieder den Platz an, den er kurz zuvor verlassen. Der Hund schleift, auf seinen Hinterläufen sitzend, an der Leine hinter ihm her. Offensichtlich hat der Hund noch nicht ausgeschissen.

Düren erreicht wieder die Mitte der Bühne, der Hund ist noch immer zum Abdrücken bereit.

Düren hebt sein Bein mit der Absicht einen großen Schritt über das erste Malheur zu machen – das Pfützchen. Der Hund ist noch immer nicht fertig. Düren entschließt sich neu, da sich der Hund partout nicht in das Pfützchen ziehen lassen will. Düren wendet und strebt wieder dem soeben verlassenen Platz am Proszenium zu. Jetzt läßt der Hund sich nicht mehr ziehen, bereitwillig trottet er neben Düren her. Die Leute haben ihr Lachen mit großer Mühe bekämpft, es ist offensichtlich, sie haben auch Mitleid mit dem Hund und vielleicht auch ein wenig mit dem Schauspieler. Düren erreicht den Platz an der Seite der Bühne und bleibt da stehen. Jetzt läßt er den Leuten Zeit. Sich auch. Düren hat bis hierher bewiesen, daß er so leicht nicht aus der Ruhe zu bringen ist. Dennoch muß er einmal tief Luft holen. Er tut es, nicht durch den Mund, den hält er geschlossen, er bläht nur die Nüstern, vorsichtig zieht er die Luft ein, er wartet die absolute Ruhe des Saales ab. Düren läßt die Ruhe stehen und die Leute warten. Die Leute warten gerne, sie sind sehr still. Und jetzt hält der Schauspieler den Augenblick für gekommen, er kennt sich aus in der Beherrschung eines vollgefüllten Hauses, und tritt einen kleinen Schritt nach vorn – da birst der Saal auseinander. Menschen stehen auf den Stühlen, andere verlassen ihren Sessel und laufen im Gang auf und ab, möglicherweise sprechen sie mit sich selbst, weil Lachen auch weh tun kann: »Ich kann nicht mehr.« – »Hört auf!« – »Mir tut alles weh.« – »Ich muß mal.« – »Ich will nach Hause.«

Düren hatte das ganze Chaos hindurch geschwiegen, er hatte noch immer kein Wort von Shakespeare gesagt, aber er wußte, er steht in der Scheiße.

Nun aber ist die Geschichte noch immer nicht zu Ende. Zwar hatte der Hund alles erledigt, was er auf der Bühne glaubte erledigen zu müssen. Er hatte die gesamte Palette seines Könnens gezeigt. Aber – wie gesagt, Düren hatte noch kein Wort von Shakespeare gesprochen. Er blieb einfach in der Scheiße stehen und blickte stumm, fast ein wenig anklagend in das Publikum. Während des gesamten Vorfalls hatte Fred Düren nicht ein einziges Mal mit der Wimper gezuckt. Er schien, ach, ich will nicht um den Brei herumreden – absolut teilnahmslos. Und damit ich nicht *nur* mißverstanden werde – Dürens Meisterschaft bewies sich auch in der Anwendung des Mittels der Beschränkung. Langsam fanden die Menschen im Saal wieder zu sich. Wer seinen Platz verlassen hatte, nahm ihn wieder ein. Wer sich hilfesuchend in den Arm des Nachbarn gekrallt hatte, löste seine Finger wieder. Man strich sich den Lachschweiß von der Stirn. Man beruhigte sich, wenn auch in Rückfällen. Das Atmen der Menschen wurde wieder gleichmäßig. Man kehrte wieder zu sich zurück. Das alles wartete Düren mit wirklichem Gleichmut ab. Der Hund saß still neben ihm. Jetzt endlich war Ruhe im Saal. Düren öffnete den Mund und rief das erste Wort von Shakespeare, und er sprach: »Die ganze Welt ist in großer Verwirrung.«

Damit hatte der Abend seinen Höhepunkt erreicht. Die Szene ist ziemlich am Anfang gelegen, und die Komödie, die noch 3 und eine halbe Stunde lief, bekam keinen Lacher mehr; und die Aufmerksamkeit der Leute auf das Stück war auf Null gefahren. Ein scheißender Hund im Deutschen Theater ist nicht zu überbieten. Durch nichts und niemanden. Für uns war das bitter. Dem Hund war's egal.

Glauben Sie nun, verehrte Theatergängerin, dem alten Meister Johann Wolfgang, als er sagte: »Schon in unseren Theatergesetzen steht, daß kein Hund auf die Bühne kommen darf.« Ich weiß, das fällt Ihnen schwer. Denn, wenn Sie lesen müssen, daß die Leute damals so haben lachen dürfen, da juckt es einen schon, so etwas ebenfalls einmal zu erleben. Ach, haben Sie doch noch ein klein wenig Geduld. Ich bitte Sie. Bald können Sie das auch.

NICHTS BLEIBT, WIE ES IST.

Eine von allen ehrbaren Schauspielern des DT hochgeschätzte Dame, der ich für die Dienste, die sie dem Deutschen Theater in der Zeit seiner Verwahrlosung geleistet hat, in immerwährender Dankbarkeit verbunden bleiben werde, war so freundlich, vor der Drucklegung meines kleinen Werkes einige der Erzählungen zu lesen. So auch die vom Hundetheater, womit mein Buch endet. Frau Silke Panzner, so heißt die Dame, erfreute und verwirrte mich innerhalb eines Satzes, denn sie sagte: »Ich habe über Ihre Geschichte sehr gelacht (das hat mich erfreut), aber der Schluß hat mich erschreckt!« (Das hat mich nicht gefreut.) Ich fragte: »Warum erschreckt?« Sie antwortete: »Das Ende ist bitter!« Das nahm ich persönlich, und das erklärt, daß ich bis jetzt meine Betroffenheit nicht verbergen kann. Darum beginne ich mit einer Rechtfertigung.

Mit meiner Erzählung vom Hundetheater hatte ich die Absicht, das Unabänderliche, die *allgemeine* Verseichung der Theater, durch eine beispielhafte Schilderung vom *besonderen* Bühnenseichen heiter zu behandeln. Es ist mir fremd, das Bittere zu verbittern. Genauso ist es mir fremd, das Süße zu versüßen. Ich habe andere Gewohnheiten, das Leben zu erfahren. Ich vermag nun mal nicht in der Verkündung der schlimmsten Nachricht schon das Ende der Dinge zu finden. Ja, selbst beim wirklichen Eintritt des Endes der Dinge sehe ich dahinter doch wieder Leben. Mein Gott ist der Mozart, nicht der Beethoven. Womit ich Beethoven nicht schmähe,

Autogrammstunde am Tag der offenen Tür des Deutschen Theaters mit Klaus Piontek, ein Jahr vor seinem Tod.

nur, ihn als Lichtbringer zu verehren, das gelingt mir nicht. Das hatte ich schmerzlich erfahren, als 1990 seine neunte Symphonie mit dem Brüdertext von Schiller als Soße der Einheit über einen falschen Hasen gegossen wurde.

Die Erkenntnis, daß die Theater in ihrer herangewachsenen Form, wofür sie 300 Jahre brauchten, verschwinden werden, ist eine Tatsache, die nicht ich herbeigerufen habe. Ich gestehe aber, daß ich diese Tatsache seit beinahe 30 Jahren herannahen sehe. Ich warnte voraus und glaubte meiner eigenen Prophezeiung nicht. Diese Wahrheit ist im doppelten Sinne bitter. Dennoch käme ich nicht auf die Idee, aus dieser bitteren Erfahrung die Schlußfolgerung zu ziehen, selber zu verbittern. Ja, ich darf es gar nicht, selbst wenn ich es könnte. Denn ich weiß um das einzige Sichere: Nichts bleibt, wie es ist. Ich habe bisher das Glück gehabt, daß von diesem Wissen mein Leben erhalten blieb. Es ist noch keine 10 Jahre her und mein Wissen wurde auf den Probstein der Geschichte gelegt. Ich verlor – es folgten viele bange Monate. Die Folge dieser Wirren war das Erkennen, daß ich trotz und wegen des Verlustes Einsichten gewann. Eine Einsicht gebe ich wieder. Sie ist nicht neu, aber es ist eben doch ein Unterschied zwischen Denken und Erfahren.

Hier kommt die Einsicht: Es sind diese, welche sich bis gestern noch selbstgefällig als die Sieger von morgen priesen, abserviert worden von jenen, die sich heute als die *Sieger für alle Zeiten* dünken und mich damit an Losungen der DDR erinnern, wovon die eine so ging: »Vom *ewigen* Bruderbund mit der Sowjetunion.« Man siegt aber nicht, um nichts zu lernen. Wenn einer gesiegt hat, freuen sich für gewöhnlich nicht die Unterlegenen. Aber wie lange freuen sich die Sieger? Wem die Lernfähigkeit abhanden kommt, dem bleibt die Zukunft verschlossen. Unbelehrbarkeit aber, die wurde den Siegern von heute, von den Überwundenen von gestern, stets geweissagt. So liegt die Überlegung nicht in utopischer Ferne, daß die Verlierer von gestern die Sieger der Geschichte bleiben.

Soweit meine Einsicht, die ich in dem einfachen Satze fassen kann: Ich habe verloren, aber gehöre nicht zu den Verlierern. Die Geschichte der Menschen läuft öfters in drolligen Wendungen. Zu drollig würde es mir allerdings, das muß ich hinzufügen, wenn die Geschichtsbücher der Zukunft den Honecker und den Mittag als Sieger priesen. Da gab es nun wirklich bessere. Viel bessere.

Jedenfalls, ich verbittere nicht. Und ich ersticke auch nicht am falschen Lachen. Schon deshalb nicht, weil mein schöner Sarkasmus mein weiches Herze schützt. Ich habe lernen müssen, daß man bestimmte Wahrheiten ertragen und bis zu einem gewissen Neigungswinkel sich ihnen beugen muß – und so nicht brechen wird. Diese Turnübung habe ich, natürlich nicht schmerzfrei, in jenem Teile Deutschlands gelernt, der sich der sozialistische nannte und der frühsozialistische war. So habe ich den »aufrechten Gang« nicht nach 1989 gelernt, sondern vor 1989. Und so lernte ich meinem Namen, für den ich nicht kann, aber wenn er so kernig klingt, mir gut gefällt, inhaltlich näher kommen: Aus dem Holz des Eschenbaums werden Sportgeräte hergestellt. Zum Beispiel Barren. Auf mir kann man turnen. Mit vollem Gewicht. Das hat man ja auch! Und das tut man noch! Und ich sehe auch kein Ende der Turnübungen von Fremden auf mir.

Lange, dunkle Jahrhunderte konnte Europa ohne Theater leben. Es ist also bewiesen, daß das ging. Wie? Das ist ebenfalls bewiesen: Europa lebte kriechend. Die griechischen

Theater der Antike blieben für Jahrhunderte ein Traum der Gebildeten aller Klassen in allen europäischen Sprachen. Weiter: Lange mußte die Welt mit der Bergpredigt nur als der glückverheißenden Prophezeiung leben. Fast zwei Jahrtausende brauchte es von der Kreuzigung des Jesus bis zur Novemberrevolution in Rußland, um den Versuch, die Bergpredigt in die Tat umzusetzen, in die Welt zu bringen.

Der Versuch fand statt. Und er gelang. Als Frühsozialismus. Das hatte große Folgen für die Kunst und für die Theater. 200 Jahre davor hatte der Siegeslauf der europäischen Theater begonnen. Die Entstehung des staatlich subventionierten Theaters war auf die Bildung des Nationalstaates zurückzuführen, deren krönender Abschluß der Triumph des Absolutismus im 17. und 18. Jahrhundert war. Es fällt also ins Auge, daß die Entstehung des europäischen Theaters mit der Entstehung des Staates zusammenfällt. Frankreich – Ludwig der Vierzehnte – Molière! England – Elisabeth die Erste – Shakespeare!

Hat es dann nicht Logik, daß das Gegenteil auch stimmt? Wer gewillt ist, den Staat aufzulösen, verliert auch das Interesse am Theater!

Nun hat, das ist eine bekannte Wiederholung in der Geschichte der Menschheit, einmal wieder der Rückschritt im Namen des Fortschritts gesiegt. Für die Geschäfte, die nötig sind, um Umwälzungen solcher Art auszuhandeln, werden gewöhnlich keine Berufsschauspieler gebraucht. Aber um die Geschäfte in Betrieb zu setzen, kann man sich ihrer, wenn Gelegenheit gegeben, bedienen. Gewöhnlich entschließen sich Schauspieler und Schauspielerinnen nicht zu überlegten Überfällen oder gar zu Revolten. Der Widerstandswillen von Schauspielern gleicht der Bissigkeit von Lämmern. Aber ihre Eigenart ist von der Beschaffenheit, daß sie sich von Zeit zu Zeit dem Überfall ihrer eigenen Empfindungen aussetzen.

Das soll nicht ausschließen, daß die große Empfindsamkeit auch von außen zu steuern ist. Und so waren es einige wenige Theaterleute, die sich gerne in Empfindsamkeiten setzen ließen. Sie trugen damit zu ihrer eigenen Abschaffung bei. Das zu erkennen, hinderte sie ihre Empfindsamkeit. Sie verließen ihre Theater und gingen auf die Straße. Auf dem Alexanderplatz fanden sie sich wieder. Jene Schauspieler, die am 4. November 1989 hinter einem langen Tuch herliefen, und auf dem Tuch stand das Wort: PROTEST-DEMONSTRATION.

Ein Wort, welches eine gewisse doppelte Gemoppeltheit nicht verbergen kann. In vielerlei Hinsicht. In meiner Hinsicht gucke ich in den Duden und finde: »Protest bedeutet meist eine spontane und temperamentvolle Bekundung des Mißfallens.« Und Demonstration bedeutet: »Sichtbarer Ausdruck einer bestimmten Absicht.« Ergo ist doch eine Bekundung ein sichtbarer Ausdruck. Aber offensichtlich denke nur ich, daß Protest und Demonstration dasselbe bedeuten. Vielleicht übertreibe ich meinen Beruf, der von der Sprache lebt, und unterstelle das den anderen auch, deren Sprachempfindung in jenen Tagen zurückgedrängt wurde von der Fülle aller ihrer Empfindungsmöglichkeiten. Und so ein Empfindungsvorgang ist aufwühlend, noch dazu für Schauspielerinnen und Schauspieler, die das Aufwühlen von der Profession her betreiben und dabei dem Vorurteil ausgesetzt sind, daß bei diesem Spiel das Denken stört.

Auffallend bleibt für mich, daß in jenen Tagen Sprachempfindung und Denken gleichermaßen außer Kraft gesetzt waren. Außerdem, sie hatten das Tuch nicht selber gemalt.

Jeder, der eine bittere Wahrheit voraussagt, gerät in die Rolle der Kassandra. Auch wenn er diese Rolle gar nicht haben will. Kassandra, die schönste Tochter des Königs Priamos von Troja, hatte mit dem Gott Apollon einen Deal verabredet. Apollon verlieh ihr die Gabe der Weissagung, als Gegenleistung erwartete er ihre Liebe. Das Geschäft wurde abgeschlossen. Kassandra nahm und gab nichts. Für dieses Geschäftsgebaren, welches seinen Ausdruck in einer zurückhaltenden Art, Liebe zu geben, fand, rächte sich der Gott und strafte Kassandra. Er strafte sie nicht damit, daß er ihr das Privileg der Prophezeiung wieder entzog. Nein, er fügte dem Privileg der Prophezeiung eine Vervollständigung hinzu. Diese Erweiterung des Vertrages war mit dem Nachteil behaftet, daß ihren Prophezeiungen niemand glauben sollte. Die von Kassandra hervorgerufene und von Apollon eingebrachte Verbesserung des Vertrages trat nun in die Weltgeschichte ein. Die Welt nahm Kassandras Voraussagen zur Kenntnis und – sie beließ es dabei. Wirklich berühmt wurde Kassandra, als sie den Untergang Trojas vorauswarnte. Ihr keiner glaubte. Und Troja ging unter. Und Kassandra? Der Eroberer Trojas, der griechische König Agamemnon, nahm sie mit in seine Badewanne. In dieser wurden sie überrascht und ließen sich von Agamemnons Ehehälfte Klytämnestra ersäufen.

Tscha, das ist schon eine bittere Geschichte. Aber habe ich sie verbittert geschildert? Bitte lesen Sie die letzten 24 Zeilen noch einmal! Haben Sie?! Habe ich? Nein! Ich habe nicht! Habe ich Ihnen das nicht gleich gesagt? Schließlich bin nicht ich es, der dem Gott Phöbos Apollon seine Liebe versagt. Dem Lichtbringer. Dem Feind aller Finsternis, alles Unreinen, Unholden, Frevelhaften. Dem Ordner der Zeiten. Schon aus Gründen meiner durch Sport beförderten Lebensverlängerung muß ich ihn lieben, der in den Gymnasien und Palästen des alten Griechenland verehrt wurde, da er Ausdauer, Gewandtheit und Schnellfüßigkeit im *Faustkampf* verlieh.

Nun muß nicht jeder, der voraussagt, enden wie die Kassandra – in der Badewanne. Aber jeder, der voraussagt, um Verhängnissen vorzubeugen, kriegt Dresche. Er kriegt sie auch dann, wenn wir ihm den günstigen Charakterzug unterstellen wollen, daß sein Grundanliegen nicht dieses: »Na, habe ich nicht wieder recht gehabt?« wäre, sondern statt dessen: »Nur einmal laßt mich unrecht haben!«

Und trotz der lebenslänglichen Dresche, die ich gekriegt habe (und nach der Drucklegung des Vorliegenden wieder bekommen werde), verspüre ich einfach keine Neigung, die schlimmen Wahrheiten bitter zu schildern und die guten Wahrheiten zu überzuckern.

Das Verschwinden der Theater ist eine lang beschlossene Sache, die nach der Beseitigung des absolutistischen Sozialismus nur noch dadurch aufgehalten wird, weil die Verursacher zum einen des Feigenblattes bedürfen und zum anderen sich selbst nicht eingestehen wollen, was sie da anrichten. Denn sie halten sich nicht für kunstfeindlich. Daß sie das aber sind, das kann man dem Schrott, der in ihren Zimmern und Gängen hängt und steht, entnehmen. Nun halten sie aber die Bilder und Gegenstände, mit denen sie ihre Innenräume schmücken, nicht für Schrott, sondern für Kunst. Woraus sich einzig und allein ersehen läßt, daß sie sich in Marktfragen modisch zu verhalten wissen und in Kunstdingen ahnungslos sind; kurz, schlecht erzogen. Das letztere weiß man seit der Erfindung des antiautoritären Kindergartens. Ich bin sicher, daß, wenn die Theater, bis auf die Feigenblattausnahmen, aus der staatlichen Obhut entlassen sein werden und sich dann die Spaßmachergesellschaft in der Haltung des Zauberlehrlings (»Herr, die Not ist groß, die ich rief, die Geister, werd' ich nun nicht los.«) in der von ihr selbst hervorgerufenen Ödnis langweilt, man nicht verstehen wird, wo die Theater geblieben sind und ausrufen wird: »Herr, Du hast mich aufgerieben. Wo ist das große Theater geblieben!« Ich bin sicher, daß diese Zeit kommt: Oder? Sind wir schon soweit? Fast! Dennoch, noch bekommen Theater staatliche Subventionen. Noch kann Theater gesehen werden, welches nicht absolut verwahrlost ist. Es ist kein großes Theater mehr, das ist es schon lange nicht mehr, man hat sich an das dünne Theater gewöhnt. Dieses wird von Fall zu Fall groß genannt, aber das ist nur das übliche Schindludertreiben: Man nennt groß, um vom Kleinen die Winzigkeit zu verbergen.

Schluß mit dem Theater. Schluß mit dem Buch. Ich war mir des Risikos bewußt, mich in einer Tätigkeit wiederzufinden, die ich nicht gelernt habe. Schauspielen ist die einzige Beherrschung eines Handwerks, die ich mir erworben habe. Wie es mit dem bestellt ist, was ich nicht gelernt habe, dem Schreiben, das habe ich dem geneigten Leser vor die Augen gesetzt. Und damit habe ich bewiesen, daß ich mutig bin. Der ungeneigte Leser wird mit dem Lesen kaum bis zu dieser Stelle gefunden haben, den geneigten Leser aber bitte ich, mir den Mut zu verzeihen. Nun glaube man nicht, ich täte schreiben müssen, um zu beweisen, daß ich nicht mehr spielen kann, dieweil die Theater keinen Platz mehr für das Gelernte bieten. Es gibt noch immer ein Publikum, mit welchem ich mich in gleiche Vorlieben teilen darf. Und noch immer finden sich Theater, die diesen Vorlieben hin und wieder einen Termin einräumen. So für Heinrich Heine »Deutschland. Ein Wintermärchen« und so für Wolfgang von Goethe »Reineke Fuchs«, den das Deutsche Theater 1992 übernahm, nachdem der Palast der Republik entsorgt wurde. Beim Jahrtausendwechsel werden es 18 Jahre her sein, daß der Reineke Premiere hatte, und für das Wintermärchen sind es gar 26 Jahre. Das dürfte für einen Theaterabend die längste Aufführungszeit in Deutschland sein. Als ich das Wintermärchen am 13. Dezember 1997 zum 200. offiziellen Geburtstag von Heinrich Heine im Deutschen Theater gab, war das Haus bis auf den letzten Platz besetzt. Nach dem Vortrag des Gedichtes und einer gebührenden Anzahl von Zugaben hielt ich eine kleine Rede. Ich hielt sie aus dem Hut. Ich gebe sie auch so wieder:

»Sehr verehrtes Publikum, ich kann mich leider nicht für Ihr Kommen bedanken, da nicht der Schauspieler der zu Feiernde ist, sondern der Dichter. Und der ist tot. Wäre er das nicht, würden wir ihn auch nicht feiern. Lebende Dichter, wenn sie den Namen Dichter verdienen, wurden und werden (bis auf ein paar Festtagsannoncen in Journalen) nicht gefeiert. Sie haben das gleiche Schicksal wie Heinrich Heine, dessen Geburtstage zu seiner Zeit die Öffentlichkeit ebenfalls nicht zur Kenntnis nahm. Wir aber, meine Damen und Herren, wir sind uns, da bin ich sicher, darin einig: Ob das ein Jahrestag ist oder nicht, ein Dichter, wenn er den Namen verdient, ist immer zu feiern. Niemand weiß es, ob der heutige Tag wirklich der 200. Geburtstag des Dichters ist. Da es keinen Taufschein gibt, weiß niemand den Tag, ja, noch nicht einmal das Jahr seiner Geburt genau. Man nimmt das nur an. Und Heine selbst hat uns bis zum heutigen Tag und wahrscheinlich für alle Ewigkeit da im unklaren gelassen. Vielleicht mochte der Mann keine Geburtstage. Von Brecht ist bekannt, daß der auch keine mochte, und trotzdem hält sich keiner daran. Es gibt eben die Gewohnheit, Leute, die durch einen mehr oder weniger natürlichen Tod unschädlich gemacht sind, durch die Erfindung der Gedenktage noch unschädlicher zu machen. Man also gedenken muß, aus welchem Grund man auch immer gedenkt. Und wenn man den Stichtag, wie in unserem Falle, nicht weiß, wird einer erstellt. Verwaltungstechnisch gesehen, geht das nun wirklich nur willkürlich; vergleichsweise so wie bei der 750-Jahrfeier von Berlin. Es weiß doch bis heute keiner, wie lange es die beiden Dörfer Kölln und Berlin, unweit des Bahnhofes Jannowitzbrücke, an der Biegung des Flusses gelegen, den wir die Spree nennen, schon gibt. Die Festlegung fußt auf der 700-Jahrfeier von Berlin. Und diese Festlegung stammt von einem Dr. Joseph Goebbels aus Köln am Rhein. Man kann, im großen und ganzen, davon ausgehen, daß das Geburtsjahr von Heinrich Heine nicht der Doktor aus Köln festgelegt hat; und so hätte durchaus auch im nächsten Jahre Heines Geburtstag gefeiert werden können. Wie gesagt, Heine läßt uns da im dunkeln. Für mein Dafürhalten wäre das nächste Jahr sogar günstiger. Denn da wir mit ›Deutschland. Ein Wintermärchen‹ 1997 im 24. Jahr der Aufführung im Deutschen Theater stehen, wäre das Jahr 1998 dann sogar schon das 25. Jahr. Noch besser wäre es natürlich, wenn wir den 200. Geburtstag von Heinrich Heine erst 1999 feiern würden, denn dann stünde ich hier oben nicht *im* 25. Jahr, sondern es *wäre* schon das 25. Jahr. Das würde sich dann merkwürdigerweise wieder mit dem Entstehungsjahr decken, ich meine, mit der Premiere, die hier auf dieser Bühne stattfand. Denn eigentlich hatten wir vor (wir, das sind Adolf Dresen, Rainer Bredemeyer, Ilse Galfert, Klaus

Wischnewski, Maik Hamburger und ich) die Premiere am 7. Oktober 1974 stattfinden zu lassen. Der 7. Oktober aber war der 25. Geburtstag der Deutschen Demokratischen Republik. Doch findet dieser Jahrestag nicht mehr das allgemeine Interesse. Unverständlicherweise. Von Interesse wäre für Sie vielleicht, daß ich diese ganzen 24 Jahre in keiner Weise an Jahrestage gedacht habe, sondern nur an drei Dinge: Erstens, kann ich meinen Text. Zweitens, bin ich heute abend gut, und drittens, kommen – und das denke ich seit 1990 in zunehmenden Maße – Leute! Und bis jetzt kommen sie! Das Wintermärchen läuft und läuft und wird an Laufzeit nur von der Mausefalle in London übertroffen. Und Sie, verehrtes Publikum, sind es, für die ich es am Deutschen Theater laufen lasse! Ich darf nicht verschweigen, daß es auch dem Verwenden des Intendanten Thomas Langhoff zu danken ist, daß er es gegen vorhandene Einwände innerhalb des Hauses im Spielplan behält und sich so in der Tradition seiner Vorgänger sieht, die es vor Einwänden außerhalb des Hauses zu schützen wußten. Trotz alledem: Es ist doch viel Text, und niemand außer Uta Leiermann, der Requisite, zwingt mich, den im Kopfe zu behalten. Dazu zwinge ich mich ganz alleine. Und der Grund ist allein von der selbstsüchtigsten Art: Ich liebe den Dichter. Und meine Liebe kann ich nicht für mich behalten. Insofern habe ich einen schönen Beruf. Wenn mir auch mein Kopf leid tut, in den ich wieder und wieder den Text hämmere. Weil ich ihn sonst vergessen würde. Und deshalb bedanke ich mich nun doch bei Ihnen, nicht, daß Sie zum Geburtstag gekommen sind, sondern, daß Sie trotzdem gekommen sind und damit mich zwingen, den Text im Kopfe zu behalten. Herr Tommy Sommer, der Inspizient, der dort in der Gasse steht, hat mir in der Pause die Zuschauerzahl des heutigen Abends genannt, es sind 540 Besucher. Sie, meine Damen und Herren, sind stellvertretend für die doch nahezu 150 000 Besucher, welche in diesen 24 Jahren hier und an anderen Orten Heine und sein Wintermärchen gesehen haben. Das ist, wenn man Theaterbesucher zur Elite eines Volkes rechnet, und ich tue das, doch keine so kleine Zahl, die sich in einer Zeit, in welcher der Mensch als Quotenfutter betrachtet wird, sich das Recht auf Besseres nicht nehmen läßt. Und so betrachte ich den heutigen Abend, den man als Geburtstag des großen deutschen Dichters der Weltklasse feiert, als Danksagung an das Publikum Berlins und seiner Gäste. Ich danke Ihnen.«

Aus einem Rundfunk-Interview mit Radio Dessau am 22.1.1998 anläßlich des Gastspiels am 24. Januar im Anhaltinischen Theater Dessau:

Frage: »Worin besteht ihre persönliche Verbindung zum Wintermärchen?«
Antwort: »In der Möglichkeit, die Misere, in welcher die europäischen Theater seit fast 3 Jahrzehnten stecken, für mich persönlich, halber Wege, heil überstanden zu haben. Sowohl ›Deutschland. Ein Wintermärchen‹ als auch Goethes ›Reineke Fuchs‹ waren meine Chance, wenn auch leider nicht vollends, vom Firlifanze dieser wunderbaren modernen Regisseure mich frei zu halten und trotzdem meinem Theater, dem DT, dem ich seit fast 4 Jahrzehnten angehöre, die Treue zu halten – bis die Rente uns scheidet.«

Ich muß gestehen, daß meine Treue zum Theater sich mehr in Verweigerungen als im Gegenteil von Verweigerungen auszudrücken verstand. Das heißt, ich lehnte Rollen, die ich gerne gespielt hätte, ab, weil der dazu bestellte Regisseur nicht zum Theaterstück paßte. Wie oft mußte ich von liebenswürdigen Besuchern hören, wie sehr man bedauern würde, mich so wenig auf der Bühne mehr zu sehen. Meinen Beteuerungen, daß es auch mein Wunsch wäre, wieder zu spielen, daß ich das aber nicht um jeden Preis könne, nahm man nur ungern zur Kenntnis. Man muß es mir glauben – meine Verweigerungen sollten die Verantwortlichen an ihre Verantwortung erinnern, den Untergang der Theaterkunst nicht zuzulassen. (Und, von heute aus gesehen, den Staat zu erhalten.) Die Verweigerungen gehörten zu meiner Kassandrarolle. Es war die schlechteste Rolle, die ich je gespielt habe. Und sie war erfolglos. Es war eine Scheißrolle.

Doch weiter muß ich gestehen, daß ich in meiner Liebe zum Deutschen Theater viele Fallen mir selbst gelegt habe. Liebe übertreibt. Und sie ist maßlos. Und Herwarth Grosse sagte einmal zur Zeit der Rekonstruktion des DT: »In der Sache hat der Esche recht, aber der Ton, der Ton, in dem er seine Sache vorträgt ...!«

Ich habe Grund zu der Annahme, daß der Herwarth Grosse damit recht hatte. Ich kriege einfach viel zu schnell die Wut! Und weil ich irgendwann erfuhr, daß Wut zu nichts führt, hielt ich die zurück. Und das Ergebnis von Hervorbringung und Zurücknahme von Wut ergab den Ton. Lieber den Ton als Nierensteine.

Ich führe jetzt ein Beispiel an. Ein schön schlichtes. Ich lernte mal einen Hund kennen, dessen Besitzer mich mit dem Hund allein im Zimmer ließen. Das nun berichtenswerte merkwürdige Betragen des Hundes soll mich von dem von Herwarth Grosse gerügten Ton entlasten. Der Hund war ein riesiger Schäferhund. Er war so riesig, daß die Riesigkeit des Raumes, in dem wir uns befanden, beengend wirkte. Wir saßen uns also in diesem Riesenloch gegenüber, ganz dicht.

So dicht, daß man durchaus von einer intimen Szene innerhalb eines Hangars sprechen konnte. Sein Kopf lag auf meiner Schulter, und ich kraulte ihm seinen Nacken, und er knurrte dafür auf eine Weise und in einem Ton, der in keinem Verhältnis zur entgegengebrachten Zärtlichkeit stand. So dachte ich über die Entfernung, die seine Schnauze von meiner Halsschlagader hatte, nach. Über eines mußte ich nicht nachdenken: aufzuhören mit dem Kraulen. Denn solange ich kraulte, knurrte er, und solange er knurrte, biß er nicht. Also kraulte ich und kraulte, und er knurrte und knurrte, und ich dachte nach. Mir kam es so vor, als ob ich länger nachdachte, denn ich das jemals in meinem Leben getan hätte. Denn die anderen Zimmer des Hauses waren ebenfalls riesig, und irgendwo darinnen mußten sich die Bewohner in der Weiträumigkeit verloren haben. Ich beschreibe das Geräusch, welches der Hund hervorbrachte, verharmlosend mit Knurren. Das ist eine an der Wahrheit vollkommen vorbeilaufende Versüßigung. Je intensiver ich in meiner Angst seinen Nacken kraulte, desto mehr dröhnte mir die Bestie ihren Haß ins Ohr. Erst viele Jahre später fand ich das Geräusch, welches der Hund machte, in einem blöden Film, der Jurassic Park hieß, bei einem tollgewordenen und herrlich gespielten Dinosaurier wieder.

Nun, jeder findet seinen Weg, ganz bestimmt ein Hundebesitzer. Denn schlußendlich wurde unsere Zärtlichkeit durch den Eintritt der Hausherrin unterbrochen. Schweifwedelnd ließ die Bestie von meinem Hals ab und lief zu seiner Herrin. Als ich ihr vom tödlichen Haßknurren ihres Hundes erzählte, lachte sie und sagte: »Ach, wissen Sie, wir haben den Hund gefunden, da war er kaum zwei Jahre alt und lag als Hofhund an einer Kette. Offensichtlich hat er als einzige Erinnerung an diese Zeiten sein böses Knurren behalten, welches er besonders dann gern einsetzt, wenn er sich wohl fühlt.«

Ich erzähle die Geschichte auch, um die Art, wie ich über die Intendanten meines Theaters geschrieben habe, in das rechte Licht zu rücken. Es waren unter den Nachfolgern von Wolfgang Langhoff und Wolfgang Heinz keine wirklich unanständigen Menschen. Sie logen, aber aus Schwäche. Sie betrogen, aber ohne Nutzen. Sie hielten sich raus, aber aus Hilflosigkeit. Sie waren ständig überfordert. Und so *spielten* sie die Rolle des Intendanten, der eine weniger gelungen als der andere. Und bitte – ich habe sie ein wenig gezaust, nicht erschlagen. Das ist keine Zurücknahme meiner Vorwürfe an ihr Versagen, es ist nur eine Richtigstellung.

Nichts richtigzustellen habe ich gegenüber den Theaterregisseuren. Den Theaterverderbern. Manches Mal nenne ich sie Engerlinge. Der Engerling wird zum Maikäfer. Der Maikäfer frißt Blätter und kopuliert. Dann legt er Eier, und die werden Engerlinge. Und die Engerlinge fressen Wurzeln. Beide, Wurzelvertilger und Blätterfresser, können zur Plage werden. Das weiß der Landmann. Aber beide kommen nicht jedes Jahr vor. Ich habe aber beobachtet, daß die Regel der vier Jahre nicht immer zutreffend ist. Ich habe schon drei aufeinanderfolgende Maikäferjahre in der Mark Brandenburg erlebt. Im letzten Jahr saß ich in der Nacht vor dem Haus. Die Schwärme der Millionen von gefräßigen Biestern brummten über meinem Garten das unvergessene Geräusch hochfliegender amerikanischer Superfestungen des Zweiten Weltkriegs. Und ich wußte, wie am nächsten Morgen die Bäume aussehen werden. Und ich dachte: Was sieht ein Engerling, wenn er nach dem fünften aufeinanderfolgenden Maikäferjahr aus der Erde kriecht? Kahle Bäume. Und was sagt ein Engerling, den letzten Wurzelrest sich aus dem

Maule polkend, wenn er die kahlen Bäume sieht? Wer hat diese schöne Welt nur so zugerichtet!

Natürlich läßt sich der Dichter, wie sehr er auch von den Regisseuren gebeutelt wird, nicht nur mißbrauchen. Der Dichter weiß sich, wenn auch bei abnehmender Zahl von Inszenierungen, über die Köpfchen seiner Interpreten hinweg erkennbar zu machen. Das spürt ein gutes Publikum und hält lange still. Das Stillhalten hat das seit 1968 geschmähte Bildungsbürgertum gelernt. Aber zuviel Regiekunst geht auf die Dauer an die Eingeweide. Darum läßt sich der Dichter wesentlich ungestörter erleben, wenn man ihn zu Hause liest. Das heißt, wenn man die Theater verläßt. Das kenne ich! Ich bin ein gelernter DDR-Bürger: Es waren nicht immer die Schlechtesten, die gingen. Die leeren Theatersäle heute sind der gähnende Zeuge des Mißbrauchs der Regisseure. Deren einzige Glanzleistung darin besteht, die großen Stücke in ganz kleine zu hacken. Aber nicht jeder Theaterbesucher möchte zu Hause bleiben. Und von der Gutwilligkeit der Besucher habe ich schon gesprochen. Sie kommen, und sie wollen ihr Recht, sie wollen einen schönen Abend. Aber Mißbrauch, auf viele Jahre ausgeübt, gefördert vom Feuilleton und ignoriert von den Senatsverwaltungen, hat Folgen. Das Publikum in seiner Unsicherheit in Kunstfragen und gequält von seinem Komplex, es wäre nicht modern, es wäre nicht auf der Höhe der Zeit (als wäre das ein Frevel), läßt sich eingewöhnen: »So nimmt das Kind der Mutter Brust am Anfang nicht gleich willig an, doch mit der Zeit ernährt es sich mit Lust.« (Goethe, Faust). Wohlsituierte Leute halten schließlich diese leere Drüse, an der sie Abend für Abend vergeblich nuckeln, für ein sinnenfrohes Brüstchen. Um am Ende das Dargebotene mit aus Wildwestfilmen entlehnten Savannenjuchzern zu belohnen. Das nenne ich die Verpöbelung des Publikums, und es trägt zum weiteren Verderb der deutschen Schauspielkunst bei.

Doch nichts bleibt so, wie es ist. Und so schließt sich die Klammer:
　Begonnen wurde das Buch mit dem
　Le Roi est mort. Vive le Roi!
　Le Théâtre est mort. Vive le Théâtre!

Und enden soll es mit dem Schiller aus der Glocke:
Leergebrannt
Ist die Stätte
wilder Stürme rauhes Bette.
In den öden Fensterhöhlen
wohnt das Grauen,
und des Himmels Wolken schauen
hoch hinein.

Einen Blick
nach dem Grabe
seiner Habe
sendet noch der Mensch zurück –
greift fröhlich dann zum Wanderstabe.
Was Feuers Wut ihm auch geraubt,
ein süßer Trost ist ihm geblieben,
er zählt die Häupter seiner Lieben,
und sieh, ihm fehlt kein treues Haupt.

NEKROPOLIS.

Als Karl Ruppert, der technische Direktor, starb, wurde ihm im Deutschen Theater eine Totenfeier ausgerichtet. Die den Toten ehrende Rede hielt der Intendant, Wolfgang Langhoff. Das Haus war in diesen frühen Mittagsstunden bis zum letzten Platz besetzt. Ich war zu jener Zeit erst acht Jahre am Theater und hatte ähnliches noch nie erlebt. Später lernte ich, daß diese ›Letzte Vorstellung‹ für ein verstorbenes Mitglied, gleich, ob es sich um einen langdienenden Bühnentechniker, Beleuchter, eine Angehörige des Verwaltungstechnischen oder ein Mitglied des künstlerischen Personals handelt, zur Tradition des Hauses gehörte.

Diese Tradition hat bis heute angehalten. Ich hatte die Ehre, für einige unserer Besten zu sprechen.

Dieter Franke.

Dieter Franke zum Gedenken.
Oktober 1982

Einige von uns sind sich in den letzten Monaten, sofern sie nicht von Probenansetzungen abgehalten wurden, auf den Friedhöfen dieser Stadt öfter begegnet als auf dem Platze des Lebens, dem Theater! Zum letzten Gang unseres verehrten Kollegen Rudi Christoph sagte ich: »Hatten wir einerseits einen schon lange nicht mehr so schönen Sommer, füllten sich andrerseits unsere Augen mit Tränen. Tränen um Freunde und Kollegen unserer Zunft.«

Ein herrlicher Sommer und der Beginn einer kalten Zeit?

Als ich das sprach, lebte unser Herwarth Grosse noch. Lebte unser Dieter Franke noch.

»Der Tod ist doch etwas so Seltsames, daß man ihn, unerachtet aller Erfahrung, bei einem uns teuren Gegenstande nicht für möglich hält und er immer als etwas Unglaubliches und Unerwartetes eintritt. Er ist gewissermaßen eine Unmöglichkeit, die plötzlich zur Wirklichkeit wird. Und dieser Übergang aus einer uns bekannten Existenz in eine andere, von der wir auch gar nichts wissen, ist etwas so Gewaltsames, daß es für die Zurückbleibenden nicht ohne tiefste Erschütterung abgeht.« (Goethe)

Ich habe die Nachricht von Dieter Frankes Tod am 23. Oktober 1982, abends 19 Uhr, in der Frühe des 24. Oktober, vom Krankenhaus aus angerufen, vollkommen gefaßt entgegengenommen und habe bis in die späten Mittagsstunden am Telephon gesessen und benachrichtigt, wen ich konnte und wer erreichbar war. Es ist erstaunlich, zu welchen Verdrängungsmechanismen der Mensch instinktiv zu greifen weiß, auch oder gerade weil ihm die letzte Hoffnung zertrümmert wurde. Und haben wir nicht alle, liebe Freunde, verdrängt? Nicht nur in den letzten Monaten des Lebens unseres geliebten Freundes? Vor vielen Jahren schrieb ich an Dieter Franke einen Brief:

Lieber Dieter!

Zwei Sachsen, der eine aus Chemtz, der andere aus Leipzsch, sind nun am Ziele ihrer Wünsche angelangt. Von nun an werden wir die Berliner verwöhnen.

Doch (und schon sehe ich Deine Miene sich wieder gelangweilt glätten, weil keiner meiner Witze bei Dir ankommen kann, denn selbst nach einer besten Pointe erwartest Du bei mir ein »Doch«; Du vermutest Dialektik, dabei ist es doch nur ein »doch«, Dieter, Dialektik ist nie das Gegenteil, es ist immer die Mitte, die Vernunft), doch fahre ich fort: das Erreichen des Zieles ist nur der Beginn einer neuen Arbeit, einer neuen Qual: unser Talent besser, viel besser zu verwalten. Wir sind nicht mehr in Karl-Marx-Stadt, wir sind nicht mehr zwanzig.

Im Moment scheinen die großen Theater nicht mehr in der Lage zu sein, die bei ihnen engagierten Talente hilfreich zu fördern oder gar planmäßig zu entwickeln, sie achten nicht ihre Schätze, sie wuchern nicht mit ihren Pfunden, im Gegenteil: sie zehren vom Kapital. Ich bilde mir noch immer ein, die Theaterleitungen waren einmal mächtig, also den Künsten günstig, doch vielleicht irre ich mich, und es ist nur der Nebel der Erinnerung. So also müssen wir selbst etwas tun.

Der liebe Gott, die Natur, nenne es, wie Du es willst, hat uns ein Talent gegeben, wir jedenfalls sind nicht die Urheber (soviel Talent, mein Dicker, wie wir haben, können wir gar nicht alleine geschaffen haben), aber wir sind die Besitzer.

Es gilt, den Besitz so gut zu verwalten, daß Zinsen entstehen und das Kapital sich vermehrt.

Unsere Kunst gehört der Nation, der wir dienen. Insbesondere gehört sie der Minorität des Volkes, die zu uns kommt, für die wir spielen. Doch solche Worte magst Du nicht, ich weiß. Du, der Du vor allem für das Publikum da bist, der Probengetue, gebe es sich nun wissenschaftlich oder neurotisch, verabscheut, bist erhabenen Sätzen gegenüber keusch wie in Liebesbezeugungen, prüde fast.

Also fange ich anders an.

Also falle ich mit der Tür ins Haus.

Wir spielen viel, wir streiten viel, wir lachen viel, wir trinken viel. Aber Du zuviel. Und darum dieser Brief, den ich Dir gestern ankündigte. Deine Fähigkeit, sich für andere zu verbrennen (»Heute wird noch mal gesumpft, morgen kommt der Wendepumpft«). Deine Erfolge auch nach der Vorstellung im DT-Keller (»Was sind wir Künstler doch für ein fröhliches Land, heute hier und morgen schon wieder besoffen«, diesen Spruch erfandest Du, glaub ich, in Paris beim Drachen-Gastspiel) haben uns süchtig nach Dir gemacht. Und obwohl wir schon so runtergekommen sind, daß, wenn wir den Keller betreten und es heißt, du kämst heute nicht, wir schon fragen, wo Du denn dann seist, will doch in uns, Deinen Hörigen, nicht die Angst verstummen, welchen Preis Du bezahlst. Oder opferst Du dich für uns? Das glaube ich nicht. Auch Deine Kultstätte ist das Geviert zwischen den Kulissen, mit dem kleinen Kästchen davor! Ja, ich weiß, ich brauche sie öfter als Du, die Souffleuse; das liegt eben daran, daß ich mir beim Spielen immer mal was denke, und Du spielst »bloß«, Du meinst, Denken stört, na gut, dann erinnere ich an Deinen Traum: Du standest nach dem Ende der Vorstellung auf der Inspizienten-Seite des Deutschen Theaters, und das Publikum stand auf der fahrenden Drehscheibe, und Du mußtest jedem einzelnen der Zuschauer zur Verabschiedung die Hand schütteln.

Kompliment, Euer Ehren träumen gut.

Doch hier packe ich Sie, stolzer Besitzer von soviel Reichtum: Verwalte ihn besser. Tue es für das Publikum, für das Du lebst und das Dich über alle Maßen liebt.

Dein Kaschperkopp

Diesen Brief hat Dieter nie erhalten.

Zwar wußte er, daß einer existiert, immer mal wieder erinnerte er mich an jenes Versprechen aus jener Nacht, doch ich scheute vor schriftlichen Belehrungen, oder ich verschob, oder, oder, oder ...

Ich habe viele Nächte mit ihm verbracht, doch daß ich nun die Nächte verbringe zu Hause, ohne ihn, doch für ihn, um ihm zu schreiben, was ich ihm sagen sollte und er doch nicht mehr hört ...

Doch, liebe Freunde, wir sind hier angetreten, um ihm die letzte Ehre zu erweisen, und so sei nicht mehr geklagt.

Wo kommt Dieter Franke her? Aus Hartau, wo man Franke Dieter oder Anke Hans sagt. Und obwohl man zu Chemnitz gehört, fühlt man sich doch als erzgebirglicher Vorländer.

Otto Franke, sein Vater, an dem er zeitlebens sehr hing, war ein Bühnenbildner. Dieter geht nach Greiz als Garderobier, Requisiteur, Bühnenarbeiter, Statist, kleine-Sätze-Sprecher und Inspizient. Außerdem ist er Wasserballer und schwimmt eine recht gute Zeit. Als schmächtiges, aufgeschossenes Kerlchen sieht ihn die Berliner Schauspielschule. Danach erobert er Karl-Marx-Stadt, seine Heimatstadt.

Titus Feuerfuchs im »Talisman«, Muley Hassan im »Fiesco«, der Roller in den »Räubern« tauchen mir als Bilder auf.

In Berlin sehen wir uns wieder. 1963 kommt er von der Volksbühne zu uns ans Deutsche. Er hatte also, wie wir fast alle, die wir die nach 1961 entstandene Ensemblelücke schließen sollten und den Grundstein legten für das heute bekannte Ensemble der Schauspieler des Deutschen Theaters, eine ganze Reihe von Jahren in der Republik verbracht. Eine gute Lehrzeit.

Die ersten Rollenangebote machen Dieter nicht gerade glücklich. Es sind zumeist kleinere und mittlere Rollen. Natürlich spielt er sie vortrefflich: den Spartaner im »Frieden«, den halbnackten Sklaven der Schönen Helena. Gleichviel, Dresen besetzte ihn in den drei Einaktern O'Caseys. Das war einer der großen Abende des Deutschen Theaters. Erinnern wir uns ohne Sentiment, versetzen wir uns kurz in jene Zeit zurück: es war die große Zeit oder schon der Ausklang der großen Zeit des DT, es gab viele Kämpfe. Schöpferischer Streit nach innen, oft auch ärgerlicher, persönlich beschädigender, aber nie unproduktiver Streit nach außen. Es war eine Zeit der echten Erfolge, der großen Inszenierungen der verschiedensten Handschriften, Künstler, Regisseure, die dem Werk dienten und damit dem Dichter, dem Schauspieler und nicht zuletzt dem Publikum, also der Nation, Fachleuten, das Handwerk beherrschend, ohne Handwerker zu sein. Es war die Zeit der Unverwechselbarkeit statt Gleichgesichtigkeit der verschiedenen Berliner Bühnen. Wir nahmen Einfluß auf die Welt. Wir waren nicht Widerschein, wir waren Feuer: Hier spielt unser Dieter Franke das erste Mal groß auf.

Jetzt erst begann er sich in Berlin wohlzufühlen. Er blieb Sachse, gut, aber Sächsisches war schon Berlinisches geworden. Das hing mit seiner gewonnenen Hingabebereitschaft an Zeit und Gesellschaft zusammen. Aber es waren auch Heinz und Dresen, von denen er sich verstanden fühlte, denen er viel verdankte. Mephisto, Käpt'n Boyle, Kurfürst, Dorfrichter Adam. Solter bittet ihn zum »Testament des Hundes«. Die Kollegen erinnern sich an diesen Abend, aber auch an dieses übergroße Plakat, mit ihm darauf gezeichnet und heute vollgeschrieben mit Hunderten von Unterschriften der Freunde und Kollegen. Es wäre schön, wenn das Theater dieses nun Theatergeschichte gewordene große Blatt Papier erwerben könnte.

Dieter Franke gehörte also zu jenen Schauspielern, die vom Ende der fünfziger Jahre bis in die sechziger Jahre hinein von Wolfgang Langhoff und Wolfgang Heinz, seinem geliebten und verehrten Freunde, engagiert, zum Deutschen Theater stießen und so die feste Basis bildeten, die bis auf den heutigen Tag unser Theater zu einem der ersten Theater Europas macht, was den Punkt an Quantität der Qualitäten betrifft. Und so bis auf den heutigen Tag einen Anziehungspunkt für alle hervorragenden Schauspieler und Schauspielerinnen bildet.

Der Doppelschlag jedoch, den wir plötzlich durch Herwarths und Dieters Tod erfahren haben, läßt an die Endlichkeit der Vorzüge des DT erinnern und läßt mich aus der traurigen Gegebenheit den moralischen Anspruch erheben: Bei dem Neubeginn unseres geliebten Theaters nie zu vergessen, daß das DT vor allem ein Theater der Schauspieler und Schauspielerinnen war und ist und bleiben muß. Sie in erster Linie sind es, die den Rest der Größe unseres Hauses bewahrt haben. Sie gilt es zu schützen, zu fördern und ihre Qualitäten zu vermehren.

Schauspielen ist eine unfertige Kunst. Geschaffen dem

Dichter und seinem Werke, dem Publikum zu dienen. Der Schauspieler ist ein besonders Unfertiger.

Das ist das Schöne und Kindliche an diesem Beruf. Wehe, wenn wir kindisch bleiben. Der Schauspieler muß sein ganzes Leben der Erringung von Fertigkeiten widmen. Doch jede neue Fertigkeit läßt ihn weiter Unfertigkeiten erkennen. Dieser Niedergang ist des Schauspielers Karriere. Goethe sagt: Der ist der glücklichste Mensch, der das Ende seines Lebens mit dem Anfang in Verbindung setzen kann.

Ich komme zum Butler:

Solter inszeniert den Wallenstein, und Franke spielt den Butler. Für mich seine reifste Leistung. Da stand ein einfacher Schauspieler auf der Bühne, nur auf einen Stock gestützt, sein Stock, den er während der Proben aus Verlegenheit erfand, weil er seinem Verhältnis zu Schiller nicht so recht traute. Doch am Ende stand ein anderer Franke auf der Bühne. Im Butler zeigt er uns den großen Charakterdarsteller, der in ihm steckte (den Trutzwackerl, die Plundersweilerner Komödianten, den Boyle, diese alle liebten wir an ihm, aber kannten sie). Doch jetzt begann Dieter den Weg nach Hause wiederzufinden. Ich habe mit ihm über diese Gestaltung, auch über unser beider so verschiedenes Verhältnis zur Klassik gesprochen ... Seine bärbeißige Art, den Schiller abzulehnen und dann so groß aufzuspielen – ein Täuschungsmanöver? Kaum, es war vielmehr dieses *Trotzalledem*, welches in ihm steckte und sich im Schlechten wie im Guten zeigte. Ein *Trotzalledem* war seine eiserne Disziplin, die Vorstellung halten zu wollen.

Wir alle wissen, wie krank er schon lange war. Über die Schwere als auch die Vielzahl der Krankheiten täuschten wir uns wie er sich. Wir beobachteten nur den Zustand, in dem er sich manches Mal vor Beginn der Vorstellung befand.

Nicht berauscht, o nein, Dieter, ich sagte es schon, war ein disziplinierter Schauspieler, nein, er wand sich in körperlichen Schmerzen, er rang nach Luft. Ärzte kamen, warnten ihn. Doch er schleppte sich auf die Bühne. Während dieses Ganges zur Bühne sich schon erholend und nun Komödiant, der er in jeder Situation blieb, fast bis an sein Ende, das Sich-Schleppen schon ein wenig spielend, betrat er seine Welt im Lichte der Scheinwerfer; und das Überwältigende, er spielte so auf, daß keiner im Saale bemerkte, wie er sich überwand. Hier bewies er die eiserne Härte, mit der er sich so gerne brüstete, die ihm in so vielen Lebenslagen fehlte. Denn während er scheinbar aus dem vollen zu schöpfen schien, sich und andere täuschte, war er oft fürchterlichen Ängsten ausgesetzt, im privatesten ihm bereitet. Doch stand er auf den Brettern, bewies er die eiserne Härte – Franke der Komödiant.

Ein *Trotzalledem* fand sich auch, wenn ich ihn überredete, eine gesellschaftliche Funktion zu übernehmen. Sei es die Gründung des Künstlerischen Rates 1968, sei es die Gründung des Rekonstruktions-Aktivs 1980. Er sah die kommenden Niederlagen stets voraus, sein Pessimusmus bewies sich später immer als berechtigt, er schimpfte, maulte, druckste – trat bei und arbeitete mit.

Dieter Franke war eine Einmaligkeit. Der Schauspieler hat das gemeinsam mit dem priesterlichen Element jeder Religion, daß er im Vollzug seiner Kunst Momente, Augenblicke der Transzendenz schafft, eines Urerlebnisses, das einmalig ist und nie wiederholbar wird, weil die Beziehung Schauspieler – Zuschauer für jede Situation einmalig bleibt. Dieter Franke war eine Einmaligkeit. Wir sind bestimmt ersetzbar (The show must go on), aber nicht wiederholbar, wenn wir über Originalität verfügen. Das ist die Lücke, die Franke reißt. Das gilt für Dieter Franke. Das gilt für Herwarth Grosse. Uns, die wir mit ihnen zusammen lebten, ist ihre Einmaligkeit bekannt. Sie lebt in uns fort. Den Jungen aber unserer Zunft, denen die nähere Bekanntschaft mit ihnen am Theater nicht ermöglicht wurde (die Gründe dafür zu erörtern ist hier nicht der Platz), bleibt die Persönlichkeit unserer beiden Toten auf immer verborgen.

Da liegt der wirkliche Verlust.

Liebe Freunde des Dieter Franke.

Ich wähle diese Anrede bewußt, denn ich kenne keinen anderen unserer Zunft, der so viele Freunde besaß. Der so geliebt wurde. Der selbst bei dem scheinbar Liebesunfähigen noch eine Saite zum Klingen bringen konnte. Und so verzeihen Sie mir, daß die subjektive Schilderung mein letzter Dienst an unserem toten Freund ist.

Morgen ist der letzte Gang. Unser Freund wird einen ihm würdigen Platz als Ruhestätte einnehmen, neben seinem im vorigen Jahrhundert gestorbenen Berliner Kollegen Ludwig Devrient. Waren sich beide in vielem auch sehr unähnlich, so ist die Ähnlichkeit, was ihre Beliebtheit bei Kollegen und Publikum betrifft, unbestritten. Die Zustimmung, die die Wahl dieser Grabstätte bei Ihnen, liebe Freunde gefunden hat, zeigt unser, der Zeitgenossen, lebendiges Verhältnis zur Tradition. So bleibt durch den großen Mimen Dieter Franke der große Mime Ludwig Devrient in zeitbezogener Erinnerung, und es steht zu erwarten, daß beider Ruhestätte, auch äußerlich, in würdigem Zustand erhalten bleibt.

Dieters letzte Monate der Krankheit wurden durch ihre Besuche erhellt. Die Vielzahl dieser Besuche und Anrufe ist das eindrucksvollste Zeugnis Ihrer Liebe zu ihm. Möge es uns als lindernder Trost dienen, daß er uns noch einmal gesehen hat.

Weshalb haben wir ihn geliebt?

Dieter Franke paßt in kein Klischee. Er gehörte keiner »Richtung« an, doch auch nicht jener, deren Richtung es ist, keine zu haben. Es war das Allgemeine, was ihn ausmachte, das aber bewirkte, daß etwas Besonderes in uns reagierte, so verschieden wir voneinander sind, denken, handeln, sprechen und hören. Nun wäre es schön und klar, hätte jetzt in dieser Situation, vor der Wiedereröffnung des Deutschen Theaters, Dieter Franke uns ein Vermächtnis hinterlassen, welches Einigendes bewirkte, also seiner Wesensart Entsprechendes. Aber das war eben Dieter Franke: Er hinterläßt keine Vermächtnisse. Er nannte nie die Welt, um sich zu meinen, er meinte immer sich, aber das war eine Welt.

Und so ende ich mit dem Dichter, mit dem ich begann, mit Goethe: »Die Betrachtung, die sich uns nur zu sehr aufdrängt: daß der Tod alles gleich mache, ist ernst, aber traurig und ohne Seufzer kaum auszusprechen; herzerhebend, erfreulich aber ist es, an einen Bund zu denken, der die Lebenden gleich macht, und zwar in dem Sinne, daß er sie zu vereintem Wirken aufruft. Deshalb jeden zuerst auf sich zurückwirft und sodann auf das Ganze hinleitet.«

Rede im Berliner Ensemble für Wolf Kaiser.

Freitag, 6.11.1992

Mein lieber Wolf, wenn es so etwas gibt, wie es unser vor zehn Jahren am 23. Oktober 1982 gestorbener Kollege Dieter Franke nannte: den Schauspielerhimmel, dann wärst Du jetzt dort, und ich spreche Dich an, weil es ein Zufall fügte, daß ich Dir die letzte Rede halten darf. Ich sag's gleich, sie wird holpernd. Und wenn Du an jenem Ort bist, an welchem

Franke die Großen und die Kleinen unserer Zunft wähnte, dann spare ich mir die Erklärung, weshalb es holpert, da man dort, wo ihr seid, alles schon weiß. Doch bin ich Dir noch etwas schuldig. Bei *einer* unserer Begegnungen im Monbijou-Park kamen wir auf Heinrich Heine zu sprechen ... Oder genauer, Du sprachst wie immer von Brecht, doch wollte ich auch mal drankommen – und kam auf Heine. So ließest Du mich zitieren: »Es wird noch eine ganze Weile dauern, eh' wir das große Heilmittel ausfindig machen. Allerlei Quacksalber werden auftreten mit Hausmittelchen, welche das Übel nur verschlimmern. Da kommen zunächst die Radikalen und verschreiben eine Radikalkur. Alle überlieferte Heiterkeit, alle Süße, aller Blumenduft, alle Poesie wird aus dem Leben herausgepumpt werden, und es wird nichts davon übrigbleiben als die Rumfordsche Suppe der Nützlichkeit. Für die Schönheit und das Genie wird sich kein Platz finden in dem Gemeinwesen unserer neuen Puritaner, und beide werden unterdrückt werden, noch weit betrübsamer als unter dem älteren Regimente. Denn Schönheit und Genie sind ja auch eine Art Königtum, und die passen nicht in eine Gesellschaft, wo jeder im Mißgefühl der eigenen Mittelmäßigkeit alle höhere Begabnis herabzuwürdigen sucht bis aufs banale Niveau. Die Könige gehen fort, und mit ihnen gehen die letzten Dichter. Ohne Autoritätsglauben kann auch kein großer Dichter emporkommen. Die öde Werkeltagsgesinnung der modernen Puritaner verbreitet sich schon über ganz Europa wie eine graue Dämmerung, die einer starren Winterzeit vorausgeht.« Und Du wolltest wissen, wo das bei Heine steht, ich wußte es nicht mehr. Jetzt habe ich nachgeschaut. Es ist aus »Ludwig Börne. Eine Denkschrift.«

Hoch verehrte, traurige Frau Kaiser, liebe Kollegen und Kolleginnen, meine Damen und Herren Gäste, Wolf Kaiser war ein Monarch, das glaube ich fest. Er war ein Ungekrönter unserer Zunft. Was ist das – ein Monarch beim Theater? Es ist ein Herrscher, der selbst drei Herren zu dienen hat: dem Dichter, dem Publikum und dem guten Geschmack. Nun, Wolf *sah* auch aus wie ein Monarch. Er konnte blicken, sprechen, schreiten wie ein Monarch. Er konnte denken wie ein solcher, denn er konnte in Zusammenhängen denken. Ein Monarch muß an sich glauben und darf nicht an sich irre werden. Tapfer muß er sein, listig natürlich, und Spaß muß er machen können, aber auch weinen lassen. Ein Monarch muß die Menschen lieben mehr als sich selbst, und deshalb sei sein Streben, sie zu erleuchten und zu verbessern, auch gegen ihren Willen. Dazu braucht er Würde – die muß er haben. Das alles war Wolf Kaiser, und das alles hatte er. Die Würde aber in genau dem Maße, wie sich Ausstrahlung und inneres Vermögen im Gleichklang halten. Und dieses halte ich für sein hervorstechendstes Kennzeichen: Wolf Kaiser war ein würdiger Mensch. Würdig bis zum Tode.

Ist der letzte Satz haltbar? Ich meine ja. Findet der Tod eines Schauspielers nicht im Krankenhaus oder an ähnlichen Orten statt, führt sein letzter Gang gewöhnlich durch die Tür seiner Wohnung, er wird durch sie getragen. Der Schritt durch das Fenster ist auch in unserer außergewöhnlichen Zunft außergewöhnlich. Solch ein Tod, so unnatürlich wie natürlich, was den Entschluß betrifft, bringt Fragen. Ich will Wolf Kaisers Entschluß verteidigen und frage: War Kaisers letzter Schritt *sein* Sprung in die Öffentlichkeit? Wir kennen in Berlin noch einen solchen Schauspielertod – Hans Otto, die Freiwilligkeit seines Sprunges war eine Interpretation der SA-Schergen. Wolf Kaisers Entschluß war ein einsamer und nicht der erste Versuch, sondern der letzte. In solchem Falle folgt zumeist die schnelle Erklärung: Depressivität. Ich kannte Wolf als einen Trotz-alledem-Menschen, ich kannte ihn als Kämpfer. Solche Menschen können mit ihren Depressionen hart umgehn und sie überwinden. Wolf war ein zorniger Mensch. Und sein Zorn richtete sich zeitlebens nach außen.

Wenn ein Schauspieler vor die Entscheidung gestellt wird – und das wird er in seinem Leben mit Sicherheit nicht nur einmal – Talent *oder* Charakter, also die scheinbar ganz natürliche Frage des Unsinns in einer verkehrten Welt, denn richtig wäre doch die Erziehung zu Talent *und* Charakter – entscheidet sich, so wissen wir es, so sehen wir es in den meisten Fällen, der Kollege *gegen* den Charakter, um gerechterweise sein Talent auf den Markt zu bringen. So ist es nun mal die gängige Praxis: Der Markt handelt auf seine Weise marktgerecht, also nicht mit Charakteren, da die gewöhnlich unverkäuflich sind. Der Markt konzentriert sich aufs Talent, daß dieses ohne Charakter auf Dauer verkümmert, kümmert den Markt nicht. Diese Verderblichkeit der Ware weiß er zu kalkulieren und auf Zeit zu verheimlichen, schließlich ist der Marktwart: die Presse. Jedenfalls der Markt braucht *absetzbare* Ware. Persönlichkeiten sind Marktfeinde. Wolf Kaiser war eine Persönlichkeit, und wie Arno Wyzniewski ihn richtig nannte: einer der größten deutschen Charakterspieler, und Arno Wyzniewski fährt fort: Er war nur schwierig für bequeme Leute, weil er unerbittlich immer seine Auffassung verfochten hat. Die Folge? Als Künstler existent blieb Wolf in immer zunehmenderem Maße nur im Erinnerungsvermögen des Publikums. Dieses Vermögen ist ein gewaltiges Potential, denn es wird von Glaube, Liebe und Hoffen getragen.

Doch ist es ein nicht zu gebrauchendes Potential. Denn wer fragt in Zeiten zunehmender Geschmacksfinsternis nach den höheren Wünschen des Publikums. Wolf Kaiser war bei all seiner Güte ein zorniger Mensch. Das tat seiner Würde nie Abbruch. Doch während er seinen Zorn von Beginn der siebziger Jahre an immer vernehmlicher vortrug, änderte sich das mit dem Beginn der neunziger Jahre erheblich. So mein Eindruck. Sein Zorn wurde still-gefährlicher, intensiver, und was sich vordem nur stellenweise als Haß zeigte, war nun Haß. Haß auf die Dummheit und Unbelehrbarkeit der Menschen. Es war ein Haß der Verzweiflung. Es blieb Liebe zum Menschenbild.

Das Theater ist ein Spiegel des Menschenwelt-Zustandes. So bleibe ich beim Theater. Ich teile Wolfs Ansicht über die Verfratzung, Verzerrung, Verrohung, über diesen Gesamtpfusch auf den Bühnen, der sich längst nicht mehr als harmloser achtundsechziger Studentenulk gibt. Zweifellos bleiben bei diesem Vorgang, der so massiv gegen das Publikum handelt, welches den zweifelhaften Vorzug besitzt, davonlaufen zu können, die Beteiligten, sprich: die Schauspieler die direkt Betroffenen. Es wird unserer Zunft – bestenfalls von Arbeitsgerichten aufhaltbarer – Schaden zugefügt.

War der Sprung durchs Fenster Wolfs letzter Zornausbruch?

Das wäre zu einseitig gesehen. Man sagt dem Schauspieler besondere Eitelkeit nach, und das, so hoffe ich, zu Recht. Wer traute sich sonst in fremden Kleidungen, fremden Haltungen und vor allem so vielen fremden Wörtern zum stundenlangen Verharren, Hin- und Herlaufen, Auf- und Abtreten auf Bretter mit Vorhang vor zuschauende Leute. Die Eitelkeit ist des Schauspielers Berufskapital. Damit bekämpft er seine Angst vor dem Auftritt, und jeder von uns hat seine ihm eigene unverwechselbare Eitelkeit. »Da schminkt man sich wie ein Arsch, da sieht man aus wie ein Arsch, und dann geht die verdammte Lampe nicht.« Wolfs Eitelkeit war monarchisch.

Wie nun, wenn er in den letzten Wochen, sich im Spiegel betrachtend, kränker und magerer werden sah; sein Tod ein Akt der Hilflosigkeit? Kein Arzt darf ihm helfen, ihn zu erlösen – sein Tod ein Akt in die Unvergeßlichkeit. Sollte sein Publikum ihn in Erinnerung behalten, wie er es wollte, daß es ihn zu sehen habe? Ein Monarch befiehlt?

Viele Menschen sprachen mich in den letzten Tagen auf Wolf Kaiser an. Und ich freute mich, wie tief lebt doch ein Schauspieler im Bewußtsein seiner Getreuen.

Und so muß ich an dieser Stelle zweier Getreuer dankbare Erwähnung tun: Ingrid Fausek und Gert Schubert, ohne deren selbstlose Hilfe es zu dieser Stunde für Wolf Kaiser kaum gekommen wäre.

Es gibt, daran ist kein Zweifel, in einer zunehmend herzlos werdenden Welt gute Menschen.

Herrn Walter Jens ist zu danken. Die letzten Monate ging Wolf oft auf den Dorotheenstädtischen Friedhof. Doch da gibt es eine Sprengelregelung. Herr Jens hat Wolf Kaiser ohne Vorbehalte seinen Wunsch erfüllen lassen. Auch danke ich dem Deutschen Theater, das ebenfalls bereit gewesen wäre, diese Feier auszurichten.

Doch nun sind wir an dem Ort, der den besten Rahmen für Wölfchen gibt – im BE. Wolf wuchs, mit seiner Mutter lebend, in der Schweiz auf an wechselnden Plätzen und wechselnden Schulen, in armen Verhältnissen.

Er geht, als er ins sogenannte Einberufungsalter kommt und die Schweiz ihn als deutschen Staatsangehörigen nicht in ihre Militärdienste nimmt, von Bern nach Frankfurt am Main. Ein beim Sport zugezogener Lungenriß – er läuft 100 m in 11,4 – bewirkt seine »d.u.«-Schreibung, das heißt dienstuntauglich – 1939. Er geht nach Berlin, verdient als Kellner in der Nähe des Bahnhofs Zoo tausend Mark monatlich und erfüllt sich seinen Urwunsch, wie er zu sagen pflegt, und kann davon den Schauspielunterricht bezahlen.

Nach sechsmonatiger Ausbildung schon das Engagement nach Iglau, dreizehn Rollen in elf Monaten, so Fiesco, Posa, Ferdinand etc. Monatsgage 260 Mark. Spricht bei Eugen Klöpfer an der Volksbühne vor und wird 1942 hier engagiert. 1946 Bayreuth, per Anhalter nach Leipzig, bleibt hier von 1947-1950. Brecht und die Weigel sehen ihn, er gefällt ihnen als Oberst Kusmin. Doch er – unter Vertrag beim DT bei Wolfgang Langhoff. Gerhard Bienert, unser Bienus, tauscht mit ihm den Smirnow gegen den Lehrer in der »Mutter«. Wolf spricht Brecht vor, spielt den Smirnow 1950, Bienert nun den Lehrer. So begann Wolf vor 42 Jahren. Er hat dieses Theater mitgeprägt in seiner großen Zeit. 1962 heiratet er Rita. Sie hatten sich 1960 auf Usedom kennengelernt. Es waren 30 Jahre des Zusammenlebens, des wechselseitigen Helfens und Liebens. Er hätte jetzt im November im Schauspielhaus Bern in Thomas Hürlimanns »Der Gesandte« spielen können, er wollte es wirklich. Doch eigentlich war sein Wunsch der Lear im Berliner Ensemble.

Tüchtiger, tätiger Mann, verdiene Dir etwas und erwarte
von den Großen – Gnade
von den Mächtigen – Gunst
von den Tätigen und Guten – Förderung
von der Menge – Neigung
von dem Einzelnen – Liebe
(J. W. v. Goethe)

Klaus Piontek.
1998

Gestern abend rief Kerstin Piontek an und sagte: »Der letzte Auftritt von Klaus am Deutschen Theater in dem Stück ›Kriemhild‹ bestand in der Rolle des Markgrafen Rüdiger, dessen letzter Satz lautet: ›Der Markgraf Rüdiger bittet um sein Grab.‹« Das ist Theater.

Vor 45 Jahren haben wir uns das erste Mal gesehen. Wir fanden einander unausstehlich. Also verkehrten wir in den überbrachten Konventionen. Höflich und distanziert. So war ein kollegiales Verhältnis hergestellt. Als wir uns, 6 Jahre nach der Schauspielschule, am Deutschen Theater wiedersahen, blieb es bei diesem Verhältnis. Ich hielt ihn, nach wie vor, für bourgeois und unterstelle, daß er mich, nach wie vor, für »proletisch« hielt; so hielten wir einander unverdrossen auf Distanz. So etwas hält für gewöhnlich ewig. Unsere einzige Ähnlichkeit bestand in dieser besonderen Art von Sturheit. Wie konnte daraus eine Freundschaft entstehen? Und das an einem Theater!

Zwei dem Theater eigene Merkmale veränderten die Entfernungen. Die Kantine und die Bühne. In ersterer die Haupthelden Düren und Franke, welche uns Abend für Abend zwangsläufig zusammenbrachten, und zum zweiten stellten sich für die jungen Schauspieler die ersten Erfolge ein. Sein göttlicher Hermes in Hacks' »Frieden« brachte Klaus Piontek die nicht nur für junge Schauspieler unvergeßliche Erinnerung, vom Publikum namentlich – und das mehrfach – vor den inzwischen gefallenen Eisernen Vorhang gerufen worden zu sein. Es war das Deutsche Theater auf seinem von

Wolfgang Langhoff vorgegebenen Wege zum Welttheater. Erfolge zu jener Zeit wurden nicht von der Presse gemacht, eher wohl von dem Nichtvorhandensein derselben. Die von unseren großen Emigranten in den vierziger und fünfziger Jahren in das Publikum gelegte Saat ging auf. Erfolg von der echten Sorte – und diesen auf längeren Zeitraum – erringt ein Theater nur, wenn Geist in ihm herrscht. Herrscht Geist am Hause, verändert sich die scheinbar willkürlich zusammenengagierte Spielschar zu einem Ensemble. Und es entsteht der nicht unberechtigte Eindruck, daß die Kollegen und Kolleginnen planmäßig engagiert worden waren. Ensemble – ist jenes Wort, welches, bei jeder passenden wie unpassenden Gelegenheit verwunderlicherweise heute noch verwendet, den Wert des Begriffes inflationieren soll, doch es läßt dem bewußten Betrachter die Erkenntnis, daß der Begriff Ensemble ein über die Jahrhunderte währender unerfüllter Traum unserer Zunft ist. Werden aber *einmal* auf Erden und nicht im Himmel, wenn auch nur kurzfristig, das ist ihnen eigen, Träume verwirklicht, und aller 2000 Jahre geschieht so etwas, und es entsteht dann wirklich einmal ein Ensemble, und das in Deutschland, das ist, außer Brecht und der einmaligen Helene Weigel, dem großen deutschen Theatermann Wolfgang Langhoff zu danken, dann verschwinden, unter anderem, auch kleinliche Animositäten, von denen oben die Rede war; nicht wie von selbst, aber der Raum für ihre ehemalige Wichtigkeit wird enger, sie finden keine Beachtung mehr, bis sich dann beschämenderweise herausstellt: Sie waren immer unwesentlich. So tauscht der strebende Mensch seine Vorurteile aus. Das allerdings ist dann schon ein Weg zur Erkenntnis, dem, so müssen wir annehmen, wohl ein Prozeß vorausgegangen war.

Gewöhnlich wird so ein Prozeß, der der Menschwerdung

angehört, *angeführt.* In guten Zeiten ist das dann eine Persönlichkeit, in unserem Falle also der Intendant. Gute Arbeit verbindet. Die natürliche Sehnsucht des Einzelnen nach Erfolg ist nicht mehr allein eine individuelle Bestrebung, sie wird eine gesellschaftliche. Natürlich verschwinden damit nicht alle Feindschaften, Ensemble ist nicht absolut, genauso wie das Theater ohne Neid undenkbar ist. Aber der Nährboden, den Neid in den günstigen Zeiten darstellen kann, wird unter den neuen Bedingungen, den Bedingungen des Ensembles, eine schöpferische Angelegenheit, man will besser sein als der andere ist, aber man will nicht gegen ihn sein. Das ist so eine Art, die man auch »überholen ohne einzuholen« nennen kann. So wurden wir zu unser beider Überraschung Freunde. Zu unser beider Überraschung, die wir natürlich geflissentlich verbargen, blieben wir neidisch aufeinander, und wir waren nicht überrascht, daß der Neid uns beiden nützte. Unser beider Verwunderung, daß wir das lärmend Kollegiale allmählich mit etwas Innigerem vertauscht hatten, und wir wußten beide nicht genau, wann das eigentlich geschah (war das nach Dieter Frankes Tod? Oder war es vor Dieter Frankes Tod?), unser beider Verwunderung, daß wir Freunde geworden waren, hielt bis zum Montag dieser Woche an.

Dieter Franke spielte eine ähnlich entscheidende Rolle innerhalb des Ensembles wie Klaus. Er hatte etwas Ausgleichendes. Und er war eine Autorität am Hause in Sachen Fairneß. Klaus und ich stritten uns damals oft. Dieter, der Dicke, so nannten wir ihn, war der Schlichter. Er wurde, wie Klaus, von allen gemocht. Beim Schreiben dieser Rede fiel mir Frankes Rede anläßlich des frühen Todes unseres phantastischen Inspizienten Hans Kurze ein. Ich bat den Dicken vor seiner Rede auf dem Friedhof in Baumschulenweg, die Rede heiter zu halten und uns nicht zum Weinen zu bringen. Der Tod von Hans wäre traurig genug. Er stimmte mir zu, und der Dicke hielt eine warmherzige, einfache und leichte, keine Sentimentalität duldende Rede, bis er zum Schluß, überraschend wohl auch für ihn selbst, den Blick zum getünchten Plafond der kleinen Kapelle hob und sagte: »Wenn es einen Schauspielerhimmel gibt, Hans. Dann laß es dir gut gehen da oben – und grüß alle.«

Bei aller Liebe zum untergegangenen Schiff »Ensemble« muß ich Zweifel anmelden. Können Schauspieler eigentlich Freunde sein? Läßt die Profession, die sie ausüben, Freundschaft überhaupt zu? Man kann sich mögen, man kann sich achten, aber lieben? Und Freundschaft ist Liebe. Wenn man Freundschaft schließt, dann meint man ewig. Freundschaft ist Vertrauen, aber auch Nutzen. Freundschaftsverträge zwischen Staaten sind, wie wir erst kürzlich wieder rausgekriegt haben, auf den Tag gemünzte Heucheleien. Das zumindest war bei uns beiden anders, wir blieben uns treu. Aber wir schenkten uns nichts. Das wäre bei ihm auch nicht möglich gewesen, denn der Mann war, um ihn zu kennzeichnen, mit einer keinen Nutzen bringenden Tugend versehen: Klaus Piontek war aufrichtig! Klaus Piontek besaß Form und Anstand! »Haltung ist der letzte Halt.« Klaus Piontek verfügte auf eine herrlich leichte Weise (wenn wir einmal davon absehen, daß er, wenn ihm innerhalb einer seiner unnachahmlich gut erzählten Geschichten ein Name nicht einfiel, keine Rücksicht auf die von ihm aufgebaute Spannung nahm – ungeachtet der Möglichkeit, daß seinen Zuhörern der Anfang der Geschichte entfallen sein könnte – und einen Namen suchte, der, wenn er ihn nach Stunden endlich gefunden hatte, niemandem etwas sagte), man entschuldige die Unterbrechung, Klaus Piontek verfügte auf herrlich leichte Weise über bürgerliche Tugenden.

Wir waren so sehr verschieden. Wir waren so verschieden, daß unser beider Beziehung in gegenseitiger Anpassung zeitweise bis zur scheinbaren Unterwerfung ging. Das war natürlich ein Spiel. Selbstredend ein ernstzunehmendes Spiel. Liebesbeziehungen zwischen Menschen sind zwar Geschenke, aber nur durch dauerndes Erringen zu erhalten. Damit fügen sich beide auch Schmerzen zu. Doch jeder von uns blieb er selbst. Worin unsere Verschiedenartigkeit sich ausdrückte? Zum Beispiel: Er war verträglich. – Er gab jedermann das Gefühl, daß er ihn mochte. – Er gehörte zu jener seltenen Menschenart, bei der der erste Eindruck, den man von der Person gewinnt, der bleibende Eindruck von Sympathie wird. – Die Bereitschaft zum absoluten Bruch mit Dingen, die ihm suspekt waren, war bei ihm weniger ausgeprägt als die Bereitschaft zum Kompromiß. – Er fühlte sich im Theater wohl. – Für mich war das Theater Heimat gewesen, das ist ein weiter Begriff, umfassend, für ihn war es ein Zuhause, bis zur Kuscheligkeit. Er war der beste Mittelfeldspieler, den wir hatten. Ich saß draußen auf der Bank. Des Mittelfeldspielers Aufgabe ist es, zu helfen, möglichst wenige Tore ins eigene zu kriegen und möglichst viele ins andere vorzubereiten. Der Mittelfeldspieler muß ein guter Techniker sein. Ist er das, dann kann man, nach der Erfahrung, davon ausgehen, daß er sehr fair spielt. Was bei den Sturmspitzen, denen er zuarbeitet, nicht die Regel ist. Auf der Bank zu sitzen birgt für ängstliche Seelen das Risiko, daß man beim Einsatz die Rote Karte sieht.

Einmal, in den achtziger Jahren, saßen wir nach einer Vorstellung in einer westdeutschen Stadt (es war die Zeit, als sich Paris oder London, die großen europäischen Theaterstädte, schon nicht mehr um uns bemühten, wenn es auch noch nicht Fürth oder Bregenz waren) in einer Bar zusammen. Und Klaus sagte: Komm doch wieder zu uns. Du änderst doch den Niedergang des Hauses nicht durch Wegbleiben. Da wußten wir beide noch nicht, daß er sich ein paar Jahre später mit der »Ländlichen Werbung« auch mir gegenüber durchzusetzen vermochte. Es war sein größter Freundschaftsdienst. Ihm habe ich zu verdanken, daß ich mal wieder spielte.

Klaus Piontek stand zu dem Hause in einem Verhältnis, welches mit ihm ausstirbt. Das Verhältnis bestand unter anderem darin, immer bereit zu sein, bis zur Selbstverleugnung. Das blieb natürlich nicht unbekannt. Dafür forderte er nie Dank. Ich unterstelle, daß er Erinnerungsvermögen erwartete, aber auch das forderte er nie ein. Er bekam es auch nicht. Er bekommt es heute. Er gehörte zu jenem, an unserem Haus noch immer recht zahlreich vorhandenen Kapital, welches Zinsen abwirft. Er gehörte schon fast zu den Rentnern.

Wir gehören zu jener Generation deutscher Schauspieler, die das Glück hatten, große Zeiten zu erleben. So ein Glück geschieht nicht jeder Generation, im Gegenteil, es ist ganz, ganz selten. Es ist unser Pech, daß die Verhältnisse in eine Bahn einschwenkten, wo wir nur tatterig davon schwärmen können, wie wir einmal gut waren, also lärmend wie altes Eisen auf der Schrotthalde in unschuldigen Nächten, in denen die anderen schlafen, unscharf durch Rost geworden. Wir werden gehindert, unserem Ehrgeiz zu folgen, dem ganz natürlichen Anliegen der Alten, seit Jahrtausenden praktiziert, Gelerntes den Jungen zu übergeben, mit der gebotenen Vorsicht, damit es auch angenommen wird, und der gebotenen Unnachgiebigkeit, damit es Wirkung hat, die den Jungen Nutzen bringt. Also etwas weitergeben, welches Wert statt Unwert besitzt. Das meint, nicht den wechselnden Moden zu folgen, nicht zwischen allen Stühlen zu sitzen, nicht auf allen Hochzeiten zu tanzen, sondern des Schauspielers schmerzlicher Berufung zu dienen, dem Dichter zu folgen und – wie man das macht! Und – wie man es leicht macht, statt oberflächlich. Denn ohne Handwerk kann der Beruf von jedermann ausgeübt werden, also als Beruf überflüssig gemacht werden.

Es ist schon merkwürdig, da hatten wir in der Aufbauphase der DDR das Große Theater erlebt und mitgestaltet und hatten in der Niedergangsphase der DDR, von den siebziger Jahren an, die Auflösungserscheinungen des Theaters erlebt und mitgespielt und erleben nun zum Ausgang des Jahrhunderts, beim Gange der Bundesrepublik Deutschland zur Weltherrschaft, die Abschaffung des Theaters als keinen Nutzen bringende Einrichtung, deren Existenz in naher Zukunft nur noch geduldet werden soll, wenn das Theater als Geschäft betrieben wird, sagen wir also, wie ein Frisiersalon. Nichts gegen eine gute Frisur, sie gehört zur Kultur, aber das Theater auch. Nichts gegen das Geschäft, aber Theater gehört zu den Luxusgütern der gebildeten Menschheit, und Luxus kostet eben Geld. Dieses aufzubringen gehört zu den edleren Aufgaben eines Staates. Luxus heißt Überfluß, aber nicht: das Theater überflüssig machen. Wenn das ein Staat vorhat, setzt er das Zeichen, daß er sich selbst abschaffen will. Wer das nicht sieht, ist kein Meister, er ist ein Zauberlehrling. Der Imperialist als Lehrling, ein Rührstück!

Und mein Klaus, das sehend, begann zu verbittern. Einer der Heitersten von uns zerriß Zeitungen und duldete den Fernsehapparat nur noch als ein nicht in Betrieb zu nehmendes Möbel. Er, dessen Eifer für die Rechte der Kollegen ihn als Heißsporn erscheinen ließ, daß ich eines Tages sagte: »Klaus, du baust Barrikaden, wo gar keine Steine sind.« Aber ihm zugleich die währende Sympathie der Kollegen und Kolleginnen von allen Sparten des Theaters einbrachten. Vielleicht hatte Klaus die DDR mit Gelassenheit ertragen, weil er sie nicht liebte, und als er den Westen bekam, die enttäuschte Hoffnung nicht ertragen können? Er, dieser heitere Don Quichotte, drohte ein Meister Anton zu werden, der da sagt: »Ich versteh die Welt nicht mehr«? Nein, unser Klaus bleibt uns in der heiteren Erinnerung. Das meine ich so.

Liebe Kollegen und Kolleginnen, uns wird noch in Jahren komisch zumute werden, wenn wir die Kantine betreten und wir keinen Tisch finden, an dem der Piontek sitzt. Viele von Ihnen hatten noch einmal das Glück, ihn in seinen letzten Tagen zu sehen und ihn zu erfreuen, mehr noch von Ihnen hatten es vor, aber der Gevatter Tod kam Ihnen zuvor. Trösten Sie sich damit, daß Klaus meinte, der Gevatter ließ sich etwas zuviel Zeit.

Liebe Frau Piontek, Sie haben einen guten Sohn gehabt, und ich weiß aus seinen Erzählungen über Sie, was Sie für eine herrliche Mutter waren. Über Krieg und die Flucht zweimal hin und zurück mit der Großmutter, Großmutters Tod, und wie Sie das Kochen lernten, wie Sie ihm die Koffer packten und die Türe wiesen, weil der Achtzehnjährige den Wunsch geäußert hatte, in die Partei, die SED, der Sie angehörten, einzutreten, und er es also ließ, die Leipziger Zeit, Freude über seine Erfolge beim Leipziger Rundfunk als Kinderstar, Halberstadt, die Dresdner Erfolge und dann Berlin. Sorgen mit seinen unglücklichen Lieben bis zu Ihrer Drei Glück, bis zu Kerstin.

Kerstin, der Nachteil von guten Ehen ist, daß die Trennung so schwer ist. Ich war so froh, daß er dich gefunden hatte und – daß ihr euch bliebt. Bis zu seinem letzten Atemzuge. Buchstäblich. Bis zu seinem letzten Augenblick. Ihr habt so gut zusammengepaßt. Manchmal wußte ich nicht, war die schnelle Pointe von dir oder von ihm. Gott, konnte der Junge Geschichten erzählen. Aus dünnsten Vorkommnissen zauberte er Spannendes.

Nur am letzten Sonnabend war er schweigsam. Er lag im Bett, und das Liegen fiel ihm schwer. Da sagte er: »Warum macht es mir der Tod so schwer?«

Aber Kerstin, liebe Frau Piontek, liebe Freunde von Klaus, das letzte Jahr hat er es doch noch recht gut gehabt. Das ist seiner Zähigkeit, seiner tapferen Ignoranz gegenüber dem Leid und auch dem Professor Rühl zu danken. Das werden wir nicht vergessen.

Als ich mich am Sonnabend von ihm verabschiedete, sagte ich zu meinem Freund: »Grüß den Dicken, wenn du ihn siehst«. Da öffnete Klaus ein Auge und sagte: »Es war schön mit uns.«

Leb wohl, Hermes, du fröhlicher Götterbote.

Rolf Ludwig.
1999

Der Komödiant lebt von der Phantasie. Dicht neben der Phantasie hocken die Hexen der Illusionen. Die Verwechslungen liegen dicht aufeinander.

Versetzen wir uns, nach des Komödianten Tod, himmelwärts. Fragen wir, da angekommen, nach der Abteilung »Besonders komische Fälle«: Wir sind im Schauspielerhimmel. In dem sitzt seit Sonntag Dieter Franke nicht mehr allein. Dieter Franke ist der mir einzig bekannte Mensch, der ungezählte Freunde hatte. Doch hatte er seinen bestimmten Zustand von Trunkenheit erreicht, klagte er über seine Einsamkeit und – daß er nicht mal *einen* Freund hätte, außer dem Ludwig, und der könnte keiner sein, weil der Angst vor der Liebe hätte. Dieser Dieter Franke also sitzt seit 1982 an einem Kneipentisch. Und da im Himmel die Leber abgeschafft ist, hat er vor sich ein volles Bierglas und vis-à-vis einen leeren Stuhl. Vor dem leeren Stuhl steht ebenfalls ein volles Bierglas. Unberührt. Franke wartet auf Ludwig. Das zweite Bier läßt Franke von Jahr zu Jahr neu zapfen, denn Ludwig kommt nicht. Als Ludwig sich endlich anschickt, das Jammertal zu verlassen, muß Franke zu seiner Enttäuschung beobachten, wie der vor Ludwig stehende Sensenmann die zur Ernte erhobene Sense fallenläßt. Ludwig hält den Tod von seiner Arbeit ab, statt zu ernten, krümmt der Gevatter sich vor Lachen. Der Sensenmann lacht ab, wendet sich dem Wartezimmer zu und läßt den Ludwig laufen. Dieser Vorgang wiederholt sich innerhalb eines Jahrzehnts wieder und wieder. Es ist ein närrischer Vorgang. Es ist ein tolles Stück, in welchem ein Komödiant die Hauptrolle spielt, der diesen Vorgang zu unser aller Staunen einmal nicht erfunden, sondern gelebt hat. Ein Komödiant, der Rolf Ludwig heißt. Dieses Stück steht als Sinnbild für alle Komödianten: Selbst dem Tod die Pointe klauen. Und ich denke, solange es Berufsschauspieler gibt, hören solche Narreteien, die aus der tödlichen Situation noch einen Lacher holen, nicht auf. Und nehmen sie ihnen die großen Häuser, dann spielen sie an jenen Orten weiter, die Rolf Ludwig fälschlicherweise für sein zweites Theater hielt, dann spielen sie wieder auf jenen Plätzen, auf denen sie vor zwei Jahrhunderten begonnen haben, den Dichter auf sich herunterzuziehen und gleichzeitig sich durch ihn zu erheben, dann gaukeln sie wieder in den Kneipen. Das ist schlecht für die deutsche Schauspielkunst. Das ist schlecht für die deutsche Nation. Das ist gefährlich für die Welt. Denn mit dem Kulturverfall kommt die Barbarei wieder anmarschiert. Der Begriff Barbar aber stammt aus dem Griechischen und bedeutet unter anderem *Der Stammelnde.** Aber wenn das werdende Stammeln die momentane Gesellschaft nicht stört – was soll der Komödiant machen, seine Macht hört am Bühnenausgang auf, nicht aber seine Lust zum Spielen. Wenn es denn sein muß, zum Stammelspiel. Der moderne Komödiant ein Stammelkünstler. Doch für sich tut er alles, der Komödiant, und geht jeden Kompromiß ein. Seine Spielgier braucht den Ausweg. Braucht das, was er für die Hoffnung hält. Ein paar zusammengestellte Kneipentische sind immer ein Anfang. Verfügen kommende Generationen dann noch über Ludwigs Komödiantenlust, gefallen sie ihrem Publikum auch dort. Diesem Zustand nähert sich die Welt.

---

* Barbarismus (griechisch), in der Rhetorik soviel wie Sprachwidrigkeit, fehlerhafter Gebrauch eines Wortes oder Mischung der einheimischen Rede mit fremden Formen oder Wörtern. Meyers Konversationslexikon 1906.

Ich maße mir an, Ludwigs letzte Jahre als ein Sinnbild für Überlebensfähigkeit darzustellen. Der Überlebensfähigkeit nicht des Theaters, aber des Komödianten. Die Überlebensfähigkeit aber holt der Komödiant, so scheint es mir, nicht aus dem Nachdenken, sondern aus der Unberechenbarkeit des Hemmungslosen. Das schließt den Verrat an jedem und allem nicht aus. Im Gegenteil, der Verrat ist die Basis der Pointe. Und von der Pointe lebt der Komödiant. Die weiß der echte immer zu holen. Wählerisch ist er da nicht. Seine Zielrichtung von der Bühne in den Zuschauerraum hinunter besteht darin, neben der Bewegung, die Erschütterung und Denklust erzeugt, den Lacher zu locken. Den Lacher nicht nur, weil der am schwersten zu holen ist, sondern weil der Lacher am besten zu hören ist. (Was nicht ausschließt, daß mancher ihn sich gerade deshalb auf die seichteste Art holt, doch da verlasse ich Ludwig.) Natürlich ist Stille auch zu hören, am besten hört man Stille, gleich nach der Natur, im Theater. Aber Stille unten kann auch bedeuten, daß die da oben zu leise oder die da unten eingeschlafen sind. (Schon wieder verlasse ich Rolf Ludwig.) Nein, der echte Komödiant weiß um die Unterschiede. Hier gehört sein Leben, das er freiwillig einem Beruf verschrieben hat, der mit der Lüge spielt, der Wahrheit. Mit der der Komödiant ansonsten so gut nicht umzugehen versteht. Denn was tut man nicht alles für die Pointe. Der alte Komödiantenspruch: »Für eine Pointe verkauft er seine Großmutter an den Bestatter, und wenn es denn sein muß, jeden Abend«, stimmt immer, solange es Schauspieler gibt. Schauspieler sind berufsbedingt gezwungen, Hemmungen (nach Befähigung diszipliniert) abzulegen. Des Komödianten Leben besteht aus Hemmungen, des Komödianten Beruf aus praktizierter Hemmungslosigkeit. Diese beiden

Extreme schließen die vielfältigsten Verwechslungen ein. Hier verlasse ich Rolf Ludwig nicht.

Welcher normale Mensch stellt sich auch Abend für Abend vor zuschauende Mitbürger und verstellt sich, berufsbedingt, öffentlich. Kleidet sich in fremde Kleider, malt sich mit unnatürlichen Farben das Gesicht voll, Hals und Ohren eingeschlossen, ja, sogar Arme und Beine, und spricht Texte, die ihm selbst niemals einfallen würden. Fast jeder außerhalb des Theaters Befindliche verfügt, trotz Meiser und Schäfer, über die natürliche Scheu, sich öffentlich zur Schau zu stellen, Prostituierte, Politiker und neuerdings Wirtschaftsführer ausgenommen. Wer das nicht glauben mag, gehe doch einmal im Brandenburgischen zu einer Versammlung von Landbewohnern, er wird erleben müssen, daß, obwohl das aufgerufene Problem das hautnahe Problem der Versammelten selbst ist, nur wenige den Mut haben, vor fremden Menschen zu sprechen, was sie zu Hause oder im Kreise der Vertrauten ohne weiteres könnten. Die meisten Menschen sitzen eben lieber im Saal und halten den Mund, als daß sie auf der Bühne stünden und ihn öffnen. (Zweifellos hat diese Scheu nicht nur Nachteile.) Sie mögen davon träumen, einmal selbst von da oben auf die anderen hinunter zu wirken, aber wer tut es wirklich? Die Verrückten, die zum Theater gehen. Die eigentlich Oberängstlichen, die eigentlich Lebensuntüchtigen. Diese sich ewig ungeliebt Wähnenden. Diese Trotz-alledem-Menschen. Und wo finden sie ihre Insel? Bislang auf dem Theater. Und wer wußte bisher am besten mit ihrem Übermut umzugehen, den sie an diesem Ort glaubten ausleben zu können? Die andern Egomanen, die anderen Verrückten. Man war unter sich und konnte den Helden hemmungslos auf der Bühne, in der Garderobe und in der Kantine geben. Nur nicht im Leben. Und so kasperten sie sich durch die Jahrtausende, und so kaspern sie noch heute. Und so wird es bleiben. In Ewigkeit. Amen.

Und nun hat sich einer von uns zu Tode gekaspert, und Dieter Franke freut sich über seinen Freund, daß der endlich gekommen ist. Er bietet ihm den leeren Stuhl an. Das Bier ist neu gefüllt. Und seit Sonntag tut Franke das, was er schon immer tat, wenn er seine Liebe zeigen wollte, er beschimpft seinen sehnlichst erwarteten Gast. Er beschimpft seinen Freund Rolf Ludwig. Und vielleicht just in diesem Moment sagt er zu ihm: »Was hast du denn da unten, seit ich weg bin, alles für Mist erzählt, nun willst du sogar Widerstandskämpfer gewesen sein und hast doch kaum den Freiraum genutzt, den die Regierung selbst vermeintlichen Narren gab.« Und Rolf Ludwig, der Komödiant, tut das, was er schon immer tat, wenn er seine Einsicht zeigte. Er nimmt jene Haltung der Zerknirschung ein, die er immer einnahm, wenn er etwas einsah: Die Hände steckt er zwischen die Knie, seinen Körper neigt er leicht nach vorn, den Kopf etwas geschrägt, nickt er diesen bedauernd, lächelt den Dieter um Verzeihung bittend an und sagt: »Dieter, du hast ja so recht.« Dann wiederholt er noch einmal den Satz. Die beiden Narren lachen sich in die Augen. Dann heben sie ihr Bier und trinken sich zu – und sind endlich wieder recht zufrieden miteinander. Dieses natürlich auf ewig.

Die Entwicklung der deutschen Schauspielkunst, die besonders betrieben von den, nach der Zerschlagung des Faschismus, heimgekehrten Emigranten und einer Regierung, die über Konzepte verfügte und mit Geldmitteln nicht sparte –, diese Entwicklung, die in der Frühphase der DDR begann, deren Kontinuität in den langen Jahren der Endphase der DDR brüchig wurde, ist mit der Liquidation der DDR ausgelöscht worden.

INHALT.

Zu einigen Gründen, weshalb ich Monarchist
werden mußte. 7
Opa Arno. 23
  Die Verabredung. 32
  Durch Opa wurde ich dreisprachig. 34
  Wie Opa gleichzeitig weinen und lachen konnte. 38
  Opa Arno verjagt die deutsche Wehrmacht
  aus seinem Garten. 40
Schulwege. 47
Von Meiningen nach Berlin. 69
Meine Tante Frieda. 83
Ein Maßstab. 95
Ein Sonntag in der Akademie. 104
Als es mir am Theater noch gefiel.
Oder Ein Kleiner Versuch über den großen Langhoff.
Oder Ein Held. 108
Von einem der auszog, eine Mücke kennenzulernen. 154
Der Hase im Rausch. 172
Ein Schmierenkomödiant. Fragment. 183
Eine Rekonstruktion. 191
Über Köpfe und Denkmäler. 207
Über Nierensteine. 221
Der Ring. 229
Reinekens Ende im Palast der Republik. 253
Was ist groß? 270
Der Beginn meiner Wanderungen. 274

Eine kurze Phase meiner Käuflichkeit. 279
Die Entdeckung. 297
Eine nachbarliche Unterhaltung. 309
Hundetheater. 317
Nichts bleibt, wie es ist. 330
Nekropolis. 349
  Dieter Franke zum Gedenken. 351
  Rede im Berliner Ensemble für Wolf Kaiser. 360
  Klaus Piontek. 367
  Rolf Ludwig. 376